# 飛星紫微斗數

# 獨月日心法

## 基礎邏輯心法

張世賢 ——— 著

# 梁序

　　陌浸淫於紫微斗數三十餘年，初時也是茫然不得要領的浪費了許多歲月，只會使用「周清河」老師所傳的「化祿轉忌」與「化忌轉忌」即止的論於吉凶事件，始終不明「串連」的手法可以縱觀全局而洞悉吉凶的癥結所在，可以說是抓不到訣竅就為五斗米折腰的論命。因此當初的我也跟各位初學者的論命方法雷同：「半推理半猜測！」不知道造作了多少的口業？至此仍非常汗顏於回首當年！然而，如果不是累積了這麼多年來的實務論盤經驗，如何讓陌的命學因此更上層樓？嗚呼！愧於「一將功成萬骨枯」的至理名言。

　　約莫十至十三年前漸有所體悟，發現命盤吉與凶的化祿轉忌與化忌轉忌可以串連呈整體結構的象義〈「論其吉者」的化祿轉忌而後追祿、追權的格局串連與「論其凶者」的化忌轉忌而後追的格局串連〉，彙呈吉凶程度不同的大小格局，則漸漸進入了論事似乎了然於胸的覺受，因而喜出望外的樂不可支。不論是看財富、健康、學歷、婚姻、驛馬、壽元、六親、子嗣、處世應對、人氣旺衰等等等，多雖不中亦多不遠矣。這應是上蒼厚德對蒼生的恩賜，意在澤於後學學子。

　　然既名為「紫微斗數」，而其『數』者何在？「數字」到底是如何推算？始終令余不得其門而入。遙想周師當年的斷門牌號碼及口袋鈔票神技，總令余肅然起敬，也令余引憾至今仍苦無資料得以參究進階，嘆周師之逝而絕學失傳，是天意所致乎？或仍有大隱於市者可得乎？茫然不解！故而夜深人靜兀自常嘆：「欲乞知命仰希夷，凌虛御空遊何方？

滿天星斗悄無言，風簷枕書夢穹蒼。」

　　陋以懵懂踏入命理世界也是自己當年始料所未及，興趣之引而一發不可收拾。然陋以性格耿介而處事多一板一眼，凡客所問問題絕不以「大限」或「流年」直接下手推論於諸事。乃凡所有重大事件者，必於「原命盤」組合上早就有了「天垂象」，然後才能契應於「大限」與「流年」而「人事生焉」。坊間常以「大限」或「流年」直接下手言諸事，譬如見「大限」或「流年」的「夫妻」呈破，即直言於此時處婚姻危機，這很容易造上了口業的。因為，設其「命造本體」非為「離婚之格」，則走在任何個「大限」、「流年」他也都不可能會離婚的。何以見得觀「大限夫妻」或「流年夫妻」之化象差者即必見其離婚事？不似盲人摸象乎？

　　如果非要以「大限夫妻」或「流年夫妻」下手，則此「大限夫妻」或「流年夫妻」所化，仍必須與「原命夫妻」所化在四化上有了搭勾串連，這才可以斷言其此刻婚姻的吉凶。術者論命常擔人業力者，多出於學理上的不夠客觀與少了用心，唯誠惶誠恐與精益求精的態度，庶幾少惹口業之禍！

　　陋踏進斗數領域摸索三十餘載，以資質駑鈍而不能有所大成，然知無不言的薪傳於後仍屬當然耳的必要事。喜得「世賢」學子篤實學理、按部就班的勤學好問、追根究柢於學術的邏輯理氣，則庶幾不致曲於斗術命學的真實義。陋非聖賢，但喜與做學問踏實者分享心得。今聞其彙集上課資料將作成冊付梓，余當樂而為之序。

　　　　　　　　　　　　丙申臘月　**梁若瑜**　謹識

# 自序

西元二〇〇三年，經過妹妹推薦，跟飛星紫微斗數泰斗的梁若瑜老師學習，時至今日已經過了十五年，二〇一二年五月配合梁老師到新竹開始教學，已經也六年了。現在主要在台北、新加坡、馬來西亞、中國教學。

梁派的飛星紫微斗數，學理系統架構完整，完全以邏輯化的分析推理解釋，就像現代電腦的【模組化】邏輯觀念一樣，脈絡清晰而完整，學理組織的架構完全契合人性與社會時空的發展，是目前五術命理界唯一不須要背古訣的一套命理預測術。

飛星紫微斗數獨門心法共分為四部，第一部基礎邏輯心法。第二部實務運用心法。第三部宮位互化詳解心法。第四部斗數陽宅布局心法。

學習【飛星紫微斗數】最難的是熟練度，因為不是背口訣論命，也不是結果論，而是論【象】，所以邏輯推論的過程中，有非常多的細節可以描述，非常有趣，整個事件的發展過程好像電視劇的情節一樣，高潮迭起，令人拍案叫絕。

二〇〇三年幸得梁若瑜老師不棄，願意無償教導世賢，今日僅有的一點點成績完全歸功梁師的恩德，唯有兢兢業業地將【飛星紫微斗數】的學術理論系統化後，分享給後進，期望後進能夠將【飛星紫微斗數】發揚光大。

最後還是要勸勉後進的學者，學習飛星紫微斗數，雖然與天份有關，但是後天的努力學習與實例命盤的驗證是關鍵。飛星紫微斗數是邏輯推理，不斷的練習可以導致成功，且可以青出於藍而勝於藍的，加油吧！你一定學得成的！

# 目錄

第一章

手寫排盤

# 第一節　學習飛星紫微斗數的要領

　　學習飛星紫微斗數，您一定要熟練【天干四化表】，如同數學的九九乘法表。並且訓練自己倒背如流，見星曜，直接反應祿權科忌的天干來源。沒有捷徑只有熟練而已。

### 天干四化表

|   | 甲 | 乙 | 丙 | 丁 | 戊 | 己 | 庚 | 辛 | 壬 | 癸 |
|---|---|---|---|---|---|---|---|---|---|---|
| 祿 | 廉貞 | **天機** | 天同 | 太陰 | 貪狼 | 武曲 | 太陽 | 巨門 | 天梁 | 破軍 |
| 權 | 破軍 | 天梁 | **天機** | 天同 | 太陰 | 貪狼 | 武曲 | 太陽 | 紫微 | 巨門 |
| 科 | 武曲 | 紫微 | 文昌 | **天機** | 右弼 | 天梁 | 太陰 | 文曲 | 左輔 | 太陰 |
| 忌 | 太陽 | 太陰 | 廉貞 | 巨門 | **天機** | 文曲 | 天同 | 文昌 | 武曲 | 貪狼 |

　　若是說需要背誦的部份，僅僅只有「手寫排盤」所需運用到的口訣。【手寫排盤】至關緊要，有助於您在學習的過程中，加快領悟的速度。

　　透過每天排盤，您就會非常熟悉天干四化表，會變成一種自然反應。

　　一定要學會【手寫排盤】，讓您深藏在（阿賴耶識的天份）一點一滴地釋放出來。學會排盤後，每天練習一個手寫排盤，有助於熟練天干四化表，也有助於了解星曜的相對位置結構。對將來的飛化串連極有助益。

# 第二節　手寫排盤的十三個步驟

1. 尋出生年的天干地支。
2. 定寅方天干，順時針方向起 12 方天干。
3. 安命宮，逆時針方向起 12 宮名稱。
4. 起五行局數。
5. 安紫微星，逆時針方向佈紫微星系（6 顆星曜）。
6. 安天府星，順時針方向佈天府星系（8 顆星曜）。
7. 安月系星，左輔、右弼。
8. 安時系星，文曲、文昌。
9. 安出生年的天干四化。紅色圈標記。
10. 安本宮天干四化的自化。藍色往外畫箭頭標記。
11. 安命宮的天干四化。藍色圈標記。
12. 安大限。紅色圈標記。（大限的歲數用藍色筆書寫）
13. 安流年。紅色標記此大限的歲數。

## 一、尋出生年的天干地支

　　生辰【飛星紫微斗數排盤是使用農曆或稱太陰曆，出生當地時間】：出生的西元或陽曆年月日時，可依萬年曆推算出農曆的年、月、日、時。出生年的部分必須轉換為【天干地支】的模式，出生時間必須轉換為【出生時辰】。出生月、日我們用數字。〔西元年份必須減去 1911，就是民國的年份〕

　　出生年的天干地支推算方式，簡易算法及運用的掌

訣：辛亥革命為民國 0 年，推算年份以順時針方向推算，每一格代表一年。採用十進位法，每逢個位數有 0 的年分，其天干必為【辛】。

| 辛巳：<br><br>民國 30 年<br>民國 90 年 | 午 | 辛未：<br><br>民國 20 年<br>民國 80 年 | 申 |
|---|---|---|---|
| 辰 | 天干地支的紀元方式，是絕對的陽干配陽支。陰干配陰支。<br><br>西元 1911 年為辛亥年。 | | 辛酉：<br><br>民國 10 年<br>民國 70 年 |
| 辛卯：<br><br>民國 40 年<br>民國 100 年 | | | 戌 |
| 寅 | 辛丑：<br><br>民國 50 年<br>民國 110 年 | 子 | 辛亥：<br><br>**民國 0 年**<br>**民國 60 年** |

## 二、定寅方天干：佈 12 方天干（順時針方向）

運用〔出生年的天干〕，配合五虎遁歌訣，在地支【寅】方的左邊安置天干，再依序〔順時針〕方向，於地支每一方的左邊安置天干。天開於子，的闢於丑，人生於寅，所以從寅方起。所有的盤，子丑寅卯的天干是

重複的。

## 五虎遁歌訣：

甲己之年丙作首，乙庚之歲戊為頭，丙辛歲首尋庚起，丁壬起壬順流行，若問戊癸何方發，甲寅之上好追求。

| 己巳 | 庚午 | 辛未 | 壬申 |
|---|---|---|---|
| 戊辰 | | | 癸酉 |
| 丁卯 | 甲己年生人<br>甲己之年丙作首 | | 甲戌 |
| 丙寅 | 丁丑 | 丙子 | 乙亥 |

歌訣：甲己之年丙作首。

〔甲己〕年出生者，寅方天干為〔丙〕。

| 辛巳 | 壬午 | 癸未 | 甲申 |
|---|---|---|---|
| 庚辰 | | | 乙酉 |
| 己卯 | 乙庚年生人<br>乙庚之歲戊為頭 | | 丙戌 |
| 戊寅 | 己丑 | 戊子 | 丁亥 |

歌訣：乙庚之歲戊為頭。

〔乙庚〕年出生者，寅方天干為〔戊〕。

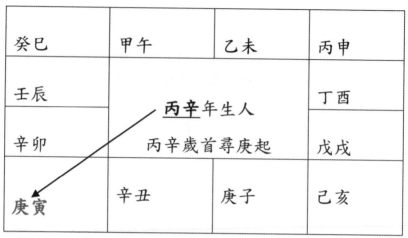

| 癸巳 | 甲午 | 乙未 | 丙申 |
|---|---|---|---|
| 壬辰 | | | 丁酉 |
| 辛卯 | **丙辛**年生人　丙辛歲首尋庚起 | | 戊戌 |
| **庚寅** | 辛丑 | 庚子 | 己亥 |

歌訣：丙辛歲首尋庚起。

〔丙辛〕年出生者，寅方天干為〔庚〕。

| 乙巳 | 丙午 | 丁未 | 戊申 |
|---|---|---|---|
| 甲辰 | | | 己酉 |
| 癸卯 | **丁壬**年生人　丁壬起壬順流行 | | 庚戌 |
| **壬寅** | 癸丑 | 壬子 | 辛亥 |

歌訣：丁壬起壬順流行。

〔丁壬〕年出生者，寅方天干為〔壬〕。

| 丁巳 | 戊午 | 己未 | 庚申 |
|---|---|---|---|
| 丙辰 | **戊癸**年生人 | | 辛酉 |
| 乙卯 | 若戊戊癸何方發，<br>甲寅之上好追求。 | | 壬戌 |
| 甲寅 | 乙丑 | 甲子 | 癸亥 |

若問戊癸何方發，甲寅之上好追求。

〔戊癸〕年出生者，寅方天干為〔甲〕。

## 三、定命宮：〔從寅方起，用出生月數（順）、及出生時辰（逆）〕

①使用出生的月數：由地支的寅方起，順時針方向由一
　月起數至出生月數止，每格一個月。

| 4月<br>己巳 | 庚午 | 辛未 | 壬申 |
|---|---|---|---|
| 3月<br>戊辰 | 步驟一：例如女命<br>43年4月4日未時生<br>43年：**甲午年** | | 癸酉 |
| 2月<br>丁卯 | 4月：1月在寅，2月在<br>卯，3月在辰，4月在<br>巳。4月落點為巳。 | | 甲戌 |
| 1月<br><br>丙寅 | 丁丑 | 丙子 | 乙亥 |

②再使用出生時辰，由①步驟的月數落點逆時針方向數
　回來，從子時起算至出生時辰為止，所落的位置為〔命
　宮〕位置。

| 4月　　子時　　己巳 | 庚午 | 辛未 | 壬申 |
|---|---|---|---|
| 3月　　丑時　　戊辰 | 步驟二<br>例如女命 | | 癸酉 |
| 2月　　寅時　　丁卯 | 43年4月4日未時生<br>43年：甲午年 | | 未時<br>【命宮】<br>甲戌 |
| 1月　　卯時　　丙寅 | 辰時<br>丁丑 | 巳時<br>丙子 | 午時<br>乙亥 |

③逆時針方向推佈紫微斗數 12 宮：1 命宮、2 兄弟宮、3
　夫妻宮、4 子女宮、5 財帛宮、6 疾厄宮、7 遷移宮、8
　交友宮、9 事業宮、10 田宅宮、11 福德宮、12 父母宮。

| <6 疾厄><br>己巳 | <5 財帛><br>庚午 | <4 子女><br>辛未 | <3 夫妻><br>壬申 |
|---|---|---|---|
| <7 遷移><br>戊辰 | 步驟二<br>例如女命 | | <2 兄弟><br>癸酉 |
| <8 交友><br>丁卯 | 43年4月4日未時生<br>43年：甲午年 | | 【1 命宮】<br>甲戌 |
| <9 事業><br>丙寅 | <10 田宅><br>丁丑 | <11 福德><br>丙子 | <12 父母><br>乙亥 |

# 四、起五行局數：用〔命宮〕的天干

①運用【命宮】的天干：依納音五行歌訣來決定命主的
　五行局。

| 巳 | 土五局<br>午 | 未 | 申 |
|---|---|---|---|
| 木三局<br>辰 | 五行局的位置是固定的 | | 火六局<br>酉 |
| 卯 | | | 戌 |
| 回寅方<br>寅 | 水二局<br>丑 | 子 | 金四局<br>亥 |

納音五行歌訣：甲乙錦江煙，丙丁河燭堅，戊己秋堂柳，
庚辛卦林錢，壬癸木鐘滿。（歌訣內容的部首偏旁，即
為五行）

| 口訣 | 子丑 | 寅卯 | 辰巳 | 午未 | 申酉 | 戌亥 |
|---|---|---|---|---|---|---|
| 甲乙<br>錦江煙 | 錦<br>金4局 | 江<br>水2局 | 煙<br>火6局 | 錦<br>金4局 | 江<br>水2局 | 煙<br>火6局 |
| 丙丁<br>河燭堅 | 河<br>水2局 | 燭<br>火6局 | 堅<br>土5局 | 河<br>水2局 | 燭<br>火6局 | 堅<br>土5局 |
| 戊己<br>秋堂柳 | 秋<br>火6局 | 堂<br>土5局 | 柳<br>木3局 | 秋<br>火6局 | 堂<br>土5局 | 柳<br>木3局 |
| 庚辛<br>卦林錢 | 卦<br>土5局 | 林<br>木3局 | 錢<br>金4局 | 卦<br>土5局 | 林<br>木3局 | 錢<br>金4局 |
| 壬癸<br>木鐘滿 | 木<br>木3局 | 鐘<br>金4局 | 滿<br>水2局 | 木<br>木3局 | 鐘<br>金4局 | 滿<br>水2局 |

②都從（子丑方）兩格一組起算，數到【命宮的位置】停止，就是五行局數。

| | | | |
|---|---|---|---|
| 〈疾厄〉<br>己巳 | 〈財帛〉<br>庚午 | 〈子女〉<br>辛未 | 〈夫妻〉<br>壬申 |
| 〈遷移〉<br>戊辰 | 例 43 年 4 月 4 日未時生<br>43 年：甲午年<br>命宮在戌，天干為甲，<br>歌訣（甲乙錦江煙），所<br>以五行局為〔火 6 局〕 | | 〈兄弟〉<br>癸酉 |
| 〈交友〉<br>丁卯 | | | 【命宮】<br>甲戌 |
| 〈事業〉<br>丙寅 | 〈田宅〉<br>丁丑 | 〈福德〉<br>丙子 | 〈父母〉<br>乙亥 |

　　命宮在戌，天干為【甲】，依歌訣：甲乙錦江煙，子丑方為〔錦〕，寅卯方為〔江〕，辰巳方為〔煙〕，午未為〔錦〕，申酉為〔江〕，戌亥為〔煙〕，命宮在戌方，所以是走到〔煙〕這個字，其部首為〔火〕，故為火 6 局。或查表得此盤五行局為【火 6 局】。


## 五、安紫微星：運用出生日數，並參酌五行局數

　　逆時針方向佈紫微星系（歌訣：紫微天機逆行旁，隔一陽武天同當，又隔二位廉貞地，空三復見紫微郎）。共有 6 顆主星〔分別為紫微、天機、太陽、武曲、天同、廉貞〕。

**公式：（出生日數 -1)/ 五行局數 ＝ 商數……餘數**

①先運用（餘數），依本命主的五行局位置起算，逆算五行局所設定之位置（當餘數達到最大時，必然回到寅方。）依五行局的位置由 0 起算逆數，逆數五行局的位置至餘數的數字時停止，為餘數落點。比如命主五行局數為土 5 局，生日數為 14，(14-1)/5=2……3，商數為 2，餘數為 3。先算餘數，由（土 5 局）的位置（午方）從 0 起算餘數，則數到 1 在亥（金 4 局），數到 2 在辰（木 3 局），數到 3 在丑（水 2 局）就停止，丑方的位置為餘數落點。

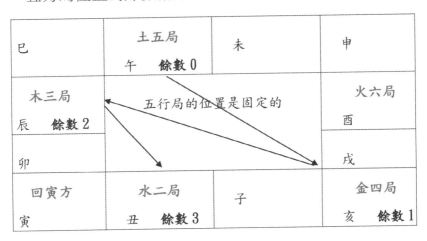

| 巳 | 土五局<br>午　餘數 0 | 未 | 申 |
| --- | --- | --- | --- |
| 木三局<br>辰　餘數 2 | 五行局的位置是固定的 | | 火六局<br>酉 |
| 卯 | | | 戌 |
| 回寅方<br>寅 | 水二局<br>丑　餘數 3 | 子 | 金四局<br>亥　餘數 1 |

②再運用（商數），商數則順時針方向，由餘數的落點，從 0 起算，算至商數的數字為止，就是紫微星的落點。依上式，商數為 2，餘數落點在丑，從 0 起算，順時針方向起算，商數 0 在丑方，商數 1 在寅方，商數 2 在卯方，卯方為商數落點，則紫微星坐在卯方。

| 巳 | 午 | 未 | 申 |
|---|---|---|---|
| 辰<br><br>**紫微**<br>卯<br><br>**商數 2** | 商數落點，<br>就是紫微星的位置 | | 酉<br><br><br>戌 |
| 寅<br>**商數 1** | 水二局<br><br>丑<br>**餘數落點**<br>**商數 0** | 子 | 亥 |

紫微星系歌訣：紫微天機逆行旁，隔一陽武天同當，又隔二位廉貞地，空三複見紫微郎。

| 巳 | 午 | **廉貞**<br>未 | 申 |
|---|---|---|---|
| 辰<br>**紫微**<br>卯<br>**商數落點** | 逆時針方向<br>推佈紫微 6 星<br>歌訣：紫微天機逆<br>行旁，隔一陽武天同<br>當，又隔二位廉貞地，<br>空三復見紫微郎。 | | 酉<br>**天同**<br><br>戌 |
| **天機**<br>寅 | 丑 | **太陽**<br>子 | **武曲**<br>亥 |

如下例：

**公式：( 出生日數 -1)/ 五行局數 = 商數……餘數**

(4-1)/6 = 3/6 = 商 0……餘 3　就是商數為 0，餘數為 3。

①先算餘數：火 6 局在酉方，從 0 起算五行局的位置，餘數 0 在酉方（火 6 局的位置），餘數 1 在午方（土 5 局的位置），餘數 2 在亥方（金 4 局的位置），餘數 3 在辰方（木 3 局的位置），餘數落點在辰方。

| 〈疾厄〉<br>己巳 | 〈財帛〉<br>庚午 | 〈子女〉<br>辛未 | 〈夫妻〉<br>壬申 |
|---|---|---|---|
| 〈遷移〉<br>戊辰 | 例如女命<br>43 年 4 月 4 日未時生<br>43 年：甲午年 | | 〈兄弟〉<br>癸酉 |
| 〈交友〉<br>丁卯 | 命宮在戌，天干為甲，歌訣（甲乙錦江煙），所以五行局為〔火 6 局〕 | | 【命宮】<br>甲戌 |
| 〈事業〉<br>丙寅 | 〈田宅〉<br>丁丑 | 〈福德〉<br>丙子 | 〈父母〉<br>乙亥 |

②再算商數：從 0 起算，由餘數的落點，順時針方向推算，商數 0 在辰方，辰方為商數的落點，就是紫微星所在的位置。

| 〈疾厄〉<br>己巳 | 〈財帛〉<br>庚午 | 〈子女〉<br>辛未 | 〈夫妻〉<br>壬申 |
|---|---|---|---|
| **紫微**<br>〈遷移〉<br>戊辰 | 例如女命<br>43 年 4 月 4 日未時生<br>43 年：甲午年 | | 〈兄弟〉<br>癸酉 |
| 〈交友〉<br>丁卯 | 五行局為〔火 6 局〕 | | 【命宮】<br>甲戌 |
| 〈事業〉<br>丙寅 | 〈田宅〉<br>丁丑 | 〈福德〉<br>丙子 | 〈父母〉<br>乙亥 |

佈紫微星系：紫微6星歌訣如下：紫微天機逆行旁，隔一陽武天同當，又隔二位廉貞地，空三復見紫微郎。

| | | | 廉貞 |
|---|---|---|---|
| <疾厄><br>己巳 | <財帛><br>庚午 | <子女><br>辛未 | <夫妻><br>壬申 |
| 紫微<br><遷移><br>戊辰 | 例如女命<br>43年4月4日未時生<br>43年：甲午年 | | <兄弟><br>癸酉 |
| 天機<br><交友><br>丁卯 | 五行局為〔火6局〕 | | 【命宮】<br>甲戌 |
| <事業><br>丙寅 | 太陽<br><田宅><br>丁丑 | 武曲<br><福德><br>丙子 | 天同<br><父母><br>乙亥 |

再一例：命宮在巳方，天干為己，命主為24日生。

**公式：( 出生日數 -1)/ 五行局數 = 商數……餘數**

(24-1)/3 = 23/3 = 7……2　就是商數為7，餘數為2。

| 【命宮】 | <父母> | <福德> | <田宅> |
|---|---|---|---|
| 己巳 | 庚午 | 辛未 | 壬申 |
| 餘數0<br><木三局><br><兄弟><br>戊辰 | 命宮在巳方，天干為己<br>戊己秋堂柳<br>五行局：木3局<br>設命主為24日生 | | <事業><br>癸酉 |
| <夫妻><br>丁卯 | | | <交友><br>甲戌 |
| 餘數2<br><回寅方><br><子女><br>丙寅 | 餘數1<br><水二局><br><財帛><br>丁丑 | <疾厄><br>丙子 | <遷移><br>乙亥 |

①先算餘數：木3局在辰方，從0起算五行局的位置，餘數0在辰方，餘數1在丑方，餘數2在寅方，寅方為餘數的落點。

| 商數3 | 商數4 | 商數5 | 商數6 |
|---|---|---|---|
| 【命宮】 | 〈父母〉 | 〈福德〉 | 〈田宅〉 |
| 己巳 | 庚午 | 辛未 | 壬申 |
| 商數2 | 命宮在巳方，天干為己 | | 商數7 |
| | 戊己秋堂柳 | | 紫微星 |
| 〈兄弟〉 | 五行局：木3局 | | 〈事業〉 |
| 戊辰 | 設命主為24日生 | | 癸酉 |
| 商數1 | | | |
| 〈夫妻〉 | | | 〈交友〉 |
| 丁卯 | | | 甲戌 |
| 餘數落點 | | | |
| 商數0 | | | |
| 〈子女〉 | 〈財帛〉 | 〈疾厄〉 | 〈遷移〉 |
| 丙寅 | 丁丑 | 丙子 | 乙亥 |

②再算商數：從餘數的落點由 0 起算，順時針方向推算，商數 0 在寅方，商數 1 在卯方，商數 2 在辰方，商數 3 在巳方，商數 4 在午方，商數 5 在未方，商數 6 在申方，商數 7 在酉方，酉方為商數的落點，就是紫微星所在的位置。

| 武曲<br>【命宮】<br>己巳 | 太陽<br>〈父母〉<br>庚午 | 〈福德〉<br>辛未 | 天機<br>〈田宅〉<br>壬申 |
|---|---|---|---|
| 天同<br>〈兄弟〉<br>戊辰 | 逆時針方向<br>推佈紫微 6 星<br>歌訣：紫微天機逆行旁，隔一陽武天同當，又隔二位廉貞地，空三復見紫微郎。 | | 商數落點<br>紫微<br>〈事業〉<br>癸酉 |
| 〈夫妻〉<br>丁卯 | | | 〈交友〉<br>甲戌 |
| 〈子女〉<br>丙寅 | 廉貞<br>〈財帛〉<br>丁丑 | 〈疾厄〉<br>丙子 | 〈遷移〉<br>乙亥 |

## 六、安天府星：

順時針方向佈天府星系（歌訣：天府太陰與貪狼，巨門天相與天梁，七殺空三破軍位，順佈天府八星詳）。共有 8 顆主星。

天府星系與紫微星系是相反方向運轉的，紫微天府為右斜線相對位置，所以只要確認紫微星的落點，就可以找出天府星的相對位置（如下圖），再依序推佈。

〔寅、申方紫微天府同宮〕。

| 天府 巳 | 天府 午 | 天府 未 | 申 |
|---|---|---|---|
| 天府 辰 | | | 紫微 酉 |
| 天府 卯 | | | 紫微 戌 |
| 紫微 天府 寅 | 紫微 丑 | 紫微 子 | 紫微 亥 |

〔巳、亥方，紫微天府互為對宮〕。

| 紫微 巳 | 紫微 午 | 紫微 未 | 紫微 天府 申 |
|---|---|---|---|
| 紫微 辰 | | | 天府 酉 |
| 紫微 卯 | | | 天府 戌 |
| 寅 | 天府 丑 | 天府 子 | 天府 亥 |

命例：女命 43 年 4 月 4 日未時生。

| | | | 廉貞 |
|---|---|---|---|
| 〈疾厄〉 | 〈財帛〉 | 〈子女〉 | 〈夫妻〉 |
| 己巳 | 庚午 | 辛未 | 壬申 |
| **紫微** | 例如女命 | | |
| 〈遷移〉 | 43 年 4 月 4 日未時生 | | 〈兄弟〉 |
| 戊辰 | 43 年：甲午年 | | 癸酉 |
| 天機 | | | |
| 〈交友〉 | 五行局為〔火 6 局〕 | | 【命宮】 |
| 丁卯 | | | 甲戌 |
| | 太陽 | 武曲 | 天同 |
| 〈事業〉 | 〈田宅〉 | **天府** | 〈父母〉 |
| 丙寅 | 丁丑 | 〈福德〉 | 乙亥 |
| | | 丙子 | |

順時針方向佈天府星系（天府太陰與貪狼，巨門天相與天梁，七殺空三破軍位，順佈天府八星詳）。共有 8 顆主星。

| 天梁 | 七殺 | | 廉貞 |
|---|---|---|---|
| 〈疾厄〉 | 〈財帛〉 | 〈子女〉 | 〈夫妻〉 |
| 己巳 | 庚午 | 辛未 | 壬申 |
| 紫微 | 例如女命 | | |
| **天相** | 43 年 4 月 4 日未時生 | | 〈兄弟〉 |
| 〈遷移〉 | 43 年：甲午年 | | 癸酉 |
| 戊辰 | | | |
| 天機 | | | **破軍** |
| **巨門** | 五行局為〔火 6 局〕 | | |
| 〈交友〉 | | | 【命宮】 |
| 丁卯 | | | 甲戌 |
| **貪狼** | 太陽 | 武曲 | 天同 |
| | **太陰** | **天府** | |
| 〈事業〉 | 〈田宅〉 | 〈福德〉 | 〈父母〉 |
| 丙寅 | 丁丑 | 丙子 | 乙亥 |

再一例：

| 武曲 【命宮】 己巳 | 太陽 〈父母〉 庚午 | **天府** 〈福德〉 辛未 | 天機 〈田宅〉 壬申 |
|---|---|---|---|
| 天同 〈兄弟〉 戊辰 | 命宮在巳方，天干為己<br>戊己秋堂柳<br>五行局：木3局<br>設命主為24日生 | | **紫微** 〈事業〉 癸酉 |
| 〈夫妻〉 丁卯 | | | 〈交友〉 甲戌 |
| 〈子女〉 丙寅 | 廉貞 〈財帛〉 丁丑 | 〈疾厄〉 丙子 | 〈遷移〉 乙亥 |

順時針方向佈天府星系（天府太陰與貪狼，巨門天相與天梁，七殺空三破軍位，順佈天府八星詳）。共有 8 顆主星。

| 武曲 **破軍** 【命宮】 己巳 | 太陽 〈父母〉 庚午 | **天府** 〈福德〉 辛未 | 天機 **太陰** 〈田宅〉 壬申 |
|---|---|---|---|
| 天同 〈兄弟〉 戊辰 | 命宮在巳方，天干為己<br>戊己秋堂柳<br>五行局：木3局<br>設命主為24日生 | | 紫微 **貪狼** 〈事業〉 癸酉 |
| 〈夫妻〉 丁卯 | | | **巨門** 〈交友〉 甲戌 |
| 〈子女〉 丙寅 | 廉貞 **七殺** 〈財帛〉 丁丑 | **天梁** 〈疾厄〉 丙子 | **天相** 〈遷移〉 乙亥 |

## 七、安月系星：左輔星、右弼星

運用出生月數，左輔星由【辰方起，順時針方向】，從 1 數起算，每格 1 數，算至出生月數字為止，就是左輔星的落點。

使用出生月數，右弼星由【戌方起，逆時針方向】，從 1 數起算，每格 1 數，算至出生月數字為止，就是右弼星的落點。

| 左輔 | 巳 | 午 | 未 | 申 | 右弼 |
|---|---|---|---|---|---|
| | 辰 | | | 酉 | |
| | 卯 | | | 戌 | |
| | 寅 | 丑 | 子 | 亥 | |

運用出生月數，左輔星由【辰方起，順時針方向】，出生月數 1 在辰方，2 月在巳方，3 月在午方，4 月在未方，未方為出生月數落點就是左輔星的落點。

| 天梁 〈疾厄〉 己巳 | 七殺 〈財帛〉 庚午 | **左輔** 〈子女〉 辛未 | 廉貞 〈夫妻〉 壬申 |
|---|---|---|---|
| 紫微 天相 〈遷移〉 戊辰 | | | 〈兄弟〉 癸酉 |
| 天機 巨門 〈交友〉 丁卯 | 例如女命 43 年 4 月 4 日未時生 43 年：甲午年 五行局為〔火 6 局〕 | | 破軍 【命宮】 甲戌 |
| 貪狼 〈事業〉 丙寅 | 太陽 太陰 〈田宅〉 丁丑 | 武曲 天府 〈福德〉 丙子 | 天同 〈父母〉 乙亥 |

運用出生月數，右弼星由【戌方起，逆時針方向】，出生月數 1 在戌方，2 月在酉方，3 月在申方，4 月在未方，未方為出生月數落點就是右弼星的落點。

| 天梁　　〈疾厄〉 己巳 | 七殺　　〈財帛〉 庚午 | 左輔 **右弼**　　〈子女〉 辛未 | 廉貞　　〈夫妻〉 壬申 |
|---|---|---|---|
| 紫微 天相　　〈遷移〉 戊辰 | 例如女命 43 年 4 月 4 日未時生 43 年：甲午年 五行局為〔火 6 局〕 | | 〈兄弟〉 癸酉 |
| 天機 巨門　　〈交友〉 丁卯 | | | 破軍 【命宮】 甲戌 |
| 貪狼　　〈事業〉 丙寅 | 太陽 太陰　　〈田宅〉 丁丑 | 武曲 天府　　〈福德〉 丙子 | 天同　　〈父母〉 乙亥 |

## 八、安時系星：文曲星、文昌星

運用出生時辰，文曲星由【辰方起，順時針方向】，從子時起算，每格一個時辰，算至出生時辰為止，就是文曲星的落點。

使用出生時辰，文昌星由【戌方起，逆時針方向】，從子時起算，每格一個時辰，算至出生時辰為止，就是文昌星的落點。

| 文曲 | 巳 | 午 | 未 | 申 | 文昌 |
|---|---|---|---|---|---|
| | 辰 | | | 酉 | |
| | 卯 | | | **戌** | |
| | 寅 | 丑 | 子 | 亥 | |

運用出生時辰，文曲星由【辰方起，順時針方向】，出生時辰子時在辰方，丑時在巳方，寅時在午方，卯時在未方，辰時在申方，巳時在酉方，午時在戌方，未時在亥方，亥方為出生時辰落點，就是文曲星的落點。

| | | | |
|---|---|---|---|
| 天梁<br><br>〈疾厄〉<br><br>己巳 | 七殺<br><br>〈財帛〉<br><br>庚午 | 左輔<br>右弼<br><br>〈子女〉<br>辛未 | 廉貞<br><br>〈夫妻〉<br><br>壬申 |
| 紫微<br>天相<br><br>〈遷移〉<br><br>戊辰 | 例如女命<br>43年4月4日未時生<br>43年：甲午年<br><br>五行局為〔火6局〕 | | 〈兄弟〉<br><br>癸酉 |
| 天機<br>巨門<br><br>〈交友〉<br><br>丁卯 | | | 破軍<br><br>【命宮】<br><br>甲戌 |
| 貪狼<br><br>〈事業〉<br><br>丙寅 | 太陽<br>太陰<br><br>〈田宅〉<br><br>丁丑 | 武曲<br>天府<br><br>〈福德〉<br><br>丙子 | 天同<br>**文曲**<br><br>〈父母〉<br><br>乙亥 |

運用出生時辰，文昌星由【戌方起，逆時針方向】，出生時辰子時在戌方，丑時在酉方，寅時在申方，卯時在未方，辰時在午方，巳時在巳方，午時在辰方，未時在卯方，卯方為出生時辰落點，就是文昌星的落點。

| | | | |
|---|---|---|---|
| 天梁<br>　　〈疾厄〉<br>己巳 | 七殺<br>　　〈財帛〉<br>庚午 | 左輔<br>右弼<br>　　〈子女〉<br>辛未 | 廉貞<br>　　〈夫妻〉<br>壬申 |
| 紫微<br>天相<br>　　〈遷移〉<br>戊辰 | 例如女命<br>43年4月4日未時生<br>43年：甲午年 | | 〈兄弟〉<br>癸酉 |
| 天機<br>巨門<br>**文昌**<br>　　〈交友〉<br>丁卯 | 五行局為〔火6局〕 | | 破軍<br><br>【命宮】<br>甲戌 |
| 貪狼<br>　　〈事業〉<br>丙寅 | 太陽<br>太陰<br>　　〈田宅〉<br>丁丑 | 武曲<br>天府<br>　　〈福德〉<br>丙子 | 天同<br>文曲<br>　　〈父母〉<br>乙亥 |

## 九、安生年天干四化

安生年四化，請用紅色筆圈記。用出生年的天干，尋找與出生年天干可以產生四化象的星曜，在星曜名稱的正下方，註明祿、權、科、忌，並圈起來，以方便辨別。

下表為天干四化表

|   | 甲 | 乙 | 丙 | 丁 | 戊 | 己 | 庚 | 辛 | 壬 | 癸 |
|---|----|----|----|----|----|----|----|----|----|----|
| 祿 | 廉貞 | 天機 | 天同 | 太陰 | 貪狼 | 武曲 | 太陽 | 巨門 | 天梁 | 破軍 |
| 權 | 破軍 | 天梁 | 天機 | 天同 | 太陰 | 貪狼 | 武曲 | 太陽 | 紫微 | 巨門 |
| 科 | 武曲 | 紫微 | 文昌 | 天機 | 右弼 | 天梁 | 太陰 | 文曲 | 左輔 | 太陰 |
| 忌 | 太陽 | 太陰 | 廉貞 | 巨門 | 天機 | 文曲 | 天同 | 文昌 | 武曲 | 貪狼 |

甲廉破武陽，乙機梁紫陰，丙同機昌廉，丁陰同機巨，戊貪陰右機；己武貪梁曲，庚陽武陰同，辛巨陽曲昌，壬梁紫左武，癸破巨陰貪。

| 紫微 | 壬權、乙科 | 天府 | |
|------|-----------|------|---|
| 天機 | 乙祿、丙權、丁科、戊忌 | 太陰 | 丁祿、戊權、庚癸科、乙忌 |
| 太陽 | 庚祿、辛權、甲忌 | 貪狼 | 戊祿、己權、癸忌 |
| 武曲 | 己祿、庚權、甲科、壬忌 | 巨門 | 辛祿、癸權、丁忌 |
| 天同 | 丙祿、丁權、庚忌 | 天相 | |
| 廉貞 | 甲祿、丙忌 | 天梁 | 壬祿、乙梁、己科 |
| 左輔 | 壬科 | 七殺 | |
| 右弼 | 戊科 | 破軍 | 癸祿、甲權 |
| 文曲 | 辛科、己忌 | 文昌 | 丙科、辛忌 |

命例：女命 43 年 4 月 4 日未時生。

| 天梁<br>〈疾厄〉<br>己巳 | 七殺<br>〈財帛〉<br>庚午 | 左輔<br>右弼<br>〈子女〉<br>辛未 | 廉貞〈祿〉<br>〈夫妻〉<br>壬申 |
|---|---|---|---|
| 紫微<br>天相<br>〈遷移〉<br>戊辰 | 例如女命<br>43 年 4 月 4 日未時生<br>43 年：甲午年 | | 〈兄弟〉<br>癸酉 |
| 天機<br>巨門<br>文昌<br>〈交友〉<br>丁卯 | 五行局為〔火 6 局〕 | | 破軍〈權〉<br>【命宮】<br>甲戌 |
| 貪狼<br>〈事業〉<br>丙寅 | 太陽〈忌〉<br>太陰<br>〈田宅〉<br>丁丑 | 武曲〈科〉<br>天府<br>〈福德〉<br>丙子 | 天同<br>文曲<br>〈父母〉<br>乙亥 |

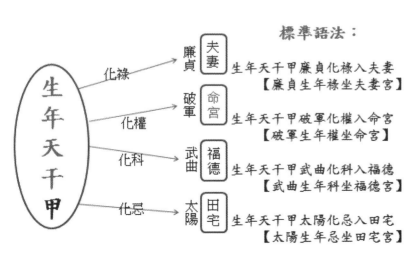

標準語法：

化祿 → 廉貞 夫妻
生年天干甲廉貞化祿入夫妻
【廉貞生年祿坐夫妻宮】

化權 → 破軍 命宮
生年天干甲破軍化權入命宮
【破軍生年權坐命宮】

化科 → 武曲 福德
生年天干甲武曲化科入福德
【武曲生年科坐福德宮】

化忌 → 太陽 田宅
生年天干甲太陽化忌入田宅
【太陽生年忌坐田宅宮】

## 十、安本宮四化之自化

每一個宮位的天干,與自己宮位的星曜,所產生的四化象,我們稱為本宮自化。

命例:女命43年4月4日未時生。

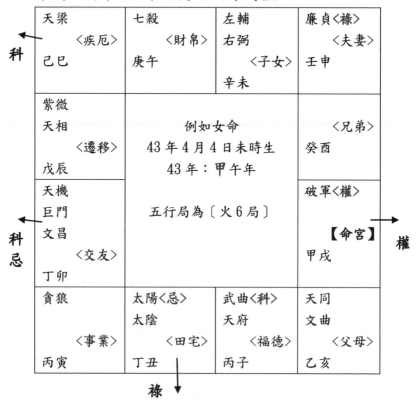

有本宮自化祿出、自化權出、自化科出、自化忌出。因為有出的象義,所以必須(往外畫箭頭標記)。

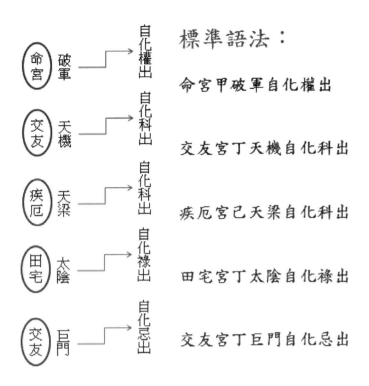

命宮 破軍 → 自化權出

交友 天機 → 自化科出

疾厄 天梁 → 自化科出

田宅 太陰 → 自化祿出

交友 巨門 → 自化忌出

標準語法：

命宮甲破軍自化權出

交友宮丁天機自化科出

疾厄宮己天梁自化科出

田宅宮丁太陰自化祿出

交友宮丁巨門自化忌出

## 十一、安命宮四化

安命宮四化，請用藍色筆圈記。用命宮的天干，尋找與命宮天干可以產生四化象的星曜，在星曜名稱的正下方，註明祿權科忌，並圈起來。

命例：女命43年4月4日未時生。

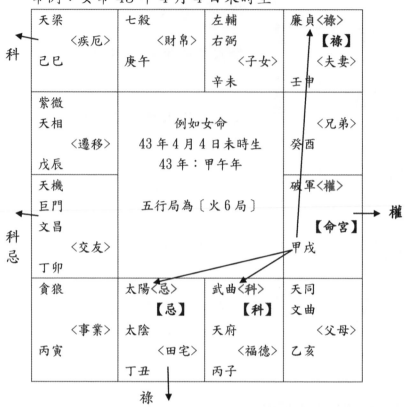

| 天梁　　　〈疾厄〉　己巳 | 七殺　　　〈財帛〉　庚午 | 左輔　右弼　　〈子女〉　辛未 | 廉貞〈祿〉　【祿】　〈夫妻〉　壬申 |
|---|---|---|---|
| 紫微　天相　〈遷移〉　戊辰 | 例如女命 43年4月4日未時生 43年：甲午年 | | 〈兄弟〉　癸酉 |
| 天機　巨門　文昌　〈交友〉　丁卯 | 五行局為〔火6局〕 | | 破軍〈權〉　【命宮】　甲戌 |
| 貪狼　　　〈事業〉　丙寅 | 太陽〈忌〉　【忌】　太陰　〈田宅〉　丁丑 | 武曲〈科〉　【科】　天府　〈福德〉　丙子 | 天同　文曲　〈父母〉　乙亥 |

（左上：科　左：科忌　右：權　下：祿）

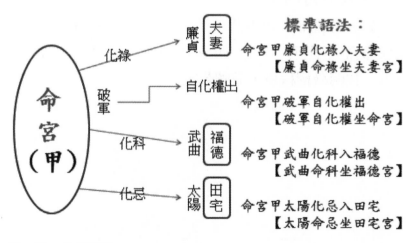

標準語法：

命宮甲廉貞化祿入夫妻
【廉貞命祿坐夫妻宮】

命宮甲破軍自化權出
【破軍自化權坐命宮】

命宮甲武曲化科入福德
【武曲命科坐福德宮】

命宮甲太陽化忌入田宅
【太陽命忌坐田宅宮】

## 十二、起大限、安大限

易經繫辭傳：乾道成男，坤道成女。因此乾造表示為男生，坤造表示為女生。出生年的天干有陰陽，陽干為甲丙戊庚壬，陰干為乙丁己辛癸。因此陽年出生的男生我們稱為【陽男】，陽年出生的女生稱為【陽女】。

陰年出生的男生稱為【陰男】，陰年出生的女生稱為【陰女】。

起大限，依「五行局數」設大限的起運歲數，從【命宮】起大限歲數，每 10 歲為一個大限，我們稱為「大限運」。依「陽男陰女」順時針方向推佈，「陰男陽女」逆時針方向推佈，每一個宮位為一個大限。

比如說陽男，土五局的命盤，命宮的大限起運歲數為 5~14 歲(虛歲，出生就算 1 歲，到下一個年度的正月初一，就是 2 歲了)(用藍色書寫)。陽男則順時針方向推佈，第二個大限 15~24 歲，置於父母宮。第三個大限 25~34 歲置於福德宮，第四個大限 35~44 置於田宅宮。其餘依此類推。

安大限，推算命主的歲數，此歲數在那個大限的範圍內，此大限及為此歲數的大限命宮，用紅色筆圈註寫【大限】兩個字於此大限宮位的空白處，並圈起來。

比如上例，若今年 30 歲，則大限落於 25~34 歲的範圍內，則在福德宮寫「大限」兩個字圈註。

命例：女命 43 年 4 月 4 日未時生。依（五行局數）設大限的起運歲數，從【命宮】起大限歲數，每 10 歲為一個大限。陽女大限逆行。

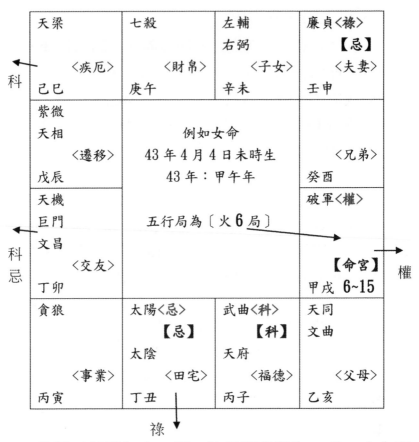

| | | | |
|---|---|---|---|
| 天梁 〈疾厄〉 己巳 | 七殺 〈財帛〉 庚午 | 左輔 右弼 〈子女〉 辛未 | 廉貞〈祿〉 【忌】 〈夫妻〉 壬申 |
| 紫微 天相 〈遷移〉 戊辰 | 例如女命 43年4月4日未時生 43年：甲午年 | | 〈兄弟〉 癸酉 |
| 天機 巨門 文昌 〈交友〉 丁卯 | 五行局為〔火6局〕 | | 破軍〈權〉 【命宮】 甲戌 6~15 |
| 貪狼 〈事業〉 丙寅 | 太陽〈忌〉 【忌】 太陰 〈田宅〉 丁丑 | 武曲〈科〉 【科】 天府 〈福德〉 丙子 | 天同 文曲 〈父母〉 乙亥 |

科

科忌

權

祿

　　此例五行局為火6局，故起運歲數為6歲，由命宮起大限運的歲數，每個大限運為10年，因此命宮大限歲數為6~15歲。

　　再則，此命例為陽女，大限逆時針方向旋轉，兄弟為第二大限命宮，歲數為16~25歲，其餘大限以此類推，如圖例。

| 天梁<br><br>（大限）<br><br>〈疾厄〉<br>己巳 56~65 | 七殺<br><br>〈財帛〉<br>庚午 46~55 | 左輔<br>右弼<br><br>〈子女〉<br>辛未 36~45 | 廉貞〈祿〉<br>【忌】<br><br>〈夫妻〉<br>壬申 26~35 |
|---|---|---|---|
| 紫微、天相<br>〈遷移〉<br>戊辰 | 例如女命<br>43 年 4 月 4 日未時生<br>43 年：甲午年 | | 〈兄弟〉<br>癸酉 16~25 |
| 天機<br>巨門、文昌<br>〈交友〉<br>丁卯 66~75 | 坤道生女，出生年天干為<br>陽，所以為陽女。<br>五行局為〔火 6 局〕 | | 破軍〈權〉<br>【命宮】<br>甲戌 6~15 |
| 貪狼<br><br>〈事業〉<br>丙寅 76~85 | 太陽〈忌〉<br>【忌】<br>太陰<br>〈田宅〉<br>丁丑 86~95 | 武曲〈科〉<br>【科】<br>天府<br>〈福德〉<br>丙子 96~ | 天同<br>文曲<br><br>〈父母〉<br>乙亥 |

科（左上）／科忌（左下）／權（右）／祿（下）

民國 43 年，換算成西元必須加 1911，所以為西元 1954 年。今年歲數 2017-1954=63〔民國 106-43=63〕，因為是虛歲，所以要再加 1，63+1=64，今年 64 歲。所以大限落於 56~65 之間，踏疾厄宮。

## 十三、安流年。

流年，以起盤當時為流年命宮，用紅筆在起盤當時的歲數位置空白處寫下歲數的數字，代表此歲數流年的命宮在此。

通常會寫完此大限的歲數。

例如：今年 2017 丁酉年，此例為 64 歲，在酉方兄弟宮右上方標示 <64>。

| | | | |
|---|---|---|---|
| 天梁<br>（大限）<br>←科<br><br>〈疾厄〉<br>己巳 56~65 | 七殺<br><br>〈財帛〉<br>庚午 46~55 | 左輔<br>右弼<br>〈子女〉<br>辛未 36~45 | 廉貞<祿><br>【忌】<br><br><br>〈夫妻〉<br>壬申 26~35 |
| 紫微、天相<br>〈遷移〉<br>戊辰 | 例如女命<br>43 年 4 月 4 日未時生<br>43 年：甲午年<br>坤道生女，出生年天干為<br>陽，所以為陽女。<br>五行局為〔火 6 局〕 | | 64<br><br>〈兄弟〉<br>癸酉 16~25 |
| 天機<br>巨門、文昌<br>←科忌<br><br>〈交友〉<br>丁卯 66~75 | | | 破軍<權><br>65　權→<br><br>【命宮】<br>甲戌 6~15 |
| 貪狼<br><br>〈事業〉<br>丙寅 76~85 | 太陽<忌><br>【忌】<br>太陰<br>〈田宅〉<br>丁丑 86~95 | 武曲<科><br>【科】<br>天府<br>〈福德〉<br>丙子 96~ | 天同<br>文曲<br>〈父母〉<br>乙亥 |

↓ 祿

第二章

宮位模組
化的象義

# 第一節 飛星紫微斗數的起源

紫微斗數源於北宋朝，相傳祖師為陳摶（字希夷）先生。大致分為南派與北派。南派以三合為主，北派以飛星四化為主。南派在宋朝就流傳入民間，因此在民國70年以前，民間所看到的資料均以南派三合為主。北派則為道脈之師徒傳承，及傳入宮廷為欽天監所使用，清廷瓦解，民國初年始流傳入民間。

台灣的啟蒙老師「周清河老師」：周清河老師在經過二次生意失敗及破產後，偶然間在台北羅斯福路路邊看到「飛星紫微斗數」的招牌，因為周師曾向兩位「三合派」老師學習，所以好奇地進去給一位外省老翁論命，神奇的應驗了兩次生意失敗的結果與時間點，而這結果與前兩位三合派老師大相逕庭，於是立即拜其門下，周清河老師根器〔命理天份〕極高，快速地學會了「飛星紫微斗數」的論法，於是在中永和地區開始為人論命，在周清河老師近乎神準的論命下，聲名大噪。

1981年，梁若瑜老師的好友同事徐靜觀向周師學習，再口述給梁若瑜老師聽，梁若瑜老師也因此習得正確的【飛星紫微斗數】基礎，但梁若瑜老師始終無緣正式向周清河老師學習，但因為有了正確的基礎，加上梁若瑜老師的根器也是極高，透過不斷的實際論命與詳細推敲，經過20年千錘百鍊，漸漸由梁若瑜老師將飛星紫微斗數系統化整理，於2000(庚辰)年出書【飛星紫微斗數之

專論四化】，而開始了飛星四化的發展。

　　飛星四化是以【宮位象義】為骨架，透過各宮位的天干與星曜產生的四化象（祿、權、科、忌）之變化，而串連演繹個人命運之吉凶禍福的。

　　【四化】串連宮位象義，為其筋肌肉，撐起了宮位象義的骨架，使得事態發展的方向與輕重程度，得到近乎完整的詮釋。再加上了【星性象義】的闡述皮毛細節，使結果趨近於完美。

# 第二節　飛星紫微斗數基本概念

## 1.紫微斗數十二宮【逆時針方向推佈】

命宮、兄弟宮、夫妻宮、子女宮、財帛宮、疾厄宮、遷移宮、交友宮、事業宮、田宅宮、福德宮、父母宮。可以用現代思維來理解，這12宮就好像人生的12個【模組】，每個模組都有其專屬的定義（後面的章節有推理定義的介紹），其訊息交流就是透過宮位中的〔天干〕，以及宮位中所坐落的〔星曜〕產生祿、權、科、忌的〔四化象〕，來做串連與交流，而衍生人生繁多的現象。

| <10 田宅宮> 巳 | <9 事業宮> 午 | <8 交友宮> 未 | <7 遷移宮> 申 |
|---|---|---|---|
| <11 福德宮> 辰 | 圖例<00-03> | | <6 疾厄宮> 酉 |
| <12 父母宮> 卯 | | | <5 財帛宮> 戌 |
| 【1 命宮】 寅 | <2 兄弟宮> 丑 | <3 夫妻宮> 子 | <4 子女宮> 亥 |

## 2.星曜

紫微星系有6顆主星：紫微天機逆行旁，隔一陽武天同當，又隔二位廉貞地，空三復見紫微郎。逆時針方向推佈，依序為紫微、天機、空一格、太陽、武曲、天同、空兩格、廉貞。

| | 廉貞 | | |
|---|---|---|---|
| 巳 | 午 | 未 | 申 |
| 辰 | 圖例<01> | | 天同<br>酉 |
| 卯 | | | 武曲<br>戌 |
| 紫微<br>寅 | 天機<br>丑 | 子 | 太陽<br>亥 |

　　天府星系有 8 顆主星：天府順行接太陰，貪狼巨門臨天相，天梁七殺空三位，破軍獨坐紂王位。順時針方向推佈，依序為天府、太陰、貪狼、巨門、天相、天梁、七殺、空三格、破軍。

　　所以紫微星系，加上天府星系，共有 14 顆主星，這 14 顆主星就是命運起伏的關鍵。月系星：右弼、左輔。時系星：文昌、文曲。

| 巨門 | 天相 | 天梁 | 七殺 |
|---|---|---|---|
| 巳 | 午 | 未 | 申 |
| 貪狼<br>辰 | 圖例<01> | | 酉 |
| 太陰<br>卯 | | | 戌 |
| 天府<br>寅 | 丑 | 破軍<br>子 | 亥 |

## 3. 飛化

　　出生年和宮位中的〔天干〕與宮位中坐落的〔星曜〕之間所產生的對應質性變化，產生四種變化現象，我們稱為化祿、化權、化科、化忌。

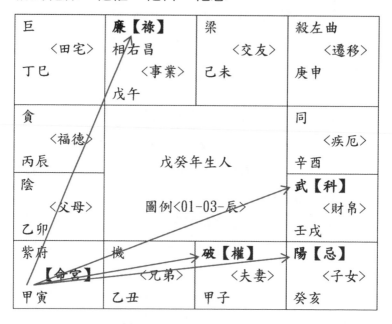

標準語法（一）：

如圖例 <01-03- 辰時 >：

命宮甲廉貞化祿入事業宮。

命宮甲破軍化權入夫妻宮。

命宮甲武曲化科入財帛宮。

命宮甲太陽化忌入子女宮。

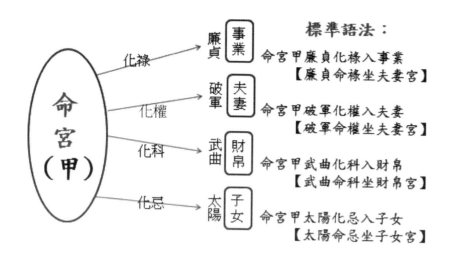

標準語法：

命宮甲廉貞化祿入事業
【廉貞命祿坐夫妻宮】

命宮甲破軍化權入夫妻
【破軍命權坐夫妻宮】

命宮甲武曲化科入財帛
【武曲命科坐財帛宮】

命宮甲太陽化忌入子女
【太陽命忌坐子女宮】

標準語法（二）：

如圖例 <01-03- 辰時 >：命宮甲廉貞化祿入事業宮。

我們稱**命宮**為**化出宮**，運用命宮的天干**甲**。

**化出宮**：由 A 宮的天干，與 B 宮的星曜，所產生之祿權科忌四化象，A 宮稱為化出宮。

我們稱**事業宮**為**化入宮**，運用事業宮的坐星**廉貞星**。

**化入宮**：由 A 宮的天干，與 B 宮的星曜，所產生之祿權科忌四化象，B 宮稱為化入宮。

廉貞星坐落在事業宮，透過命宮的天干（甲），與事業宮的坐星（廉貞）產生的四化象為（化祿象），（入）表示進入的意思，所以事業宮我們稱為化入宮，而四化象（入）事業宮後，就要改成為（坐）事業宮。

坐：由 A 宮的天干，與 B 宮的星曜，所產生之祿權科忌，坐 於 B 宮。

## 4. 生年四化（用紅色圈記）

出生年的（天干）與宮位中的（星曜）所產生的四化象，代表與生俱來的吉凶禍福。

| 巨  〈田宅〉 丁巳 | 廉相昌 右〈科〉 〈事業〉 戊午 | 梁  〈交友〉 己未 | 殺左曲  〈遷移〉 庚申 |
|---|---|---|---|
| 貪〈祿〉  〈福德〉 丙辰 | 〈戊〉年生人 | | 同  〈疾厄〉 辛酉 |
| 陰〈權〉  〈父母〉 乙卯 | 圖例〈01-03-辰時〉 | | 武  〈財帛〉 壬戌 |
| 紫府  【命宮】 甲寅 | 機〈忌〉  〈兄弟〉 乙丑 | 破  〈夫妻〉 甲子 | 陽  〈子女〉 癸亥 |

若為戊年生（請您在星曜的正下方，用紅筆寫一個〈祿〉，然後用圓圈圈起來），則是

生年天干戊貪狼化祿入福德宮〔貪狼生年祿坐福德〕

生年天干戊太陰化權入父母宮〔太陰生年權坐父母〕

生年天干戊右弼化科入事業宮〔右弼生年科坐事業〕

生年天干戊天機化忌入兄弟宮〔天機生年忌坐兄弟〕

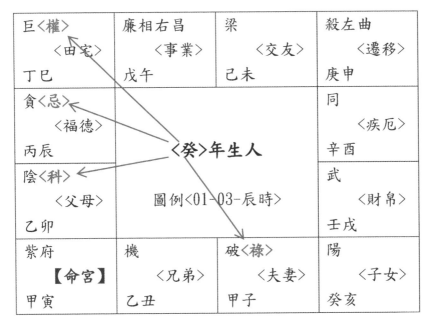

| 巨〈權〉 〈田宅〉 丁巳 | 廉相右昌 〈事業〉 戊午 | 梁 〈交友〉 己未 | 殺左曲 〈遷移〉 庚申 |
|---|---|---|---|
| 貪〈忌〉 〈福德〉 丙辰 | | | 同 〈疾厄〉 辛酉 |
| 陰〈科〉 〈父母〉 乙卯 | 〈癸〉年生人 圖例〈01-03-辰時〉 | | 武 〈財帛〉 壬戌 |
| 紫府 【命宮】 甲寅 | 機 〈兄弟〉 乙丑 | 破〈祿〉 〈夫妻〉 甲子 | 陽 〈子女〉 癸亥 |

若為癸年生，則是

生年天干癸破軍化祿入夫妻宮〔破軍生年祿坐夫妻〕

生年天干癸巨門化權入田宅宮〔巨門生年權坐田宅〕

生年天干癸太陰化科入父母宮〔太陰生年科坐父母〕

生年天干癸貪狼化忌入福德宮〔貪狼生年忌坐福德〕


## 5. 本宮自化

相同宮位中的天干與星曜所產生的四化象，我們稱為本宮自化，又稱為化出【自化祿出、自化權出、自化科出、自化忌出】。

兄弟宮乙天機自化祿出。（畫一個往外的箭頭，寫忌）

夫妻宮甲破軍自化權出。

財帛宮壬武曲自化忌出。

交友宮己天梁自化科出。

事業宮戊右弼自化科出。

田宅宮丁巨門自化忌出。

父母宮乙太陰自化忌出。

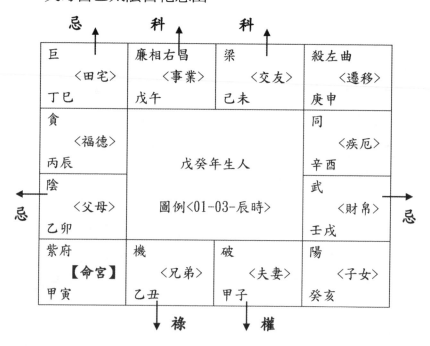

## 6. 命宮四化

　　命宮的（天干）與其他宮位中的（星曜）所產生的四化象，為心性的思考邏輯，衍生一生的吉凶禍福，和其他 11 宮的四化為後天導運。

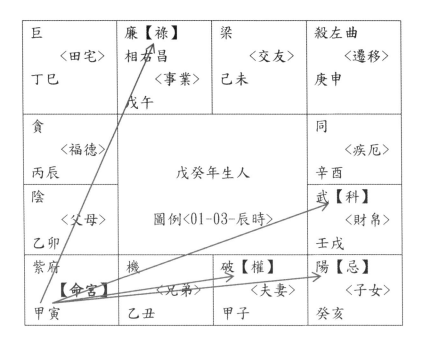

| 巨 　　〈田宅〉 丁巳 | 廉【祿】 相右昌 　　〈事業〉 戊午 | 梁 　　〈交友〉 己未 | 殺左曲 　　〈遷移〉 庚申 |
|---|---|---|---|
| 貪 　　〈福德〉 丙辰 | 戊癸年生人 | | 同 　　〈疾厄〉 辛酉 |
| 陰 　　〈父母〉 乙卯 | 圖例〈01-03-辰時〉 | | 武【科】 　　〈財帛〉 壬戌 |
| 紫府 【命宮】 甲寅 | 機 　〈兄弟〉 乙丑 | 破【權】 　〈夫妻〉 甲子 | 陽【忌】 　　〈子女〉 癸亥 |

命宮甲廉貞化祿入事業宮。〔廉貞命祿坐事業〕

命宮甲破軍化權入夫妻宮。〔破軍命權坐夫妻〕

命宮甲武曲化科入財帛宮。〔武曲命科坐財帛〕

命宮甲太陽化忌入子女宮。〔太陽命忌坐子女〕

## 7. 化祿象

為八卦中四象的少（唸紹，四聲）陽，代表春天，屬於木旺之象，萬物生發，充滿希望和喜悅。推理解釋：**生發、有緣、喜悅**。

命宮甲廉貞化祿入事業：我的心、精神、思考福澤於我的事業，而我也獲得事業的喜悅。代表我讓我的工作順遂如意，在工作上想法點子很多。

## 8. 化權象

為八卦中四象的老陽，代表夏天，屬於火旺之象，萬物壯盛。推理解釋：**壯盛、掌控、成就於**。

命宮甲破軍化權入夫妻：我積極於夫妻，而欲掌控夫妻。我在夫妻間的相處上佔權，主動追求感情。

## 9. 化科象

為八卦中四象的少（音紹）陰，代表秋天，屬於金旺之象，萬物見盛而制，聖人則之制禮樂教化。推理解釋：**文質、理智、緩和**。

命宮甲武曲化科入財帛：我禮教制約於財帛，而我理智緩行於財帛。我對金錢的觀念是理智的，量入為出，會做流水帳。

## 10. 化忌象

為八卦中四象的老陰，代表冬天，屬於水旺之象，萬物歛藏，萬物蟄伏。推理解釋：**歛藏、執著、付出**。

命宮甲太陽化忌入子女：我在乎我的子女，而我願意為子女付出。因此我會用心的照顧子女。

## 11. 對宮

以地支的角度來看，子午方、丑未方、寅申方、卯酉方、辰戌方、巳亥方互為對方，則運用在斗數 12 宮，命宮遷移、兄弟交友、夫妻事業、子女田宅、福德財帛、

父母疾厄，互為對宮關係。

A、夫妻事業互為對宮：我們稱為夫事線。

| 〈10 田宅〉<br>巳 | 〈9 事業〉<br>午 | 〈8 交友〉<br>未 | 〈7 遷移〉<br>申 |
|---|---|---|---|
| 〈11 福德〉<br>辰 | | | 〈6 疾厄〉<br>酉 |
| 〈12 父母〉<br>卯 | 圖例〈00-03〉 | | 〈5 財帛〉<br>戌 |
| 【1 命宮】<br>寅 | 〈2 兄弟〉<br>丑 | 〈3 夫妻〉<br>子 | 〈4 子女〉<br>亥 |

B、兄弟交友互為對宮：我們稱為兄友線。

| 〈10 田宅〉<br>巳 | 〈9 事業〉<br>午 | 〈8 交友〉<br>未 | 〈7 遷移〉<br>申 |
|---|---|---|---|
| 〈11 福德〉<br>辰 | | | 〈6 疾厄〉<br>酉 |
| 〈12 父母〉<br>卯 | 圖例〈00-03〉 | | 〈5 財帛〉<br>戌 |
| 【1 命宮】<br>寅 | 〈2 兄弟〉<br>丑 | 〈3 夫妻〉<br>子 | 〈4 子女〉<br>亥 |

C、命宮與遷移互為對宮：我們稱為命遷線。

| <10 田宅> 巳 | <9 事業> 午 | <8 交友> 未 | **<7 遷移>** 申 |
|---|---|---|---|
| <11 福德> 辰 | | | <6 疾厄> 酉 |
| <12 父母> 卯 | 圖例<00-03> | | <5 財帛> 戌 |
| 【1 命宮】 寅 | <2 兄弟> 丑 | <3 夫妻> 子 | <4 子女> 亥 |

D、父母與疾厄互為對宮：我們稱為父疾線。

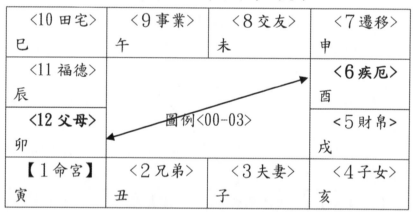

| <10 田宅> 巳 | <9 事業> 午 | <8 交友> 未 | <7 遷移> 申 |
|---|---|---|---|
| <11 福德> 辰 | | | **<6 疾厄>** 酉 |
| **<12 父母>** 卯 | 圖例<00-03> | | <5 財帛> 戌 |
| 【1 命宮】 寅 | <2 兄弟> 丑 | <3 夫妻> 子 | <4 子女> 亥 |

E、福德與財帛互為對宮：我們稱為福財線。

| ‹10 田宅›<br>巳 | ‹9 事業›<br>午 | ‹8 交友›<br>未 | ‹7 遷移›<br>申 |
|---|---|---|---|
| **‹11 福德›**<br>辰 | | | ‹6 疾厄›<br>酉 |
| ‹12 父母›<br>卯 | 圖例‹00-03› | | **‹5 財帛›**<br>戌 |
| 【1 命宮】<br>寅 | ‹2 兄弟›<br>丑 | ‹3 夫妻›<br>子 | ‹4 子女›<br>亥 |

F、田宅與子女互為對宮：我們稱為子田線。

| **‹10 田宅›**<br>巳 | ‹9 事業›<br>午 | ‹8 交友›<br>未 | ‹7 遷移›<br>申 |
|---|---|---|---|
| ‹11 福德›<br>辰 | | | ‹6 疾厄›<br>酉 |
| ‹12 父母›<br>卯 | 圖例‹00-03› | | ‹5 財帛›<br>戌 |
| 【1 命宮】<br>寅 | ‹2 兄弟›<br>丑 | ‹3 夫妻›<br>子 | **‹4 子女›**<br>亥 |

## 12. 沖

忌坐的宮位，必然『沖』對宮。論忌時，每一宮位有坐忌都會沖對宮。沖者，離也，有漸行漸遠之意，或快速變動之意，多忌沖破，則一翻兩瞪眼。

如圖例 <00-03>：遷移宮如果坐（忌），就會沖命宮。

| <10 田宅> 巳 | <9 事業> 午 | <8 交友> 未 | **<7 遷移>** **忌** |
|---|---|---|---|
| <11 福德> 辰 | 沖 圖例<00-03> | | <6 疾厄> 酉 |
| <12 父母> 卯 | | | <5 財帛> 戌 |
| 【1 命宮】 寅 | <2 兄弟> 丑 | <3 夫妻> 子 | <4 子女> 亥 |

## 13. 線

只用於【坐忌】的論述，例如命宮與對宮遷移，為對宮關係，所以形成「命遷線」，論忌時，若兩頭都見坐忌，則為兩頭見忌，互相沖激而串連，所以呈現出「忌的數量相加」的結果。

如圖例 <00-03>：遷移宮如果坐「忌」，某宮化忌入命宮，命宮與遷移宮都坐忌，當兩對宮坐忌時就會串連起來，我們稱為兩頭見忌，忌的數量必須相加起來算。

| ＜10 田宅＞<br>巳 | ＜9 事業＞<br>午 | ＜8 交友＞<br>未 | **＜7 遷移＞**<br>**忌** |
|---|---|---|---|
| ＜11 福德＞<br>辰 | 兩頭見忌互相沖激<br>圖例＜00-03＞ | | ＜6 疾厄＞<br>酉 |
| ＜12 父母＞<br>卯 | | | ＜5 財帛＞<br>戌 |
| **【1 命宮】**<br>**忌** | ＜2 兄弟＞<br>丑 | ＜3 夫妻＞<br>子 | ＜4 子女＞<br>亥 |

## 14. 照

〔祿權〕坐於某宮，『照』對宮。【在運用上只有三宮可以論照，〔祿權〕坐福德、夫妻、遷移為福德三方，照命三方】。

## 15. 三合方

以地支來看，申子辰、亥卯未、寅午戌、巳酉丑為地支的三合方。運用到斗數 12 宮，命宮、財帛、事業為命三方【汲營三方】。田宅、兄弟、疾厄為田宅三方【收藏三方】。福德、夫妻、遷移為福德三方【果報三方】。交友、父母、子女為交友三方【人際交往三方】。

一、命三方（汲營三方）：命宮、財帛宮、事業宮。

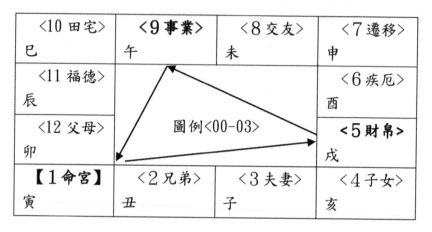

| <10 田宅> 巳 | <9 事業> 午 | <8 交友> 未 | <7 遷移> 申 |
|---|---|---|---|
| <11 福德> 辰 | | | <6 疾厄> 酉 |
| <12 父母> 卯 | 圖例<00-03> | | <5 財帛> 戌 |
| 【1 命宮】 寅 | <2 兄弟> 丑 | <3 夫妻> 子 | <4 子女> 亥 |

二、田宅三方（收藏三方）：田宅宮、兄弟宮、疾厄宮。

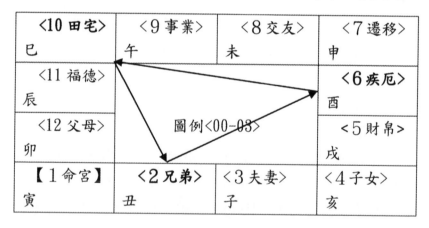

| <10 田宅> 巳 | <9 事業> 午 | <8 交友> 未 | <7 遷移> 申 |
|---|---|---|---|
| <11 福德> 辰 | | | <6 疾厄> 酉 |
| <12 父母> 卯 | 圖例<00-03> | | <5 財帛> 戌 |
| 【1 命宮】 寅 | <2 兄弟> 丑 | <3 夫妻> 子 | <4 子女> 亥 |

三、福德三方（果報三方）：福德宮、夫妻宮、遷移宮。

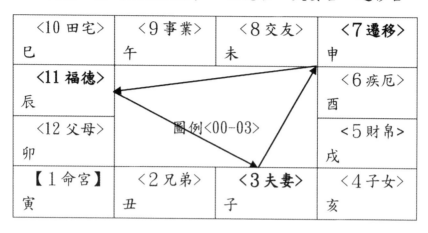

| <10 田宅> 巳 | <9 事業> 午 | <8 交友> 未 | **<7 遷移>** 申 |
| --- | --- | --- | --- |
| **<11 福德>** 辰 | | | <6 疾厄> 酉 |
| <12 父母> 卯 | 圖例<00-03> | | <5 財帛> 戌 |
| 【1 命宮】 寅 | <2 兄弟> 丑 | **<3 夫妻>** 子 | <4 子女> 亥 |

四、交友三方（人際三方）：交友宮、父母宮、子女宮。

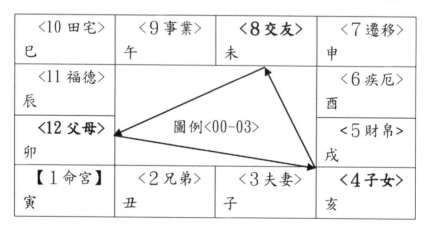

| <10 田宅> 巳 | <9 事業> 午 | **<8 交友>** 未 | <7 遷移> 申 |
| --- | --- | --- | --- |
| <11 福德> 辰 | | | <6 疾厄> 酉 |
| **<12 父母>** 卯 | 圖例<00-03> | | <5 財帛> 戌 |
| 【1 命宮】 寅 | <2 兄弟> 丑 | <3 夫妻> 子 | **<4 子女>** 亥 |

## 16. 化祿轉忌

　　化祿是善因，轉忌為果。想了解善因的結果，必須轉忌，才能明白其結果。轉忌為傳輸工具，將祿的力量延伸到下一宮來用，不以忌論，為追根究柢之意。追根究柢是為了明白兩件事，一為事理發展的方向，二為事態發展的輕重程度。

　　1. A 宮化祿入 B 宮。

　　2. A 宮化祿入 B 宮，追根究柢到 C 宮。

　　3. A 宮化祿入 C 宮，透過 B 宮。

　　4. B 宮化忌入 C 宮。（吉化的特色或缺點）

## 17. 化忌轉忌

　　化忌為付出之因，轉忌是果，因此欲明白此付出之因的結果，必須轉忌，以明其果。轉忌為傳輸工具，將忌的力量延伸到下一宮來用，為追根究柢之意。轉忌不可以多算一忌。追根究柢是為了明白兩件事，一為事理發展的方向，二為事態發展的輕重程度。

1.A 宮化忌入 B 宮。

2.A 宮化忌入 B 宮，追根究柢到 C 宮。

3.A 宮化忌入 C 宮，透過 B 宮。

4.B 宮化忌入 C 宮。（凶化特色或優點）

## 18. 同星曜的祿忌交會

不同宮的天干，飛化之祿忌在同一宮，且為同星曜。祿隨忌走，祿忌成雙，化祿之宮位，加倍之失；化忌之宮位，加倍之得。加倍者，重複其事也。必須區分我宮他宮以明得失。

# 第三節 宮位象義的推理解釋

## 一、十二宮（模組）的直接解釋

看宮位名稱而知其意，層層推理其義，請動動腦思考，為什麼是這個解釋呢，它的意義何在？盡信書不如無書，不可一知半解。保持合理的懷疑，暫時的相信，事後必須加以印證。

1. 命宮：是命盤的主軸、樞紐、一生成敗的關鍵，這個世界有〔我〕的存在才會有意義，我們稱之為太極宮，或太極點。
   - ①主心，是無形的我，主思考、思想。
   - ②主精神意志。
   - ③主性格表現。
   - ④主情緒反應。

2. 兄弟宮：主兄弟（手足）情緣。

3. 夫妻宮：主一生的異性情緣、與配偶情緣。

4. 子女宮：主子女，小輩、下屬、下線（直銷）、學生、寵物（子女為弱小或弱勢者）。主性功能、性生活（子女由性而來）。

5. 財帛宮：主現金緣、來財方式、花用財、行業、我對錢的態度、慾望、（金錢）價值觀。

6. 疾厄宮：主身，為身體的我，疾為疾病，厄為災厄。
   - ①主性格表現（習性、肢體語言）。
   - ②主情緒反應。

③人與人之間的相處。

7. 遷移宮：遷徙移動，主驛馬（出外緣）。

①命宮主內為無形的我，遷移主外，主社會。社會
對我的評價，也稱為表象宮。

②主處世應對的手腕，社交能力。

③主智慧。

④主社會資源、關係、地位。

8. 交友宮：我的人際交往、同事、同學、平輩。泛指所
有接觸的人際，不一定要熟識。（廣義上來說，是包含
所有可以接觸的男女老少）。競爭位。

9. 事業宮：我的工作或事業、行業、工作的狀態。9為
陽數最大的數，我們稱為陽之極，所以業業宮，我們
稱為氣數位，或運氣位。

10. 田宅宮：田地家宅。

①主家人、家庭、家族。

②財富的總和：以不動產為主，包括所有動產。

③居家環境。

④物質生活。

11. 福德宮：主靈性的我。

①主秉性、天性、天賦、天分。

②主福份：先天之福，後天之德。

③主興趣、嗜好、享受。

④主身後歸宿，自己的墳。

12. 父母宮：主父母、長輩、上司、師長。

①主公家機關，父母為庇蔭我者，引申為公家機關。

②主讀書學習，為後天學習位，人的出生，首先以父母為學習對象。

③主學歷，讀書學歷的認證是由公家機關所認證的。又稱為光明宮、涵養宮。社會道德規範位。

## 二、活盤象義

是根據【用衍於體】的概念來的，光 12 宮位的基本象義無法詳盡的定義人事紛雜的現象，因此有了廣義的宮位象義推演，我們稱之為活盤象義。

要推理活盤象義，須明白我宮他宮的分別〔這是初步的分法，將來整體論命時，依不同相關主題，會有不同的我宮與他宮的分別〕：

我宮為第 1 宮命宮（無形的我）、第 5 宮財帛宮（我的錢財）、第 6 宮疾厄宮（身體的我）、第 9 宮事業宮（我的工作或事業）、第 10 宮田宅宮（我的家）、第 11 宮福德宮（靈性的我）。

他宮為第 2 宮兄弟宮、第 3 宮夫妻宮、第 4 宮子女宮、第 7 宮遷移宮、第 8 宮交友宮、第 12 宮父母宮〔都是人的宮位〕。

推理方法：

命宮為太極點，為第 1 宮，其他 11 宮為與我有關的各種人事，所以相關的我宮他宮，是以人為分別，所以您會發現，他宮都是不同的人（遷移是社會是陌生人）。

**接著將太極點移到第五宮（財帛宮）**

把財帛宮當第 1 宮的意思，所以依序財帛的第 5 宮為事業宮，命宮、財帛、事業為汲營三方，都與賺錢的行業方式有關，所以就不必去推演其活盤象義。

財帛的第 6 宮，為田宅〔財帛的疾厄〕。河圖有記載一六共宗，共宗就是一體的，就像命宮之於疾厄宮，1 為命宮，6 為疾厄，命宮為無形的我，疾厄為身體的我，住著無形的我，所以疾厄就是（器、囊、根），我們稱身體為我的具體模樣。所以財帛的疾厄宮為田宅，財帛的根在財產，田宅為財產宮。

財帛的第 9 宮為命宮，所以不推演。

財帛的第 10 宮為兄弟宮〔財帛的田宅〕，我們稱兄弟為財帛的田宅宮，代表現金的收藏宮，表經濟實力位，論存款。

財帛的第 11 宮為夫妻宮。財帛是事物，不是人，沒有嗜好興趣享受的現象，所以不推演。

**接者將太極點移到疾厄宮，疾厄為第一宮。**

疾厄的第 5 宮為田宅宮，疾厄是身體，跟錢沒有關係，所以不推演。

疾厄的第 6 宮為福德宮〔疾厄的疾厄〕，身體的存在與福分有關，且人之所以降世為人，就是因為有福，所以福德宮管的是壽元。

疾厄的第 9 宮為兄弟宮〔疾厄的事業〕，我們稱兄弟宮為身體氣數位，或身體運位，又稱體質位。

疾厄的第 10 宮為夫妻宮〔疾厄的田宅〕，我們稱夫

妻宮為疾厄的田宅，論體型位（胖瘦）。

疾厄的第 11 宮為子女宮〔疾厄的福德〕，我們稱子女為身體享受位。

**接者將太極點移到事業宮，事業為第一宮。**

事業的第 5 宮為命宮，不做推演。

事業的共宗六位為兄弟宮〔事業的疾厄〕，我們稱兄弟宮為事業的規模位。

事業的第 9 宮為財帛宮，不做推演。

事業的第 10 宮為疾厄宮〔事業的田宅〕，我們稱疾厄為事業的田宅，論工作場。

事業的第 11 宮為遷移宮，不做推演。

**接者將太極點移到田宅宮，田宅為第一宮。**

田宅的第 5 宮為兄弟宮〔田宅的財帛〕，我們稱兄弟為田宅的財帛，論家庭經濟收入位。

田宅的第 6 宮為夫妻宮〔田宅的疾厄〕，我們稱夫妻為田宅的共宗六位，論家運位，家和萬事興怎麼看，看老婆臉上有沒有笑容。一個家庭的興旺與否往往取決於老婆的態度和智慧，斗數的發明年代是以男人為主的時代，夫妻宮論的就是老婆。

田宅的第 9 宮為疾厄宮〔田宅的事業〕，我們稱疾厄為田宅的事業，論家運位。我們也發現，大多數富有的人，身體都有比較珠圓玉潤氣色好的現象。

田宅的第 10 宮為遷移宮，田宅本身就是最大的收藏宮，所以不做推演。

田宅的第 11 宮為交友，田宅是事物為主，不論享受，故不做推演。福德是我死後的歸宿，論我的墳，交友是田宅的福德，所以論祖墳。

**接者將太極點移到福德宮，福德宮為第一宮。**

福德的第 5 宮為夫妻宮〔福德的財帛〕，我們稱夫妻為福德的財帛，論福分財，所以娶妻是多麼重要的大事啊！

福德的第 6 宮為子女宮〔福德的疾厄〕，我們稱子女為福德的共宗六位，論晚年的生活品質。古代養兒防老，現代就必須為自己養老退休做規劃。

福德的第 9 宮為遷移宮〔福德的事業〕，我們稱遷移為福德的事業，論福運位。遷移為有為之年的果報宮，現代是地球村的年代，出外驛馬緣至關重要，因此福運位就顯得格外重要了。

福德的第 10 宮為交友宮〔福德的田宅〕，我們稱為福德的田宅，論行善積德的累積位。

福德的第 11 宮為事業宮，不做推演。


## 三、總整理宮位模組的定義

以下的宮位象義，是整合起來的，如有不了解的可依上面的推理來了解。

1. 命宮：是命盤的主軸、樞紐、一生成敗的關鍵，這個
   世界有〔我〕的存在才會有意義，我們稱之為太極宮，
   或太極點。

①主心，是無形的我，主思考、思想。

②主精神意志。

③主性格表現。

④主情緒反應。

⑤命三方之首，為汲營三方的主宮，一切都是我的思考來主導我的人生，有我，這個世界才有存在的意義。

⑥為交友的疾厄，論人緣。

⑦對宮為遷移。

2. 兄弟宮：主兄弟（手足）情緣。

①經濟實力位〔財帛的田宅宮〕，代表現金的收藏宮，存款，家裡的金庫，古代的庫房，我們稱為庫位。

②事業的規模位〔事業的疾厄（共宗六位）〕。

③把前兩式合起來看，所以稱兄弟宮為【事業成就位】。

④體質位〔疾厄的事業〕，疾厄的氣數位。

⑤兄弟是財帛的田宅，財帛是夫妻的夫妻，論婚姻對待關係，因此兄弟宮為夫妻的夫妻的田宅，論主臥室、床位。

⑥兄弟為田宅三方之一，論物質生活的品質。

⑦對宮為交友。

3. 夫妻宮：主一生的異性情緣、與配偶情緣。

①福德的財帛，論福份財。

②田宅的疾厄，論家運位。

　③疾厄的田宅，論體型、廚房。

　④遷移的事業，出外運位。

　⑤夫妻為福德三方之一，為幼年的福分位。

　⑥對宮為事業。

4. 子女宮：主子女，小輩、下屬、下線（直銷）、學生、
　寵物（子女為弱小或弱勢者）。主性功能、性生活（子
　女由性而來）。

　①交友的事業，論合夥位（小規模的人際數人合夥經
　　營事業，上市上的股票買賣不算合夥，親人合夥
　　不算在此）。

　②福德的疾厄，看晚年生活品質的好壞。

　③疾厄的福德，身體的享受宮。

　④夫妻的下一宮，引申為因婚姻而來的人際關係位
　　置，看姻親位。

　⑤夫妻的下一宮，引申為因婚姻之後的感情，所以
　　論桃花、外遇（條件是桃花星化祿或化忌）。

　⑥田宅的遷移，論屋外、庭院、明堂、出外。

　⑦兄弟的夫妻，論妯娌。

　⑧子女為交友三方之一，人際交往的小輩。

　⑨對宮為田宅。

5. 財帛宮：主現金緣、來財方式、花用財、行業、我對
　錢的態度、慾望、（金錢）價值觀。

　①夫妻的夫妻，夫妻間的對待關係，往往跟生活中

的柴米油鹽醬醋茶的生活細節有關，財帛是生活
開銷。

②交友的田宅，客房。

③福德的遷移，脾氣、嗜好的表象宮。

④命三方之一，汲營三方，論行業、賺錢的狀況。

⑤對宮為福德。

6. 疾厄宮：主身，為身體的我，疾為疾病，厄為災厄。

①主性格表現（習性、肢體語言）。

②主情緒反應。

③疾厄為交友的福德，人際交往的相處狀況，是指
身體的接觸。

④疾厄為田宅的事業，論家運位。

⑤疾厄為田宅三方之一，主物質生活的品質。

⑥疾厄為事業的田宅，工作環境、工作地方。

⑦對宮是父母。

7. 遷移宮：遷徙移動，主驛馬（出外緣）。

①命宮主內為無形的我，遷移主外，主社會，為社
會對我的評價，也稱為表象宮。

②主處世應對的手腕，社交能力。

③主智慧。

④主社會資源、關係、地位。

⑤遷移是福德的事業，稱為福運位。是廣大的社會
際遇位。

⑥主出外驛馬緣。

⑦遷移是福德三方之一，有為之年的福運。

⑧對宮是命宮。

8. 交友宮：我的人際交往、同事、同學、平輩。泛指所有接觸的人際，不一定要熟識。

　①交友是夫妻的共宗六位，婚姻狀況的指標，感情的甜蜜度。

　②交友是福德的田宅，行善布施的積德位，神明廳、佛堂、神龕。

　③交友是田宅的福德，為祖先的墳墓。田宅泛指曾祖父以上的祖先。

　④交友三方的主宮，人際交往中以平輩為主，但交友宮包含所有人際，男女老少、左鄰右舍、同事、同學、同袍。

　⑤對宮是兄弟。

9. 事業宮：我對工作或事業狀態、能力、態度，或從事的行業。9 為陽之極，論運氣位。

　①事業是夫妻的遷移（婚姻之外的感情），論婚外情（要有桃花星化祿或化忌）。

　②事業是福德的福德，看祖父的墳。

　③事業是父母的田宅，書房、書桌。

　④對宮是夫妻。

10. 田宅宮：田地家宅。

　①主家人、家庭、家族。

　②財富的總和：以不動產為主，包括所有動產。

③居家環境。

④物質生活。

⑤財帛的疾厄，論財產。

⑥田宅三方，物質生活。

⑦父母為我的父親。福德為父母的父母，為我的祖父。田宅為我祖父的父母，為我的曾祖父。也表示祖上。田宅又為家道，因此家道身係在曾祖父或祖上的德行，因此祖德的好壞關係到家道的興衰。而此祖德最少可以影響六代人，曾祖父、祖父、父親、自己、兒子、孫子。

⑧田宅三方之首，收藏三方，為人生最終的果實位。

⑨對宮是子女。

11. 福德宮：主靈性的我。

①主秉性、天性、天賦、天分。

②主福份：先天之福，後天之德。

③主興趣、嗜好、享受。

④主身後歸宿，自己的墳。

⑤福德是財帛的遷移，金錢、慾望的表象宮，個人物質享受的偏好宮。

⑥福德三方之首，為人生的福分位，人之所以降生為人，皆因有福，福盡則人亡。主晚年之榮枯。

⑦對宮是財帛。

12. 父母宮：主父母、長輩、上司、師長。

①主公家機關，父母為庇蔭我者，引申為公家機關。

②主讀書學習，為後天學習位，人的出生，首先以父母為學習對象。

③主學歷，讀書學歷的認證是由公家機關所認證的。又稱為光明宮、涵養宮。社會道德規範位。

④父母是夫妻的田宅，配偶的家庭。

⑤父母是夫妻的田宅，婚姻的家，結婚成家的家（婚後的家依然是以田宅為主），明媒正娶，父母又為文書宮。

⑥父母是遷移的共宗六位，社會道德的規範位，百善孝為先的積德位。

⑦父母是交友的財帛，銀行、互助會、私人借貸等與人金錢的往來。

⑧交友三方之一，人際交往中的長輩。

⑨對宮是疾厄。

第三章

星性象義
推理解釋

根據維基百科：《封神演義》，俗稱《封神榜》，又名《封神傳》、《商周列國全傳》、《武王伐紂外史》，是一部中國神魔小說，關於作者，一說是明朝的許仲琳（或作陳仲琳），也有人認為是明代道教學者陸西星，另一說為王世貞一夜寫成，亦有人說是吳三桂的部下。近來學者多認為《封神演義》為道士陸西星所著，而許仲琳可能是重編目次，修飾情節再度刊刻。

　　《封神演義》中有十餘處引用道教經典《黃庭經》，作者應是道教人士。約成書於隆慶、萬曆年間。全書共一百回。其原型最早可追溯至南宋的《武王伐紂白話文》，可能還參考了《商周演義》、《崑崙八仙東遊記》，以姜子牙輔佐武王伐紂的中國歷史為背景，描寫了周朝與殷商的對抗與闡教、截教諸仙鬥智鬥勇、破陣斬將封神的故事。包含了大量民間傳說和神話。有姜子牙和哪吒三太子等生動、鮮明的形象，最後以姜子牙封諸神和周武王封諸侯結尾。

　　目前已知最早的《封神演義》版本是明代萬曆年間金閶舒載陽刊本（雕版印刷），藏於日本內閣文庫。

　　紫微斗數的星曜代表人物與封神演義有諸多不同之處，以下所列星性的特質，是飛星紫微斗數專屬的，世賢並非學者型的術數老師，而是以實務運用為主，論述是以梁若瑜老師傳授的為綱領，加上教學五年的實務經驗，僅就整理心得與大家分享。

　　紫微斗數的星性，也不是實星，而是虛星，與天文

使用的是不同的。以實星系來論紫微星是紫微星垣的北斗帝座，往往與中原的統治者有關，古代的星象學家、欽天監均以此星來觀測朝代更替的現象。而天機星是南斗六宿之一（引自維基百科），紫微星是北斗，天機星是南斗，是不同星系的。但紫微斗數中的紫微星系，紫微星與天機星是同一星系。

　　紫微斗數相傳在北宋初年，即由祖師陳希夷神遊太虛後完成，而封神演義是在明朝完成，相差超過 500 年。加上紫微斗數為虛星的系統學術，請您務必著重在理論與實務的印證上。

# 一、紫微星 ( 紫微星系 -1/6)

1. 五行：己土。

2. 封神榜的代表人物：伯邑考，周文王的長子，善古琴，身分尊貴，氣質優雅的美男子。紫微星為紫微星系之首，為紫微垣之主星，是封神榜第一位被封者，位居北斗，故有中天帝座之稱，主尊貴高尚（事實上真正的帝星是破軍紂王）。

3. 特質：

①尊貴高尚：珍奇古董。珠寶鑽石。滿天星錶。進口高級轎車。高級傢俱。高樓大廈。

②高貴：精密、高貴、高價的物品。電腦。

③紫微帝座：制化解厄，消災延壽，故為壽星。（由於沒有化祿，只有化權和科，實質作用不大）

4. 身體的部位：只有化忌星才需要看身體部位。

5. 飛星四化：壬紫微化權、乙紫微化科。

6. 附註：

　①命宮乙紫微化科入父母、遷移，或生年紫微化科坐父母、遷移（科出），此人氣質必定高尚優雅，讓人感受到他的清新脫俗的一面。

　②命宮壬紫微化權入遷移，或生年紫微化權坐遷移，此人能力很好，觀察力敏銳，做事情很果斷，給人感覺不怒而威的儒將之感，女命則比較豪氣。但始終是有志難伸，為何啊？我們知道化權是代表我的能力，化祿是機會、機緣、舞台、發揮空間，因為紫微不會化祿，所以紫微的權不會有任何宮位化祿來會，因此沒有舞台可以發揮，所以就像伯邑考被陷害而英年早逝抑鬱而終啊！

　③命宮壬紫微化權入福德，個性好勝不認輸，對於金錢觀，我就比較會敢賺敢花錢，會用比較高檔的物品。

　④飛星紫微斗數的實務運用上，極少用到紫微星的論述。

## 二、天機星（紫微星系 -2/6）

1. 五行：乙木

2. 封神榜的代表人物：姜尚，人稱姜太公，是周文王的軍師。

益算之星、化氣為善、為智。主運籌帷幄，幕僚的代表。

3. 特質：

　①善星：我們有所謂的善蔭之星，善星為天機，蔭星為天梁，皆主宗教、玄學。串連根器宮位（福德、子女、遷移），主命理。佛法。禪修、冥想、哲學。

　②益算之星：化祿的性格表現上為聰敏、智慧。善思考。善企劃。若與讀書有關，則數理很強，或記憶力強。

　③智慧之星：命宮或福德化祿，多變、多點子，不善實踐；化單忌，喜歡鑽研，２忌或以上，則容易鑽牛角尖。

　④門神：姜太公自封為門神，古代的門為木門，門的上下方均有一個像碗的機制，轉動時類似軸承，主軸承。故為驛馬星，主遷徙、變動。屬於來回驛馬。須配合驛馬宮位（遷移）論述。

　⑤門神：軸承、家庭五金、機車、一般進口轎車、軌道、小工場、車庫、汽車保修場、小機器。

　⑥乙木：花草、矮木、盆栽。

4. 身體的部位（化忌）：

　①乙木：筋脈。

　②智慧之星：精神、神經系統、失眠、神經衰弱、精神耗弱、精神病。

　③乙木：四肢，如手、趾、毛髮。痠痛、末梢行血。

　④門神：類軸承，故論關節、脊椎。

5. 飛星四化：乙天機化祿、丙天機化權、丁天機化科、戊天機化忌。

6. 附註：

①命宮乙天機化祿入事業：我喜歡我的工作，帶給我工作順遂，祿的態度是寬容的，所以我並非是敬業的。天機祿之化象，可以講我在工作上的點子特多，或我擅長企劃，是一個好幕僚。

②命宮丙天機化權入事業：我積極掌控我的事業，代表我的工作能力強，成就我的事業。天機權之化象，可以講如果我是汽車修護工，我的修理技術還不賴！（權是能力，祿是機緣機會，是舞台，是發揮空間），若串連才華曜（貪狼、廉貞）則技術一流，尤其是串連貪狼星。

③命宮丁天機化科入事業：我理智緩行於我的事業，所以我工作態度不疾不徐，慢條斯理，慢工出細活，做工會比較精緻細膩。天機善企劃整理，所以我的文書工作，就會整理得有條不紊。

④命宮戊天機化忌入事業：我在乎我的事業，而我願意為其付出。所以我是一位敬業的人，工作態度認真。天機化忌，容易比較死板。

7. 疾病論化忌串連：

①所以如命宮戊天機化忌入疾厄，我是一個主動忙碌的人，或我愛鑽研。若串連 2 忌，可能會積勞成疾引發痠痛（末梢行血較差），或我容易鑽牛角尖。

或我容易晚睡或睡眠品質不好，導致精神衰弱。3忌以上，就有病了，有一天需要住院給醫生修理。如果是意外，可能傷害到四肢

②乙木，多忌屬四肢，如手、手指、腳趾之傷，或人體末稍的毛、髮及末梢行血的問題。也會造成筋骨的酸疼或行血不良的痠、麻、痺，或尿酸（會文曲忌）、坐骨神經（會武曲忌）、手足不仁或帕金森氏症（會文昌、文曲忌）等狀況。禿頭：天機化忌串連忌出。

③天機又主思維、理解或記性，多忌容易造成數理障礙，或為失眠（會文昌、文曲忌）、日夜顛倒，甚或憂鬱、躁鬱（會文昌、文曲忌）、暈眩、恍惚、自殘、自殺（會巨門、文昌、文曲忌特別明顯）的問題。

④設其多忌串連於遷移或父母，或忌入遷移、或父母兩表象宮為忌出，或多忌又逢忌入對宮的忌出及本宮的自化忌出，都容易產生記性差、低能、老人癡呆，甚或精神異常（會文昌、文曲忌特別明顯）等形於表的障礙或殘障。

⑤涉於遷移或子女所化容易產生機械故障而發生意外或車禍（會巨門忌、太陰忌特別明顯）。

# 三、太陽星（紫微星系 -3/6）

1. 五行：丙火。
2. 封神榜的代表人物：比干，紂王的忠臣。光明磊落、

寬宏大量、博愛。主父、夫、子。

3. 特質：

①太陽：日光普照天下，主光明、汎愛眾，博愛，無私，主政治。

②日出日落：主驛馬，忙碌奔波。

③太陽：以地球為中心，太陽傳遞能量到全球各地，故主貿易、電話、傳真、資訊、視訊、電視、電腦網路。

④太陽：地球能量的來源，故代表能源、電力、變電所、發電機、大型電器設備。石油、馬達、引擎。

4. 身體的部位（化忌）：

①太陽：為乾（音前），為天，主頭。

②太陽：地球的能量供應者，是地球生命的主宰。主心臟（人身主宰者）。

③太陽：帶給地球光明，主眼睛（光明）。

④容易引發的疾病：頭疼、暈眩、心臟病、血壓、中風、栓塞、心血管疾病。眼睛的相關病變。血光。

5. 飛星四化：庚太陽化祿、辛太陽化權、甲太陽化忌。

6. 附註：

①命宮庚太陽化祿入事業，我可能喜歡政治，或以政治為業。遷移辛太陽化權，逢交友庚太陽化祿，串連成旺，操作政治更有一套。

②命宮辛太陽化權入事業，表示我會積極工作，工作能力強，拓展能力好，兄弟（事業成就位）庚太陽化祿來交拱呈旺，則從事貿易、網路、能源相

關事業，會有相當好的發展，利於拓展事業版圖。

③命宮甲太陽化忌入事業，我是一個敬業的人，我也可能執著於政治。若串連疾厄相關健康宮位，則容易引發與太陽質性相關的疾病。

④以自然界言，太陽是太陽星系裡頭的主軸，應於人體主控制精神、神經系統的頭部，也是主管全身肉體的心臟。太陽又主光明，所以也代表眼睛。

⑤多忌容易造成頭疼、暈眩、高、低血壓、心血管疾病，嚴重者呈腦溢血、中風、狹心、心臟無力、心臟衰竭等危險病症。或為近視、眼花、閃光、白內障、青光眼等眼疾、視障。

⑥設其多忌串連於遷移或父母，或忌入遷移、或父母兩表象宮為忌出，或多忌又逢忌入對宮的忌出，或本宮自化忌出，3忌或以上呈破，都可能造成弱視或瞎眼（會太陰忌特別明顯）等殘障或缺憾。

## 四、武曲星（紫微星系 -4/6）

1. 五行：辛金。

2. 封神榜的代表人物：姬發，周武王。正財星、財帛主，剛毅正直、主觀、剛毅、寡宿（剛則孤寡）。

3. 特質：

①辛金：代表銀行、金融業、金銀製品、紙錢、硬幣、採購組、會計、出納、稅捐處。

②辛金：可以經營金屬類的輕重工業混合廠。或五金行。

③武曲會七殺，重型五金，如鐵路、鐵塔、或大型
　　　金屬器物。

　　④茹素星：壬天干為天干第 9 位，9 為陽之極，陽
　　　極生陰，人之將死其言也善，故武曲化忌（命疾福
　　　坐武曲生年忌或化武曲忌）為茹素象，不與眾生結
　　　惡緣。

4.身體的部位（化忌）：

　　①呼吸系統：主胸、肺、乳房、鼻子。

　　②辛金：堅硬的東西，及會發出聲音的東西，如牙齒、
　　　骨骼、指甲、結石。

5.飛星四化：己武曲化祿、庚武曲化權、甲武曲化科、
　　壬武曲化忌。

6.附註：

　　①久咳、肺結核、肺積水、肺炎，甚至嚴重者的肺癌、
　　　骨癌或乳癌（會廉貞、巨門忌特別明顯）。

　　②鼻子過敏：武曲會廉貞。

　　③或者骨質疏鬆（忌出）、骨折、牙痛、牙周病。

　　④膽結石、腎結石、膀胱結石或輸尿管結石等。

　　⑤設此多忌串連於遷移或父母，或忌入遷移、或父
　　　母兩表象宮為忌出，或多忌又逢忌入對宮的忌出
　　　及本宮自化忌出，則可能造成（門牙）的斷裂或門
　　　牙不整。

　　⑥會巨門、廉貞：容易肺癌、骨癌、或乳癌。

　　⑦性格宮位（命宮、疾厄宮、福德宮）化壬武曲忌，

容易吃素（我愛吃素，而我也願意吃素）。【壬】天干第九位，為陽之極，陽極則生陰，人之將死其言也善，天梁化祿，為蔭星主宗教玄學。當然，信宗教，天梁化祿的吃素緣是渾然天成，毫不做作或憋扭或不易退轉，吃素吃得很自在。

⑧壬武曲化忌，這種吃素比較不想與眾生再結惡緣，故容易堅持吃素。

⑨福德化壬武曲忌，容易偏執重視金錢（武曲正財星），容易特別愛錢，尤其是福德化忌入收藏三方尤其嚴重，容易像鐵公雞的一毛不拔。

⑩福德化壬武曲忌入交友三方，則願意將福份分享出去，分享給眾生，則重財布施。

⑪武曲＋七殺，大型五金的組合，如果我的田宅旁邊兩宮，如事業或福德坐（武曲會七殺同宮）的組合，容易住在鐵路邊、或住家旁邊容易有大型五金設施，比如鐵塔、煉鋼廠、重機械廠、金屬礦場……。

## 五、天同星（紫微星系 -5/6）

1. 五行：壬水。

2. 封神榜的代表人物：姬昌，周文王。化氣為福（稱福星），為益壽星。周文王因於羑里時衍周易，因此是卦理的始祖之一。

3. 特質：

①周文王衍周易，善卜卦，故主卦理，及方位學（羅

盤、堪輿，陽宅學、陰宅學）。

②天同福星：美食（福星，化祿主口福）、餐飲業、俱樂部。

③天同福星：大型綜合醫院。

④天同福星：福惠大眾，服務業。

⑤天同福星：主延年益壽，為延壽星。

⑥壬水（陽水）：主流動的水。大溝渠、池塘、自來水、食用水、灌溉用水。

⑦天同星有公道伯之稱，當遷移宮丁天同化權（社會地位）入子女，交友宮丙天同化祿（人氣）來會入子女時，表示我很會喬事情（擅長調解人事）。

4. 身體的部位（化忌）：

①壬水：泌尿系統（膀胱到尿道）。頻尿。

②壬水：淋巴系統、免疫系統、內分泌系統。

③福星美食：消化系統（12指腸、小腸、大腸、直腸、盲腸、肛門）。墜腸疝氣。盲腸炎。發炎會廉貞忌。

④壬水：為坎水，耳朵，耳鳴。

5. 飛星四化：丙天同化祿、丁天同化權、庚天同化忌。

6. 附註：

①福星，主消化系統的食慾、大小腸、腹脹、腹瀉、便秘、腸胃炎、腸癌〈會廉貞、巨門忌〉、厭食等毛病。

②福星也主免疫系統、抗體、內分泌的問題。

③它是壬水（陽水），主流動的水，故主膀胱、尿道

等問題。

④因為天同是福星，如果疾厄、遷移、子女多忌串連呈破，容易發生（大災難）或危險性高（會廉貞忌）的手術、意外。

⑤天同（壬水＝坎水）也主耳朵、聽力及相關連的聾啞（會巨門、文曲忌）問題。

⑥大腸癌、直腸癌、腺體的癌症、淋巴癌：天同化忌串連（廉貞、巨門忌）。

⑦巨門星是胃以上到口之間，含胃部、食道、咽喉、口腔。

⑧天同管轄的是從胃部末端的幽門到肛門間的十二指腸、小腸、大腸、盲腸、直腸、肛門。

⑨天同壬水，主泌尿系統，從膀胱到尿道口。

⑩太陰、文曲的癸水，屬於腎到膀胱間的輸尿管。

## 六、廉貞星（紫微星系 -6/6）

1. 五行：丁火。

2. 封神榜的代表人物：費仲，紂王的奸臣。化氣為囚（稱囚星、法律星）。次桃花星（稱肉慾桃花）。

3. 特質：

①囚星、法律星：表犯罪、奸邪，是非多爭。官非、訴訟、罰單。軍警、法律。

②邪淫星：邪者，不正。淫者，滿溢，表過度之意。台灣的八大行業，如色情行業。

③次桃花星：主肉慾。古書云：男浪蕩，女貪淫。
　近酒色、肉慾淫邪。

④偏財星：偏財星有二種，一是正規偏財，主努力
　之後的高所得，如高薪階級、企業家、生意人。
　二是偏門偏財，主賭、投機（不建議使用）。

⑤才華星：音樂、歌舞、技藝。娛樂界。

4.身體的部位（化忌）：

①丁火（離火為紅色的）：主血液，容易婦女病、意
　外、血光、手術、刀傷、燒傷、燙傷、發炎、中毒、
　瘤、癌。

②桃花星：花柳病。

③細菌、病毒感染（意外格）。

5.飛星四化：甲廉貞化祿、丙廉貞化忌。

6.附註：

①自化祿出，容易流血。

②自化權出，容易瘀血黑青（廉貞不化權，同宮星曜
　之化）。

③自化忌出，容易內傷。

④毒品、香菸。水果（解毒）。

⑤電腦、冰箱、洗衣機、冷氣機、小家電。家電業、
　電器行。

⑥細菌、病毒。

⑦性格扭曲：吃喝嫖賭煙毒酒。

⑧廉貞，五行屬丁火，主身體的虛火、發炎、發燒、

潰瘍。

⑨火為紅色，故也主血液、血光，及血病的血虛、血崩、血濃、血熱、循環不良等毛病。

⑩廉貞既屬火，故主不良嗜好裡的香菸、色慾，彙集多忌則成癮難戒的吸毒、毒品、縱慾（會太陰、巨門忌特別明顯）。

⑪當然也可以引申為熬夜、飲食不當而產生的體內（毒素），或外來的流行病毒（會太陰、巨門忌）、中毒、服毒（會太陰、巨門、天機忌）、燒燙傷（會太陰忌）、花柳病（會太陰、巨門忌）等。

⑫尤其是難治的癌症（會巨門忌），是絕對的毒素累積所以致病；癌症是絕症，必然串連至少呈 4 忌或以上之破。

⑬命宮、疾厄、福德坐或化廉貞或貪狼忌呈 2 忌或以上者，容易沾惹不良嗜好。（會太陰、巨門特別明顯）。

⑭命宮、疾厄、福德化廉貞忌，為我是一個感情執著的人。化廉貞祿，為我是多情的人。若是命、疾厄、福德交互化廉貞祿忌，我的性格有劈腿傾向。貪狼星同論。


# 七、天府星（天府星系 -1/8）

1. 五行：戊土。

2. 封神榜的代表人物：姜皇后，紂王的賢德妻子。

3. 特質：

　　①為祿庫。主大地之表（厚土承載萬物以養人）。

　　②可畜牧、養殖，山產、土產（譬如香菇、竹筍、地瓜、木耳、落花生、金針花）。

　　③好面子（擺場面）、講究衣著（女命可能愛裁縫、打毛線、逛百貨公司）。

4. 身體的部位：應於人身：主脾、胃（屬土）。

5. 附註：天府沒有四化，因此在做命理推論時，沒有用到。

## 八、太陰星：（天府星系 -2/8）

1. 五行：癸水。

2. 封神榜的代表人物：賈夫人，黃飛虎的妻子。冰清玉潔。母性的築巢慾，田宅主。也代表月亮。主母、妻、女。

3. 特質：

　　①田宅坐太陰生年忌、命忌、福德忌，重視金錢（田宅為財帛的共宗六位）、房子乾淨。

　　②月亮：月出月落，主驛馬。

　　③月亮：主旅遊、大飯店、出租業（套房、計程車、遊覽車）。

　　④冰清玉潔：漂亮、乾淨：化妝品、清潔用品。服飾、裝飾品、飾物、整形、美容、美髮。（帶給人漂亮的、方便的、乾淨的）。

　　⑤田宅主：家具、床、頂級名牌進口轎車、高級住宅。

　　⑥化學品。

　　⑦暗星（口舌是非、檯面下、灰色思想、負面思考、

陰邪之氣）。

4. 身體的部位（化忌）：

　①月亮：代表於女人的月事（二七天癸至）、眼睛（光明）。

　②冰清玉潔：皮膚。

　③癸水：泌尿系統（輸尿管）。

　④暗星：中邪、陰氣、卡陰（福德、遷移、子女化忌，或化忌轉忌）。

5. 飛星四化：丁太陰化祿、戊太陰化權、（庚、癸）太陰化科、乙太陰化忌。

6. 附註：

　①太陰五行屬癸水，癸水為陰水，代表膀胱以上的泌尿系統問題。

　②太陰是月亮，故代表於女人月事、經痛（會廉忌）的毛病。

　③太陰主漂亮，故也代表皮膚病（會廉貞忌）、整容問題。

　④如果涉及果報宮位福德、子女、遷移（引申為無形世界）所造成的病症，則可能有中邪、陰煞（會巨門忌）等麻煩。

　⑤月亮是發光體，代表人體的眼睛，當然與近視、老花眼、鬥雞眼、斜視、散光、白內障、青光眼、黃斑部退化、飛蚊症、視網膜病變（會太陽忌）等眼疾、視障有關。

⑥設其多忌串連於遷移或父母，或忌入遷移、或父母兩表象宮為忌出，或多忌又逢忌入對宮的忌出及本宮自化忌出，都可能造成弱視或眼盲〈會太陽忌特別明顯〉等殘疾。

## 九、貪狼星（天府星系-3/8）

1. 五行：氣屬甲木，體屬癸水。

2. 封神榜的代表人物：妲己，千年狐精。名曰桃花（癸水）。主修煉（甲木），化氣修行（道家功夫）。

3. 特質：

　　①桃花星（癸水）：主感情、酒、色。性格表現於私生活不檢點、桃花、偷腥。比較重視情調。

　　②偏財星：偏財星有二種，一是正規偏財，主努力之後的高所得，如高薪階級、企業家、生意人。二是偏門偏財，主賭、投機（不建議使用）。

　　③甲木（古時候竹簡、冊，是由甲木製作）：所以與教化讀書有關，容易是老師、文教、文化工作者。

　　④才華星：手藝方面、專業專技等。才藝、文學、藝術（骨董）、藝品、烹飪、巧藝。

　　⑤道家修行功夫（五術）：山（武術、養生術、神仙術）、醫、命、相（人相、宅相、墳相）、卜。

　　⑥甲木：大樹，紮根於地，引喻為萬物的根基、根本。人之本為教育。宅之本為建材。物之本為原料。

　　⑦甲木：紙、木材、建材、原料、棺木。

⑧益壽星（狐精千年）：喜入壽位——子、午、辰、戌宮。子、午，天地定位。辰、戌，天羅地網位。四化主要看健康相關宮位化祿權的串連。

⑨修行星（道家）：主動見觀瞻的精、氣、神。

4. 身體的部位（化忌）：甲木主肝、大腿。癸水主腎、胰臟。

5. 飛星四化：戊貪狼化祿、己貪狼化權、癸貪狼化忌。

6. 附註：

①甲木，於人體主大腿、肝，多忌則引發腿疾、截肢、小兒麻痺（忌出破相）；肝炎、肝硬化、肝癌（會廉貞、巨門忌）、腎病、尿酸（會天機忌）、糖尿（會廉貞忌），或尿毒洗腎（會廉貞、文曲忌）等問題。

②癸水：貪狼屬腎，腎虛則容易耳鳴、掉髮、腰膝無力、腰痠背痛、精神不濟、倒陽、冷感，以及女人生育方面的婦科疾病（會廉貞忌）等。

③桃花星：貪狼也主酒色，多忌防縱慾（會廉貞忌）、腎虧、好飲、嗜酒等毛病。

④生病一定是化忌，且與六個健康宮位有關（疾厄、命宮、福德、遷移、子女、兄弟）。

　(1) 肝癌：貪狼、巨門、廉貞。

　(2) 尿酸：貪狼、天機。

　(3) 糖尿病：貪狼、廉貞。

　(4)尿毒洗腎：貪狼、廉貞、文曲。

　(5)婦科疾病：疾厄、子女化忌串連呈破，貪狼

或廉貞。

(6)縱慾過度：性格宮位（命宮、疾厄、福德）坐或化忌串連（貪狼，或廉貞）忌。若再串連（太陰，或巨門），容易有不良習慣。

## 十、巨門星（天府星系 -4/8）

1. 五行：癸水。

2. 封神榜的代表人物：姜太公的惡妻（馬千金）。伶牙利齒。暗曜：主猜忌、疑惑、是非。在天品萬物，在地司五穀。

3. 特質：

①暗星（化忌）：主小人、是非、口舌、猜忌、疑惑、疑心暗鬼、邪念、意外、車禍。

②暗星：檯面下、灰色思想、負面思考、陰邪之氣。

③〔暗星、旁門左道〕：邪術、鬼魅、神壇、小廟、公墓、墳堆、陋巷、破宅、三叉路口、暗溝、下水道。麻將牌（古代以動物骨頭製成）。

④戶籍星：家門、門戶、戶口、戶籍。

⑤旁門左道：無執照的工作者、密醫、乩童、符仙、地理師、江湖術士、金光黨、竊盜、詐騙集團。

⑥外來的：西藥、小診所。西醫。外來宗教。（天梁是本土醫藥、宗教）。

⑦品萬物之星：零食，愛吃、胃口好。

⑧鐵道、運輸、卡車、國產車（非高級）。

⑨說話星：巨門化祿會廉貞或貪狼祿，具有語言藝術天份。

4. 身體的部位、疾病（化忌）：

①部位：口、咽喉、食道、胃。

②慢性病：瘤、癌、慢性病、藥罐子（久病吃藥）。

③暗星：中邪、陰氣、卡陰。（福德、遷移、子女化忌，或化忌轉忌）

④外來的：主西藥、藥緣、藥罐子，容易是慢性病、長瘤、癌症（會廉貞忌）。

⑤旁門左道：尋求偏方、或密醫、或巫醫、或宮廟的治療。

⑥品萬物之星：代表口與胃，多忌主口腔、語言障礙、聾啞（會天同、文曲忌）、胃病。

5. 飛星四化：辛巨門化祿、癸巨門化權、丁巨門化忌。

6. 附註：

①疾厄、遷移、子女串連呈破，容易產生意外、車禍（會廉貞忌血光）、中邪、著魔（會天機忌恍神）等。

②命宮、疾厄、福德化忌，容易造成灰色思想，如果多忌串連忌出容易自殘、自殺（會天機、文昌、文曲忌）的壞念頭。

7. 整理：

①自殺（性格宮串連2忌或以上忌出）：巨門、天機、文昌、文曲。

②中邪、著魔：（巨門或太陰）、天機。（遷移、福德、
子女）。

③意外、車禍：遷移、子女、疾厄串連，巨門、廉貞。

④癌症：巨門、廉貞。

⑤聾啞：巨門、天同。

## 十一、天相星（天府星系 -5/8）

1. 五行：壬水。

2. 封神榜的代表人物：聞太師，紂王的忠臣。化氣為印
主權，官職。司衣食，主爵位。

3. 特質：

①瀑布、噴泉（非食用水）。

②手相、面相、摸骨、宅相、墳相、動物相。

③精緻美食。

④雞婆星、和事老。

⑤壽星。

因為在飛星四化中，它沒有四化象，故極少使用。

## 十二、天梁星（天府星系 -6/8）

1. 五行：戊土。

2. 封神榜的代表人物：托塔天王，李靖，周營主帥，百
戰不死。是為蔭星（大樹），延壽星。高格調星（高
品味）。善說星。

3. 特質：

①蔭星：又稱父母星、老大星。官員、警政、調查局、軍人、將官。

②本土醫藥：藥用植物、中藥、中醫（會貪狼祿）、專科醫院（延壽）。高級中藥（會貪狼祿）。

③大樹（蔭星）：大樓。

④高格調：別墅、高級住宅。

⑤品味：清高、格調、竹（高風亮節）、茶葉（品味）、蘭花。

⑥善說星：膨風星，言過其實。古書云：天梁化祿在遷移，巨商高賈。天機、天梁都有善說的條件，但須配合表達宮（遷移、父母化祿）。巨門化祿，健談。串連才華星（廉貞、貪狼），口若懸河。

⑦蔭星：股票長期投資、證券業、獎券業、保險業。短線進出的股票為賭，偏於廉貞、貪狼，非天梁所屬。

⑧益壽星。

4. 身體的部位（化忌）：沒有化忌。

5. 飛星四化：壬天梁化祿、乙天梁化權、己天梁化科。

6. 附註：

①紫微、天相、天同、天梁、貪狼都是益壽星。主長壽。除貪狼屬偏財星外，其餘都是正財俸祿星。入命宮，則多不發少年人。

②不論是哪一顆星曜，只要是生年忌或命忌入（福德三方）者，多不發少年人，尤其是忌入遷移宮

最明顯。

③天梁會貪狼：若根器宮（福德、遷移、子女）的串連，易習養生術。使用高級中藥。容易學習中醫。命理、本土宗教、哲學。

④天梁是老大星，夫妻宮坐或化天梁祿，容易是嫁老夫，或娶年紀稍長的妻子。其他均為化忌的組合，夫妻宮坐或化（天機、巨門、太陽、太陰）忌等。

⑤娶或嫁年輕的配偶，夫妻宮坐或化（太陰、貪狼、廉貞）祿。

⑥當天梁星化祿權與田宅串連時，可以論為住宅屬於高格調，視同偏財星。命宮、福德、遷移、疾厄化天梁祿權，串連田宅亦同。

## 十三、七殺星（天府星系 -7/8）

1. 五行：庚金。
2. 封神榜的代表人物：黃飛虎，紂王猛將，起義投周。化殺為權。肅殺之星，與死亡有關。主勇猛果決。
3. 特質：
    ①恐怖類、蛇、蠍、蜈蚣、爬蟲。
    ②軍人、警察、軍隊（肅殺）。
    ③火車、連結車、輪船、飛機場、火車站、軍區。
    ④重機械、大型五金、重工業（譬如中鋼、中船），通常武曲、七殺同宮。
    ⑤大型經融機構。

沒有四化，故在實務運用上極少。

## 十四、破軍星（天府星系 -8/8）

1. 五行：癸水。

2. 封神榜的代表人物：紂王，暴君，商朝末代皇帝。主破耗。破軍才是帝王星，只有化祿權，沒有化忌。是最大的偏財星。

3. 特質：

　　①癸水（大海水）：主水產、海產。

　　②癸水（大海水）:運輸、海運、倉庫、貨櫃、貨櫃車、大拖車。

　　③破耗星：玩具、消耗品。怪手、建築業（先破壞後建設）。

　　④破耗星：市場、攤販、夜市、鬧區。

　　⑤破耗星：貯藏室、垃圾堆（髒亂）。建築工地。

4. 身體的部位（化忌）：沒有化忌。

5. 飛星四化：癸破軍化祿，甲破軍化權。

6. 整理：

　　①邪淫星：貪狼、廉貞。邪者不正也；淫者滿溢也，意思是不正的事做過頭了。若與（太陰，或巨門）串連成多忌，沒有忌出或沒有遷移父母來會，則只想不敢做；若有忌出或有遷移父母來會，則容易心行邪事。

　　②桃花星：貪狼星為主桃花星，會先重精神再談肉

慾。廉貞為次桃花星，主肉慾。

③偏財星：破軍為紂王，是最大的偏財星。其次為貪狼，再其次為廉貞。偏財有兩種：一為偏門偏財，為世俗所言之天上掉下來的偏財，舉凡投機、賭博、中獎均是。二為努力之下的高收入，例如企業家、商人、高官厚祿、長期穩健的投資等等。

④益壽星：天梁為蔭星，未死即封神，且百戰不死。天同為福星。貪狼為千年修行。

⑤才華星：貪狼偏向手藝、專業專技。廉貞也是才華，會比較偏向歌舞娛樂技藝。

⑥宗教星：貪狼為純道家修行功夫，主山醫命卜相，五術修習。天梁為本土宗教緣，在中國為佛教，天梁為善蔭之星，主玄學宗教，也是本土醫藥，高貴天然植物用藥。天機為命理、佛法、禪修。巨門為外來宗教、外來醫藥。

## 十五、右弼星（月系星 -1/2）

1. 五行：癸水。

2. 特質：助善之星。貴人星。

　①善解、機智、傳令。

　②排難解紛、斡旋。司機。

3. 飛星四化：化科，主要用在性格的描述。

## 十六、左輔星（月系星 -2/2）

1. 五行：戊土。

2. 特質：助善之星。

①秘書、參謀、幕僚。

②左右為旋，斡旋、圓巧、司機。

3. 飛星四化：化科，主要用在性格的描述。

# 十七、文昌星 ( 時系星 -1/2)

1. 五行：辛金。

2. 特質：主科甲、聲名。

①正統文學。文章、書籍。

②文書星：支票、契約、證件、禮品、紙、筆、文具。

③護理工作、注射、手術。

④辛金：美工刀、手術刀、小剪刀。

3. 身體的部位（化忌）：

①辛金：支氣管、聲帶、斑點（雀斑、肝斑、老人斑）。

②時系星：精神、神經系統。（心理疾病有關或神經痛）。

③時系星：驛馬星（時系星─變換快），主變動。

4. 飛星四化：丙文昌化科、辛文昌化忌。

5. 附註：

①時系星，故主（腦神經）。多忌也容易造成記性差、失眠、憂鬱、躁鬱（會天機忌）、恍惚。

②屬陰金，容易支氣管炎、聲帶沙啞；會（廉貞忌）則容易上醫院手術、注射。也與肝斑、雀斑、老人斑有關。

③腦神經衰弱、或精神疾病：天機、文昌、文曲。

④手足不仁、漸凍人、帕金森氏症：天機、文昌、文曲。

⑤失眠：天機、文昌、文曲。

⑥日夜顛倒、憂鬱、躁鬱：天機、文昌、文曲。

⑦暈眩、恍惚、自殘、自殺：天機、文昌、文曲、巨門或太陰。

⑧記性差、低能、老人痴呆、精神異常：天機、文昌、文曲，有忌出之象。

⑨意外、車禍：天機、文昌、文曲、巨門、太陰、廉貞，遷移、子女、疾厄串連呈破，容易產生機械故障或恍神而發生意外、車禍。

⑩記性差、失眠、憂鬱、躁鬱、恍惚：文昌、文曲、天機。

⑪支氣管炎、聲帶沙啞長繭：文昌（辛金，聲音屬金）。

⑫手術、注射（辛金）：文昌、廉貞。

⑬肝斑、雀斑、老人斑：文昌。

## 十八、文曲星（時系星 -2/2）

1. 五行：癸水。

2. 主文學才華（唐伯虎）。

　　①另類的文學、稗官野史、小說、雜誌、散文。

　　②格局好則口才佳，化忌則嘮叨。

③人緣好、廣交際，感情較多采多姿。

④驛馬星（時系星—變換快），主變動。

3. 身體的部位（化忌）：

①癸水：泌尿系統（輸尿管）。身體內部的管狀物。

②時系星：精神、神經系統。

4. 飛星四化：辛文曲化科、己文曲化忌。

5. 附註：

①時系星，故主（腦神經）。多忌也容易造成記性差、失眠、憂鬱、躁鬱（會天機忌）、恍惚、口吃。

②屬陰水，代表膀胱以上的泌尿系統（輸尿管），多忌可能引發尿酸（會貪狼、天機忌）、尿毒（會貪狼、廉貞忌）問題。

③口吃、嘮叨：文曲、巨門。

④尿毒洗腎：貪狼、廉貞、文曲、太陰。

⑤膀胱以上的泌尿系統，腎臟以下（輸尿管）：太陰或文曲。

⑥痛風：貪狼、天機、文曲。

第四章

四化象義
推理解釋

# 第一節 四化象的推理解釋

## 化祿

為八卦中四象的少（音紹）陽，代表春天，屬於木旺之象，萬物生發，充滿希望和喜悅。

**推理解釋**：【生發、有緣、喜悅】。

**觀念**：祿是因緣，是善的、好的因緣。不論性格或人事物皆適用上述三個推理（生發、有緣、喜悅）。以性格來論，祿的態度是寬容的，不計較的，互惠的，多元的，不是專注的、不是用心的。

**作為上**：要惜福、積極。防散漫、逍遙怠志。


## 化權

為八卦中四象的老陽，代表夏天，屬於火旺之象，萬物壯盛。

**推理解釋**：【壯盛、掌控、成就於】。

**觀念**：權是一種強大的能力或力量的表現，非因緣。權的態度是積極的。

**壯盛**：代表強大的能力、力量、能量、權力。

**掌控**：性格上的表現（命宮、福德宮，具有思考能力。遷移宮是處世應對的能力、應變能力、行動力）。

**成就於**：人事物均適用。

**作為上**：要圓融柔和、謙虛、防霸氣，衝動行事。

## 化科

為八卦中四象的少陰，代表秋天，屬於金旺之象，萬物見盛而制，聖人則之，制禮樂教化，生文明。

**推理解釋**：【文質、理智、緩和】。

**觀念**：科是一種溫和力量的表現，非因緣。

**文質**：是性格的表現，文質彬彬、秀氣、有氣質。

**理智**：是性格的表現，思維理智。

**緩和**：適用於所有的人事物，動作和緩、慢條斯理。

**態度**：是思惟上理智平和細膩，動作上慢條斯理，精神上恬淡自適。

**作為上**：要強化決斷力行動力，要果敢。防猶豫不決、優柔寡斷。


## 化忌

為八卦中四象的老陰，代表冬天，屬於水旺之象，萬物斂藏，萬物蟄伏，等待新的希望。

**推理解釋**：【斂藏於、執著於、必須付出於】。

**觀念**：忌是一種執念，付出的因緣，嚴重者為惡因。

**斂藏**：對所有人事物均有此意。

**執著**：就性格而言。

**付出**：是必然的。

**態度上**：是專注的、專一的。

**功課**：雙忌以上，必生苦悶。

**蟄伏**：遇到多忌之破，在人生的作為上必須懂得蟄伏。

是人生的功課，必須學習蟄伏，韜光養晦。

**戒**：貪、瞋、癡。

性格宮位〔命宮、疾厄、福德〕坐忌，或化忌而出，或化忌轉忌，皆主執著，本身性格串連越多忌就越執著，串連1忌的執著付出是可以理解的，也是人之常情。

若串連2忌，則為偏激的執著，代表是一種非理性的執著，這種執著往往是敗事的開始，或是容易沉迷。

若串連3忌則為執著到難以自拔的狀態，代表這種執著容易傷害到所串連的人事物。

若串連4忌或以上，當然傷害已經造成，嚴重者將無法彌補，除非福厚大於忌的力量，當忌的業力消退，福報抬頭，則事過境遷，就像強颱過境，雖然滿目瘡痍，但終歸風平浪靜，可以好好休養生息，修成正果了。

# 第二節　宮位互化推理解釋概要

## 一、化祿的邏輯推理解釋

當 A 宮化祿入 B 宮時，我們可以用一句話來推理：【我的 A 宮福澤於 B 宮，而我也獲得於 B 宮的喜悅。】

以命宮而言：我會主動關心 B 宮的人事物，讓事情順利，讓人愉快，而我也會快樂。

以福德而言：我會主動關心 B 宮的人事物，容易讓我心想事成，天從人願。讓人感到窩心，當然我也快樂。

以疾厄而言：我會主動去與人常親近好相處，做事情輕鬆順利。

這種喜悅是雙方【互惠的】。對我而言我可獲得 A 宮和 B 宮的喜悅。只是對待關係上的不同。

| 機　　〈夫妻〉　　丁巳 | 紫　　〈兄弟〉　　戊午 | 【命宮】　　己未 | 破　　〈父母〉　　庚申 |
|---|---|---|---|
| 殺左　　〈子女〉　　丙辰 | | | 〈福德〉　　辛酉 |
| 陽梁昌　　〈財帛〉　　乙卯 | 〈癸〉年生人 圖例〈09-08-未-癸〉 | | 廉府右　　〈田宅〉　　壬戌 |
| 武相　　〈疾厄〉　　甲寅 | 同巨　　〈遷移〉　　乙丑 | 貪　　〈交友〉　　甲子 | 陰曲　　〈事業〉　　癸亥 |

如圖例 <09-08- 未 - 癸 >

我的【交友宮甲廉貞化祿入田宅宮】（標準語法），我的交友福澤於我的田宅，而我也獲得田宅的喜悅。對我而言是可以得到交友的福，也得到田宅的福。

是交友主動來讓我的田宅產生生發、有緣、喜悅。白話解釋為：我的朋友會主動來我家，帶給我的家庭人氣興旺，所以如果我家適合做店面、做生意，代表四方來財。當然還有很多解釋，都不脫離〔交友福澤於我的田宅〕的概念，讓我的田宅生發。我的田宅讓交友喜悅，交友就會喜歡來。只要不脫離這個理氣，您的解釋就對了。

1. 人氣會旺我的家庭、我會比較好客、做生意四方來財。

2. 左鄰右舍或親戚朋友多往來。

3. 交往朋友中比較多有錢人，或容易與有錢人比鄰而居。

4. 可從事餐飲、飯店、旅館、休閒產業或裝潢、室內設計。

化祿轉忌，祿為因，忌為果。轉忌是傳輸工具，是將化祿的力量【延伸】到下一宮來用，為了追根究柢的找出化祿的結果，其結果有兩個方向，一為事理發展的方向，一為事態發展的輕重程度。

化祿是吉化之因，或是善因，是人生得失中的〔得〕。轉忌是為了追根究柢，要了解事理發展的方向。A 宮化祿入 B 宮，轉忌入 C 宮。其解釋分四個層面：

1. A 宮化祿入 B 宮。

2. A 宮化祿入 C 宮，透過 B 宮。

3. A 宮化忌入 C 宮。

4.A 宮化祿入 B 宮，追根究柢到 C 宮（此項為主要論述）。

例：圖例 <09-08- 未 - 癸 >。
交友甲廉貞化祿入田宅，轉（田宅）壬武曲化忌入疾厄。
推理解釋：（選一個主題來解釋就好）。
做生意四方來財，生意好旺我財產，且帶給我快樂（疾厄）。

| 機　　<夫妻>　丁巳 | 紫　　<兄弟>　戊午 | 【命宮】　己未 | 破　　<父母>　庚申 |
|---|---|---|---|
| 殺左　<子女>　丙辰 | 癸年生人 | | <福德>　辛酉 |
| 陽梁昌　<財帛>　乙卯 | 圖例<09-08-未癸> | | 廉府右　<田宅>　壬戌 |
| 武相　<疾厄>　甲寅 | 同巨　<遷移>　乙丑 | 貪　　<交友>　甲子 | 陰曲　<事業>　癸亥 |

## 二、化權的邏輯推理

當 A 宮化權入 B 宮時，在性格【命宮、福德】的表現上，我們可以用一句話來推理：

以命宮而言：我積極於 B 宮，而欲掌控 B 宮。

以福德而言：我非常積極於 B 宮，而亟欲掌控 B 宮。

以疾厄而言：我的活力展現於 B 宮的人事物上，但

沒有掌控的意思，因為疾厄不是思考宮位。

當 A 宮化權入 B 宮時，在人事物上對我而言，我們可以用一句話來推理：我的 A 宮成就於我的 B 宮，而使我的 B 宮壯盛。

化權無法單獨轉忌，必須藉由化祿的帶領，才可以因為化祿緣分的帶領轉忌到下一宮。此時祿權的交會，我們稱為祿權交拱。祿是因緣、舞台、機會、發揮空間，權是力量、能力，祿是機會、機緣、舞台、發揮空間，如嫩葉新枝，充滿希望，卻是脆弱的；權是能力、能量、力量，猶如保護的措施，讓祿得以順利的發展，紮紮實實的呈現出華麗的結果。有了能力要有舞台，有了機會要有能力才能發展，因此祿喜權護，權須祿緣，交織出華麗而紮實的結果。

化忌也可以帶權，權忌爭戰，讓整件事呈現激化的狀態，其破壞力被強化了，導致事態更為嚴重。

## 三、化科的邏輯推理

當 A 宮化科入 B 宮時，在性格上的表現，我們可以用一句話來推理：我禮教制約於 B 宮，而我理智緩行於 B 宮。

以命宮而言：我對人的態度是客氣的，與人禮貌性的往來。

我對事物處理態度是理智或細膩的，做事不疾不徐，按部就班。

以福德而言：我對人是恬淡無求，靈性（精神）重於物質。我對事物處理態度是理智恬淡的，靈性（精神）重於物質。

當 A 宮化科入 B 宮時，在人事物對待關係而言，我們可以用下列方式來推理：

就收益而言：我的 A 宮緩行於 B 宮，而我的 B 宮獲得了細水長流的收穫。

就做事態度而言：做事就會慢條斯理，細膩優美。

就生活態度而言：文質理智的生活模式（量入為出、量力而為、計畫性的消費、計畫性的理財、民主式的教育、身材上是穠纖合度的、優雅的、慢條斯理的）（在精神層面上是恬淡自適）。

就在外表現而言：若化科入交友三方或行於表，則有某方面的好名聲在外（科甲聲名，科名在外）。

化科無法單獨轉忌，必須藉由化祿來帶領，才能轉忌到下一宮。祿科交會，慢條斯理，精美細緻，甜美浪漫。

化科也可以由化忌來帶領轉忌到下一宮。科忌交會，為科忌糾纏。拖拖拉拉，剪不斷理還亂，拖拖拉拉，分期付款。

## 四、化忌的邏輯推理

當 A 宮化忌入 B 宮時，我們可以用一句話來推理：

就性格【命宮、福德、疾厄】而言：我的 A 宮在乎（執著於）我的 B 宮，而我必須為 B 宮付出。

以命宮而言：我在乎 B 宮，而我也願意為 B 宮付出。若為忌出（命宮化忌入遷移、父母為忌出，耿直善良，喜怒形於色，沒有心機）則象義變化極大，請看詳解。

以福德而言：我極在乎 B 宮，而我也極願意為 B 宮付出。做法上往往不夠理性。（若為忌出為衝動，容易偏激浮躁）

以疾厄而言：我在乎 B 宮，而我也願意為 B 宮付出，身體力行，不假他人之手，所以我願意為其忙碌。對人而言就有形象較差，肢體動作呆板、木訥、冷漠，久處令人生厭。（忌出為衝動、毛毛躁躁）。

就人事物而言：我的 A 宮斂藏於我的 B 宮，而我必須以 A 宮之人事物為我的 B 宮付出。

## 化忌的串連數量所代表的基本意涵：

**1 忌為勞**：人生在世，誰不用付出，只有付出多寡與方向的差異而已。

**2 忌為病**：同宮相迫或兩對宮坐忌互相沖激而串連，就是破、敗的開始，個性必然有扭曲之象，偏離中道。2 忌為病是表示已經出現了（過度）的意思了，或者（不夠理性的）處事應對，造成了諸多的困擾，但還沒呈現破局。如人的身體出現了酸痛、疲勞、常常拉肚子、常常便祕、常常放臭屁……等現象，這時需要看門診，調整生活作息或飲食，還不到要住院給醫生修理的狀態。財務狀況就有緊張的感覺了，壓力就來了，還不至於不夠用，若轉忌忌出，則可能出現月光族的現象。對與人

相處而言，就會有不夠理性的對待、或糾纏，而造成對方的不痛快。

**3 忌為破**：同宮相迫或兩對宮坐忌互相沖激而串連，則「大勢不妙」，敗象已露。破敗是出現大漏洞了，非得修補不可了。如人生病，症狀已經很明顯了，身體無法正常作息飲食，苦不堪言了，必須住院讓醫生來進行身體維修了。若是財務狀況已經空虛，甚至窘態已露，寅吃卯糧，挖東牆補西牆，危機重重，若串連父母（交友財），可能有輕微的負債了。對與人相處而言，就會造成對方苦不堪言，感慨萬千了。

**4 忌為敗**：同宮或兩對宮串連，常面臨「生死」、「去留」。4 忌為敗局已經呈現，如同人生病已經進入加護病房，生死一線之間了，除非福厚來解，否則將一去不復返，空留遺憾。對財務而言，已經走到破產的邊緣、或者已經負債累累了，如果轉忌忌出，則容易因破產或負債而跑路。對與人相處而言，就是去留的問題了。

**5 忌以上**：則必江山盡失。時間一到很難挽回。多忌串連，不同宮位的串連，不同的事態上，不同的時空，所呈現的輕重會有所不同。這就需要經驗的累積。

化忌必須轉忌，化忌為凶化之因、或惡因、或付出之因，轉忌為其結果。轉忌是傳輸工具，是將化忌的力量【延伸】到下一宮來用，為了追根究柢的找出化忌的結果，追根究柢其事理發展的方向，與事態發展的輕重程度。

A宮化忌入B宮，轉忌入C宮。其解釋分四個層面：

①A宮化忌入B宮。

②A宮化忌入C宮，透過B宮。

③B宮化忌入C宮。

④A宮化忌入B宮，追根究柢到C宮。(此項為主要論述)

例：圖例<09-08-未>

| 機<br>〈夫妻〉<br>丁巳 | 紫<br>〈兄弟〉<br>戊午 | 【命宮】<br>己未 | 破<br>〈父母〉<br>庚申 |
|---|---|---|---|
| 殺左<br>〈子女〉<br>丙辰 | 癸年生人 | | 〈福德〉<br>辛酉 |
| 陽梁昌<br>〈財帛〉<br>乙卯 | 圖例<09-08-未> | | 廉府右<br>〈田宅〉<br>壬戌 |
| 武相<br>〈疾厄〉<br>甲寅 | 同巨<br>〈遷移〉<br>乙丑 | 貪<br>〈交友〉<br>甲子 | 陰曲<br>〈事業〉<br>癸亥 |

交友甲太陽化忌入財帛，轉（財帛）乙太陰化忌入事業

交友劫我錢財，讓我工作或事業出現阻礙，比如說同行競爭，讓我收入下降或利潤微薄，猶如小人從中作梗，導致工作或事業受阻。

# 第三節 宮位互化解釋的特質

　　在命盤的解釋上，因為有六親、交友人際，所以論述時會有三個層面的對待關係：

　　①對我而言，六親或人際與我緣份如何，有何影響。

　　②對他而言，單論六親或人際時，他的特質或命運興衰。

　　③我和他的對待關係，我與六親或人際上彼此的相處模式。

　　論宮位互化象義時，因為還沒有論到時間，也就是動盤的契應，所以我們會常常用兩句話來說，（有一面）或（有一天）。比如說，福德坐命祿，表示我的性格（有一面）是隨緣自在的。

　　在論命時，由於尚未確認命盤與命主是否相符，所以我們常說：如果這個命盤對的話，他可能有什麼現象，或者是什麼現象？

　　比如說，田宅化祿入遷移，表示我的家庭或財富（有一天）會亮麗呈現在外的。

　　解釋象義時，想簡單一點，比如說遷移宮，它可能有十個象義，我在當下只想一個就好了，我想到哪一個就哪一個。還可以歸納出一個簡單的思維，從人性的角度先思考，我們就先針對【對我而言是什麼事】來思考推理。

　　**生年四化**：是與生俱來就有的，且為恆常性擁有的，

是被動接收的。

　　生年天干化祿入某宮〔生年祿坐某宮〕，表示我與生俱來的福。

　　生年天干化權入某宮〔生年權坐某宮〕，表示我與生俱來的強大能力展現於某宮。

　　生年天干化科入某宮〔生年科坐某宮〕，表示我與生俱來的溫和或細緻能力展現於某宮。

　　生年天干化忌入某宮〔生年忌坐某宮〕，表示我與生俱來的功課，為債，債是責任、義務、不得不付出。凡是任何宮為化忌入命宮、疾厄、福德皆為債，化忌入命宮要勞心，化忌入疾厄要勞力、化忌入福德要勞煩，都需要責任。

例：圖例 <09-08- 未 - 癸 >

| 機　　〈夫妻〉　丁巳 | 紫　　〈兄弟〉　戊午 | 【命宮】　己未 | 破〈祿〉　〈父母〉　庚申 |
|---|---|---|---|
| 殺左　　〈子女〉　丙辰 | 癸年生人　　圖例<09-08-未-癸> | | 〈福德〉　辛酉 |
| 陽梁昌　　〈財帛〉　乙卯 | | | 廉府右　　〈田宅〉　壬戌 |
| 武相　　〈疾厄〉　甲寅 | 同巨〈權〉　　〈遷移〉　乙丑 | 貪〈忌〉　〈交友〉　甲子 | 陰〈科〉曲　　〈事業〉　癸亥 |

### 生年癸破軍化祿入父母〔破軍生年祿坐父母〕：

①論父母長輩緣：父母通情達理好商量，我的長輩緣好。

②論讀書學習：我的基本 IQ 不錯，聰明有利於讀書考試。

③論公家機關：有利於公職或考取證照。

④論表象宮：和顏悅色親和在外，擅長表達。

### 生年癸巨門化權入遷移〔巨門生年權坐遷移〕：

①論社會：有一天我在社會上的資源豐厚，身分地位高。

②我在社會上的表現：積極有活力，有開創能力，做事很果斷、有膽識、應變能力強。

### 生年癸太陰化科入事業〔太陰生年科坐事業〕：

①工作態度平穩，做事細膩。上班安穩。適合文職或企劃工作。

②工作上有貴人相助。

### 生年癸貪狼化忌入交友〔貪狼生年忌坐交友〕：

①欠交友債，朋友是我的責任，我必須為朋友付出，不管我願意不願意，所以我的為人惜情重義，仗義疏財，重承諾，照顧朋友。

②交友坐忌為兄弟忌出，是庫位忌出，錢留不住，或大筆支出，或理財不得要領。

③交友坐忌沖兄弟，為兄弟〔庫位〕忌出，容易大筆支出、或流失。

**命宮的四化**：主心之所向、思考的方向。

命宮化祿入某宮：我福澤於某宮，我也獲得某宮的喜悅。

命宮化權入某宮：我積極於某宮，而欲掌控某宮。

命宮化科入某宮：我禮教制約於某宮，理智緩行於某宮。

命宮化忌入某宮：我在乎某宮，我願意為某宮付出。

例：圖例 <09-08- 未 - 癸 >

| 機<br><夫妻><br>丁巳 | 紫<br><兄弟><br>戊午 | 【命宮】<br>己未 | 破<br><父母><br>庚申 |
|---|---|---|---|
| 殺、左<br><子女><br>丙辰 | 癸年生人<br><br>圖例<09-08-未-癸> | | <福德><br>辛酉 |
| 陽<br>梁【科】<br><財帛><br>乙卯 | | | 廉、府<br>右<br><田宅><br>壬戌 |
| 武【祿】<br>相<br><疾厄><br>甲寅 | 同<br>巨<br><遷移><br>乙丑 | 貪【權】<br><交友><br>甲子 | 陰<br>曲【忌】<br><事業><br>癸亥 |

**命宮己武曲化祿入疾厄〔武曲命祿坐疾厄〕：**

①我福澤於疾厄宮，而我也獲得疾厄宮的喜悅。所以我

要讓我的身體快樂輕鬆自在，所以我就不會操練自己，不喜歡流汗，所以我懶得運動，比較有肉。

②我懶，所以我的個性比較欠積極度，沒有恆心毅力。

③我讓我的情緒常好，容易隨遇而安，好相處。


## 命宮己貪狼化權入交友〔貪狼命權坐交友〕：

①我積極於交友宮，而欲掌控交友宮。我積極介入人際事務，參與人際事務，是一種熱心雞婆的表現。愛管閒事。

②我積極於人事運作，喜歡支配或成就他人。

③交友為競爭位，有利於競爭、考試、公職。


## 命宮己天梁化科入財帛〔天梁命科坐財帛〕：

①我禮教制約於財帛宮，而理智緩行於財帛宮。表示我對收入、支出是理智緩和的，因此我會量入為出，收入穩定。

②對賺錢的企圖心溫和，適合穩定中求發展。


## 命宮己文曲化忌入事業〔文曲命忌坐事業〕：

①我在乎事業宮，而我願意為事業宮付出。所以我敬業、工作專心、勤勞。個性上容易事必躬親。

②適合學習專業專忌，有利於工作發展。

③女命容易是職業婦女。

④桃花星化忌，爛桃花。

⑤事業坐忌沖夫妻，沖者離也，漸行漸遠、或嚴重者速戰速決。感情容易疏離。

　　**疾厄宮的四化**：主肉身、相處、情緒反應（身體）。

　　疾厄化祿入某宮：我的疾厄福澤於某宮，而我也可以獲得某宮的喜悅。我對某宮是多情的（身體接觸），我的身體常常接觸或做某宮的事而快樂，肢體語言是豐富的。

　　疾厄化權入某宮：我的疾厄積極於某宮，而我的活力展現在某宮。我在某宮的事上特別有活力的（體力旺盛的表現）肢體語言較大（粗線條）。

　　疾厄化科入某宮：我的疾厄禮教制約於某宮，而我的肢體行動緩行於某宮。我在某宮的事上行為動作是慢條斯理。與人相處是若即若離的，對待是客氣有禮貌的。

　　疾厄化忌入某宮：我的疾厄執著於某宮，我願意身體力行為某宮付出。我對某宮是執著的（指身體習性），我的身體力行付出在某宮的人事上面，但肢體動作是呆板的、木訥的，所以給人印象不佳，或是冷漠的，容易令人久空處生厭。

例：圖例 <09-08- 未 - 癸 >

| 機 〈夫妻〉 丁巳 | 紫 〈兄弟〉 戊午 | 【命宮】 己未 | 破 〈父母〉 庚申 |
|---|---|---|---|
| 殺左 〈子女〉 丙辰 | 癸年生人 圖例<09-08-未-癸> | | 〈福德〉 辛酉 |
| 陽梁昌 〈財帛〉 乙卯 | | | 廉府右 〈田宅〉 壬戌 |
| 武相 **〈疾厄〉** 甲寅 | 同巨 〈遷移〉 乙丑 | 貪 〈交友〉 甲子 | 陰曲 〈事業〉 癸亥 |

**疾厄甲廉貞化祿入田宅：**

①我的疾厄福澤於田宅宮，而我也可以獲得田宅宮的喜悅。我會主動與家人常常相處在一起，在家時間比較多，彼此都很快樂。家和萬事興。

②我喜歡寬敞、明亮、舒適的居家生活環境。祿是新的、舒適的、明亮的。

③田宅為收藏宮，我的身體與家有緣，且福入收藏宮，所以我的健康良好，容易長壽，但容易發胖。

④我的身體與家有緣，適合經營家庭事業，或自家開店營利。

### 疾厄甲破軍化權入父母（權出）：

①我的疾厄積極父母宮，而我的活力展現在父母宮。身體活力權出為有活力，粗線條，乾脆爽朗。

②父母為表象宮、表達宮，性格上容易言行魯直、臭屁，容易衝動、特立獨行。加忌則口無遮攔、大嗓門、惡言、修養差。

③讀書有活力，適合多讀聖賢書，則仗義直言。或培養專業、專技，滔滔辯才、行動力強。


### 疾厄甲武曲自化科出：

①自化科出，是不經意或不自覺當中又不分場合的表現出我肢體於言的文質（男生斯文，女生秀氣），所以給人感覺動作斯文，偶而帶有矯揉造作的感覺。


### 疾厄甲太陽化忌入財帛：

①我的疾厄執著於財帛宮，我願意身體力行為財帛宮付出。我賺錢必須親力親為，賺錢辛苦，容易積勞成疾。

②財帛坐忌沖福德，容易具有危險性、或職業傷害的賺錢方式。

③生病花錢，或不良嗜好得花錢。

④脾氣不好，個性浮躁。福德忌出。亂無章法的花錢，或狗急跳牆式的撈錢。

⑤如果要做生意，疾厄為收藏宮沖破福德，福不綿長，適合小店經營，做現金生意，不可貪做。不可以從事投資大，回收慢的事業。也不可從事生產行業。適合從事不囤貨、壓本的現金生意，或以技術服務為主的仲介、顧問、會計、代書等服務業。

　　**福德宮的四化**：主秉性（天性、天賦）、興趣嗜好享受、情緒反應（精神），果報宮（先天之福，後天之德）。

　　**福德化祿入某宮**：我的福德福澤於某宮，而我也獲得某宮的喜悅。我對某宮是多情的（精神），做某宮的事會非常快樂（容易心想事成）。

　　**福德化權入某宮**：我非常積極於某宮，而我亟欲掌控某宮。我對某宮是非常積極的，想要強勢的掌控某宮。對人的宮位為強出頭。

　　**福德化科入某宮**：我對某宮人事物看得很恬淡的。

　　**福德化忌入某宮**：我偏激的在乎某宮，而我容易盲目地、或非理性的願意為某宮付出。我對某宮是偏激執著的，我盲目地甘願為某宮付出。是一種偏激的執著，具有（憂疑、挑剔）的個性特質。尤其是太陰、或巨門，及廉貞、或貪狼之化更為嚴重。

例：圖例 <09-08- 未 - 癸 >

| 機　<夫妻>　丁巳 | 紫　<兄弟>　戊午 | 【命宮】　己未 | 破　<父母>　庚申 |
|---|---|---|---|
| 殺左　<子女>　丙辰 | 癸年生人 | | 〈福德〉　辛酉 |
| 陽梁昌　<財帛>　乙卯 | 圖例<09-08- 未 - 癸 > | | 廉府右　<田宅>　壬戌 |
| 武相　<疾厄>　甲寅 | 同巨　<遷移>　乙丑 | 貪　<交友>　甲子 | 陰曲　<事業>　癸亥 |

**福德辛巨門化祿入遷移 ( 祿出 )：**

① 我的福德福澤於某宮，而我也獲得某宮的喜悅。我精神上的喜悅表現在陌生人面前，所以我歡樂、逍遙、開朗、好脾氣。無所謂、少計較、好商量，容易隨遇而安。

② 喜歡新鮮的事物，喜歡到外面溜躂、熱鬧。怕寂寞。

③ 有福，容易遇難呈祥、大事化小。具壽相、老運好。凡是命宮、疾厄、福德三宮多祿入遷移者，皆主其歡樂、逍遙與不甘寂寞。

### 福德辛太陽化權入財帛（權出）：

①我非常積極於財帛宮，而我亟欲掌控財帛宮。表示我賺錢的企圖心非常大，甚至可以用野心來形容，因此對金錢的掌控欲望強烈，喜歡賺大錢或快錢。

②想到賺錢就充滿積極與幹勁，行動力超強，敢賺敢花，喜歡口袋裡放很多錢。

③容易表現出好勝不認輸的個性特質，尤其是賺錢方面。

### 福德辛文曲化科入事業：

①我對事業宮看得很恬淡的，我會恬淡的處理事業宮的事務。我對事業沒有什麼企圖心，平穩就好。

②我對工作的性質，比較希望是恬淡的，著重心靈層面的，因此適合從事心靈、文化、哲學、休閒事業。

### 福德辛文昌化忌入財帛（忌出）：

①我偏激的在乎財帛宮，而我容易盲目地願意為財帛宮付出。我非常在乎錢，尤其是福德壬武曲化忌（武曲為正財星）更是在乎錢，容易斤斤計較。

②格局不好的情況，就容易為錢煩惱。

③福德化忌入任何宮位，代表有一天我會對這個宮位的事情一籌莫展（天不從人願）。所以有時會賺不到錢而一籌莫展。

④福德化忌入收藏宮，我比較不願意將我的福份分享出去，城府比較深沉。

⑤福德化忌入財帛，為了興趣嗜好享受上的事情而花錢。

⑥福德忌出，脾氣快，容易翻臉跟翻書一樣快。

**遷移宮的四化**：社會、社會際遇、處世應對的能力、社會資源、驛馬緣、表象宮。

遷移化祿入某宮：我的遷移福澤於某宮，而我也獲得某宮的喜悅。我擅長主動攀某宮的緣，或擅長主動處理某宮的事，或我好形象的一面展現在某宮，對某宮處世應對圓融。

遷移化權入某宮：我擅長處理某宮的事，或運用我豐厚的社會資源成就我某宮的事，態度比較強勢、行動力比較活躍、強勢主導某宮的事。

遷移化科入某宮：我會溫和的處理某宮的人事。

遷移化忌入某宮：我被動且不善攀某宮緣，我被動且不善處理某宮的事，手法、手腕、形象拙劣。

例：圖例 <09-08- 未 >

| 機 　　〈夫妻〉 丁巳 | 紫 　　〈兄弟〉 戊午 | 【命宮】 己未 | 破 　　〈父母〉 庚申 |
|---|---|---|---|
| 殺左 　　〈子女〉 丙辰 | 癸年生人 圖例<09-08-未> | | 　　〈福德〉 辛酉 |
| 陽梁昌 　　〈財帛〉 乙卯 | | | 廉府右 　　〈田宅〉 壬戌 |
| 武相 　　〈疾厄〉 甲寅 | 同巨 〈遷移〉 乙丑 | 貪 　　〈交友〉 甲子 | 陰曲 　　〈事業〉 癸亥 |

**遷移乙天機化祿入夫妻：**

①我的遷移福澤於夫妻宮，而我也獲得夫妻宮的喜悅。我擅長主動攀夫妻宮的緣，或擅長主動處理夫妻宮的事，對夫妻宮處世應對圓融。

②我擅長主動異性攀緣，容易有驛馬情緣。若為桃花祿，則容易有一夜情。

③我的形象好，在異性間容易獲得欣賞。

④祿入夫妻照事業，際遇好事業順遂。


**遷移乙天梁化權入財帛：**

①我擅長處理財帛宮的事，強勢、活躍、主導財帛宮的事。表示我的賺錢能力強，出外賺錢容易，在賺錢的事情上善與人攀緣。

②我擅長運用社會資源，創造有利於升遷或創業的條件。

③我擅長運用廣告，製造話題，引領風潮，創造收入。


**遷移乙紫微化科入兄弟：**

①我會溫和的處理兄弟宮的人事。

②我對我的兄弟溫和客氣有禮貌。

③對事業要求穩健發展。

④對身體要求養生。

⑤科主貴人，容易逢凶化吉，絕處逢生。

**遷移乙太陰化忌入事業：**

①我被動且不善攀某宮緣，我被動且不善處理某宮的事，手法、形象拙劣。在工作上我不善與人攀緣。我處理工作事務手法拙劣，導致不如意、或一籌莫展（天不從人願）、或遇到棘手的問題、或遇到莫名的阻礙。

②際遇不好運途不佳，或找不到適合自己的工作，或不如願的工作。

③在工作上容易有小人干擾、或阻礙、或陷害、或倒楣、或是是非非的事。

④事業坐忌沖夫妻，適合運輸業、司機、游牧式的工作環境（沖夫妻，夫妻為疾厄的田宅）。


**兄弟宮的四化：**兄弟姊妹，第一個兄弟，媽媽，大女兒。

兄弟化祿入某宮：我的兄弟宮福澤於某宮，而我也獲得某宮的喜悅。兄弟帶給我某宮的快樂。

兄弟化權入某宮：兄弟成就我某宮的壯盛。

兄弟化科入某宮：兄弟對我某宮的事不無小補。

兄弟化忌入某宮：兄弟對我某宮的事造成我的困擾（2忌以上）。

例：圖例 <09-08- 未 >

| 機 <夫妻> 丁巳 | 紫 <兄弟> 戊午 | 【命宮】 己未 | 破 <父母> 庚申 |
|---|---|---|---|
| 殺左 <子女> 丙辰 | 癸年生人 圖例<09-08-未> | | <福德> 辛酉 |
| 陽梁昌 <財帛> 乙卯 | | | 廉府右 <田宅> 壬戌 |
| 武相 <疾厄> 甲寅 | 同巨 <遷移> 乙丑 | 貪 <交友> 甲子 | 陰曲 <事業> 癸亥 |

**兄弟戊貪狼化祿入交友 ( 祿出 )：**

①我的兄弟宮福澤於交友宮，而我也獲得交友宮的喜悅。
　兄弟帶給我交友宮的快樂。

②我的兄弟與我的朋友容易打成一片。

③我的兄弟如友。我的兄弟人緣好。

④庫位祿出，經濟實力好而多花用，容易大筆花用。

⑤庫位祿出，若用於做生意，因為經濟實力好而多花用，
　容易整筆或大筆花用代表信用好商譽好，適合批發、
　大賣、直銷的生意。

⑥事業成就祿出 ( 變動快速、推陳出新 )( 交友為人氣 )，
　適合在人潮多的地方做生意，也適合流行時尚或休閒
　用品的行業。

### 兄弟戊太陰化權入事業：

①兄弟幫助成就我的事業。

②我的兄弟工作能力強。可以與兄弟合夥創業。

③兄弟成就我事業宮的壯盛。我的事業規模大、或資金充足，口袋深，容易投資擴張。

④事業成就位，成就我的工作，利於升遷、創業。

### 兄弟戊右弼化科入田宅：

①兄弟與家人相處有禮貌，客客氣氣的。

②經濟平穩，有計畫性的儲蓄。

### 兄弟戊天機化忌入夫妻：

①兄弟感情執著。

②兄弟會干涉、或不看好我的婚姻、或造成我婚姻的困擾。所以結婚後最好分開住，獨立的小家庭。

③兄弟婚後各自獨立，成立小家庭。

④婚後體質改變健康下滑，造成配偶的困擾，或夫妻間的性生活不協調，或性生活讓配偶不滿意，或同房時間少。

⑤我的事業或經濟讓配偶操心，配偶需要幫忙。


以下從【人】的角度出發：

**夫妻宮的四化**：異性緣、配偶、第一任配偶。

夫妻化祿入某宮：夫妻帶給我某宮的快樂。

夫妻化權入某宮：夫妻成就我某宮的壯盛。

夫妻化科入某宮：夫妻對我某宮的事小有助益。

夫妻化忌入某宮：夫妻對我某宮的事造成我的困擾（2
忌以上）。

例：圖例 <09-08- 未 >

| 機<br><夫妻><br>丁巳 | 紫<br><兄弟><br>戊午 | 【命宮】<br><br>己未 | 破<br><父母><br>庚申 |
|---|---|---|---|
| 殺左<br><子女><br>丙辰 | 癸年生人<br><br>圖例<09-08-未> | | <福德><br>辛酉 |
| 陽梁昌<br><財帛><br>乙卯 | | | 廉府右<br><田宅><br>壬戌 |
| 武相<br><疾厄><br>甲寅 | 同巨<br><遷移><br>乙丑 | 貪<br><交友><br>甲子 | 陰曲<br><事業><br>癸亥 |

**夫妻丁太陰化祿入事業（祿出）：**

①有感情會喜形於色。感情容易迅速增溫。（感情緣祿
　出）。

②配偶會庇蔭我的工作或事業，所以婚後會工作或事業
　順遂。

③與異性的事業緣好，與異性合作或合夥對我工作或事
　業幫助大。異性客戶或員工對我工作或事業幫助大。

### 夫妻丁天同化權入遷移（權出）：

①配偶的能力強，配偶做事果斷，社會資源多。

②配偶會干涉我的外在表現。

③配偶有能力獨當一面，帶領我發展。

④婚後有家運興旺的一面，容易置產。

### 夫妻丁天機自化科出（科出）：

①配偶：男的斯文，女的秀氣。但是比較優柔寡斷。

### 夫妻丁巨門化忌入遷移（忌出）：

①配偶耿直善良沒有心機，如果配偶是女人，容易是傳統婦女。

②感情緣忌出，夫妻間比較沒有情趣，或不擅表達感情。

③感情緣忌出，異性緣不好，感情容易空虛，在社會上形單影隻。

④感情緣忌出，夫妻間較少出雙入對，容易各過各的。嚴重者貌合神離。


**子女宮的四化**：子女、長子、晚輩、寵物、下屬、下線。

子女化祿入某宮：子女帶給我某宮的快樂。

子女化權入某宮：子女成就我某宮的壯盛。

子女化科入某宮：子女對我某宮的人斯文或秀氣，客客氣氣，有禮貌。對身體若即若離、或含情脈脈、或

慢條斯禮、或輕聲細語。對事情小有助益。

子女化忌入某宮：子女對我某宮的事造成我的困擾（2
忌以上）。

例：圖例<09-08- 未 >

| 機　　〈夫妻〉　丁巳 | 紫　　〈兄弟〉　戊午 | 【命宮】　己未 | 破　　〈父母〉　庚申 |
|---|---|---|---|
| 殺左　　〈子女〉　丙辰 | 癸年生人　圖例<09-08-未> | | 〈福德〉　辛酉 |
| 陽梁昌　　〈財帛〉　乙卯 | | | 廉府右　　〈田宅〉　壬戌 |
| 武相　　〈疾厄〉　甲寅 | 同巨　　〈遷移〉　乙丑 | 貪　　〈交友〉　甲子 | 陰曲　　〈事業〉　癸亥 |

**子女丙天同化祿入遷移（祿出）：**
①我的子女親和於外、大方、受歡迎、人緣好。
②容易生兒子（子息為我果報之福）。
③子女讓我臉上有光，是善緣的，將來會是孝順的小孩，
　庇蔭我。

**子女丙天機化權入夫妻：**
①子女來促成婚姻，容易奉子成婚。

②子女將來容易成就好（權照事業）。

### 子女丙文昌化科入財帛：

①子女將來的收入平穩但不多。

②子女理財有計劃，容易記流水帳。

③子女將來給我的孝養金有限。

### 子女丙廉貞化忌入田宅：

①子女是顧家的性格。

②子女必須自食其力。

③如果家道不興傷子女，子女容易比較自私、計較。會
　爭財產。


**交友宮的四化**：人際交往、平輩、競爭位（考試、比
賽、選舉）

　　交友化祿入某宮：交友帶給我某宮的快樂。

　　交友化權入某宮：交友成就我某宮的壯盛。

　　交友化科入某宮：交友對我某宮的人斯文或秀氣，
客客氣氣，有禮貌。對身體若即若離、或含情脈脈、或
慢條斯禮、或輕聲細語。對事情小有助益。

　　交友化忌入某宮：交友對我某宮的事造成我的困擾（2
忌以上）。

例：圖例 <09-08- 未 >

| 機 <夫妻> 丁巳 | 紫 <兄弟> 戊午 | 【命宮】 己未 | 破 <父母> 庚申 |
|---|---|---|---|
| 殺左 <子女> 丙辰 | 癸年生人<br><br>圖例<09-08-未> | | <福德> 辛酉 |
| 陽梁昌 <財帛> 乙卯 | | | 廉府右 <田宅> 壬戌 |
| 武相 <疾厄> 甲寅 | 同巨 <遷移> 乙丑 | 貪 <交友> 甲子 | 陰曲 <事業> 癸亥 |

**交友甲廉貞化祿入田宅：**

①交友帶給我田宅增進的喜悅，人際交往帶來了財產的增進。

②我的家庭人氣很旺，人進人出的，如果開店做生意，生意會蠻好的，適合做在地客的生意，會有穩定的客源，會有很多老主顧。

③親戚朋友往來密切。

④如果是偏財星，我交往的朋友容易是富有的。或者與富有的人比鄰而居。

⑤適合從事餐飲、飯店、旅館、咖啡、茶藝、休閒產業。裝潢、室內設計。

### 交友甲破軍化權入父母：

①交友為競爭位，父母學習位，交友化權宮我學習位，利於讀書考試。

②交友為競爭位，父母學習位，利於公職。

③格局好，交友有善讀書、見多識廣者。

④格局差，防朋友中有傲慢、偏見、得理不饒人、修養不足者。

### 交友甲武曲化科入疾厄：

①朋友與我若即若離、或含情脈脈、或慢條斯禮、或輕聲細語。

### 交友甲太陽化忌入財帛：

①交友化忌入我宮，我宮必失。交友化忌入財帛為劫財，是劫我口袋的錢。

②我的朋友容易是愛錢的，或缺錢的，或是賺錢辛苦的，需要我救急。

③我容易被朋友倒帳，或朋友不仁不義（串連暗曜與邪淫曜）。

④交友為競爭位，化忌入我財帛，導致我的收入下降或損失，此為同行競爭不利我財。

⑤論合夥時，一定要子女和交友合參，子女是合夥緣，交友是股東，交友忌入財帛，合夥時，容易遇到合夥營私的股東。

**父母宮的四化**：父母、長輩、爸爸、上司、老闆、上游廠商。

父母化祿入某宮：父母帶給我某宮的快樂。

父母化權入某宮：父母成就我某宮的壯盛。

父母化科入某宮：父母對我某宮的人斯文或秀氣，客客氣氣，有禮貌。對身體若即若離、或含情脈脈、或慢條斯禮、或輕聲細語。對事情小有助益。

父母化忌入某宮：父母對我某宮的事造成我的困擾（2忌以上）。

例：圖例＜09-08- 未＞

| 機 ＜夫妻＞ 丁巳 | 紫 ＜兄弟＞ 戊午 | 【命宮】 己未 | 破 ＜父母＞ 庚申 |
|---|---|---|---|
| 殺左 ＜子女＞ 丙辰 | 癸年生人 圖例＜09-08-未＞ | | ＜福德＞ 辛酉 |
| 陽梁昌 ＜財帛＞ 乙卯 | | | 廉府右 ＜田宅＞ 壬戌 |
| 武相 ＜疾厄＞ 甲寅 | 同巨 ＜遷移＞ 乙丑 | 貪 ＜交友＞ 甲子 | 陰曲 ＜事業＞ 癸亥 |

**父母庚太陽化祿入財帛：**

①父母帶我用錢方便，與我不計較錢。所以我小時候的

137

零用錢多，長大後父母容易資助我金錢。

②父母收入好，經濟活絡。

③適合從事銀髮族的事業。


### 父母庚武曲化權入疾厄：

①父母對我管教甚嚴尤其是行動，常常緊迫盯人。

②父母好動或愛運動。


### 父母庚太陰化科入事業：

①父母對我的工作或事業幫助不大。

②上司對我的工作評價還可以。

③父母對工作按部就班、細膩、慢工出細活。


### 父母庚天同化忌入遷移：

①父母耿直善良，社會資源不足，能夠庇蔭我的很少。

②我的上司耿直不討好，帶給我困擾。


以下從【事】的角度出發：

**兄弟宮的四化**：事業成就（事業規模和經濟實力）、體質。

兄弟化祿入某宮：兄弟帶給我某宮的快樂。

兄弟化權入某宮：兄弟成就我某宮的壯盛。

兄弟化科入某宮：兄弟對我某宮的事不無小補。

兄弟化忌入某宮：兄弟對我某宮的事造成我的困擾（2

忌以上）。兄弟忌入田宅為進財，為勤儉持家、儲蓄。兄弟化忌入財帛為退財，多耗、不節儉、少儲蓄，不擅理財。

例：圖例 <09-08- 未 >

| 機 <夫妻> 丁巳 | 紫 <兄弟> 戊午 | 【命宮】 己未 | 破 <父母> 庚申 |
|---|---|---|---|
| 殺左 <子女> 丙辰 | 癸年生人 | | <福德> 辛酉 |
| 陽梁昌 <財帛> 乙卯 | 圖例<09-08-未> | | 廉府右 <田宅> 壬戌 |
| 武相 <疾厄> 甲寅 | 同巨 <遷移> 乙丑 | 貪 <交友> 甲子 | 陰曲 <事業> 癸亥 |

**兄弟戊貪狼化祿入交友（祿出）：**

①兄弟宮祿出，我們稱為庫位祿出，表示我的經濟狀況好，平常花用比較多。信用好。

②工作或事業上，我容易嶄露頭角，有所發揮，容易事業有成。

③工作或事業上，我容易找到好機緣，比較多工作或事業上往來的朋友。

④若要做生意，適合往人堆裡面鑽，人潮就是錢潮，生意自然興隆。

⑤兄弟宮祿出，也是事業成就位祿出，適合變動快速或推陳出新的行業。如流行、時尚、休閒用品的事業。

⑥庫位祿出，容易整筆花用信用好，所以適合像批發或切貨的產地直銷生意。

### 兄弟戊太陰化權入事業：

①經濟位化權拱我的工作或事業，容易因資金充足而擴張事業版圖，所謂的口袋比較深。

②有利於升遷或創業。

### 兄弟戊右弼化科入田宅：

①家庭經濟平穩。

②有計劃的儲蓄，存得不多。

### 兄弟戊天機化忌入夫妻：

①事業成就位化忌入夫妻沖事業，容易因為資金短缺而影響事業，或者投資失利影響事業發展。

②兄弟為事業的疾厄宮，化忌沖本宮，導致事業衰退，或者起伏（事業忌出）。

③因為體質衰退而影響夫妻間的性生活。

**財帛宮的四化**：現金緣、來財方式、行業、花錢的方式與態度、金錢價值觀。

財帛化祿入某宮：財帛帶給我某宮的快樂。

財帛化權入某宮：財帛成就我某宮的壯盛。

財帛化科入某宮：財帛對我某宮的事不無小補。

財帛化忌入某宮：財帛對我某宮的事造成我的困擾（2
忌以上）。

例：圖例 <09-08- 未 >

| 機 <夫妻> 丁巳 | 紫 <兄弟> 戊午 | 【命宮】 己未 | 破 <父母> 庚申 |
|---|---|---|---|
| 殺左 <子女> 丙辰 | 癸年生人 圖例<09-08-未> | | <福德> 辛酉 |
| 陽梁昌 <財帛> 乙卯 | | | 廉府右 <田宅> 壬戌 |
| 武相 <疾厄> 甲寅 | 同巨 <遷移> 乙丑 | 貪 <交友> 甲子 | 陰曲 <事業> 癸亥 |

**財帛乙天機化祿入夫妻：**

①我的錢讓配偶使用方便，不計較。

②財帛化祿入夫妻照事業，賺錢順遂，賺錢容易。

③對事業而言祿出，很適合變現快的現金生意。

④財帛是夫妻的夫妻宮，為婚姻的對待關係，夫妻間相
處默契好，婚姻多和樂，是結善緣的。這是生活上柴
米油鹽醬醋茶的生活瑣事，生活費用的用度，與婚姻

的成敗沒有絕對的關係。

⑤夫妻是田宅的疾厄，結婚後賺錢如意順遂，容易安家置產，最好有田宅的串連。

⑥財帛化祿入夫妻照事業，適合業務、銷售。事業祿出，適合變動快速或推陳出新的商品、或是精品、藝品、飾品等貴重物品銷售【凡財帛、事業祿權入福德三方，皆可從事滿足精神層面的物品銷售】。

### 財帛乙天梁自化權出：

①自化權出是不知不覺中，又不分場合的把財帛的權表現出來，金錢容易整筆來，但也容易大筆花用。

②宜現金生意切貨、脫手的循環生財，最好走潮流、時尚等領先市場的產品銷售。俗話說的時機財，好也不會太長久。所以適合不斷推陳出新的產品變化。

③權出有變動快速的性格表現，看似積極、能幹卻沒長遠的計劃與管理。須加強理財及養成隨時儲蓄的習慣。

### 財帛乙紫微化科入兄弟：

①量入為出。

②有計畫的儲蓄，存得不多。

### 財帛乙太陰化忌入事業：

①我的錢花在工作或事業上，比如說工作上需要某些工具，而公司無法提供，只好掏腰包自己買。

②我的收入不多，影響到事業的發展。

③我的資金不足，影響到事業的推展，所以適合買空賣空的現金生意，或以技術服務為主的創業。適合不囤貨、壓本的現金生意、仲介、技術、顧問、會計、代書等服務業。

④命三方互忌，有辛苦的一面。


**事業宮的四化**：工作或做事業能力、模樣、態度、狀態、行業。

事業化祿入某宮：事業帶給我某宮順遂或快樂。

事業化權入某宮：事業能力展現於某宮。

事業化科入某宮：事業對我某宮的事不無小補。

事業化忌入某宮：事業對我某宮的事造成我的困擾（2忌以上）。


例：圖例 <09-08- 未 >

| 機 <夫妻> 丁巳 | 紫 <兄弟> 戊午 | 【命宮】 己未 | 破 <父母> 庚申 |
|---|---|---|---|
| 殺左 <子女> 丙辰 | 癸年生人 | | <福德> 辛酉 |
| 陽梁昌 <財帛> 乙卯 | 圖例<09-08-未> | | 廉府右 <田宅> 壬戌 |
| 武相 <疾厄> 甲寅 | 同巨 <遷移> 乙丑 | 貪 <交友> 甲子 | 陰曲 <事業> 癸亥 |

### 事業癸破軍化祿入父母（祿出）：

①我的工作或事業，讓父母不必為我的工作或事業操心。

②我的工作表現，帶給上司快樂滿意，成就上司，容易獲得賞識獲提拔，適合當幕僚。

③我的工作或事業表現亮眼，獲得好口碑、或信譽良好，適合廣告、文宣、業務、學有專精等工作。

④我的工作或事業帶給長輩快樂，所以適合銀髮族的相關事業，如老人看護照顧。

⑤我的工作或事業與文書有緣，可以從事文教事業。

⑥我的工作或事業與讀書學習有緣，對考證照、或在職進修、建教合作邊學邊做、或學以致用有幫助。

⑦我的工作或事業帶給公家機關順遂如意，可以從事公職、或公家機關的生意。

⑧汲營三方（命三方）化祿入交友三方，化祿入父母都有喜歡說好話、做好事。

⑨事業祿出，適合變動快速或是推陳出新的產品或項目。

### 事業癸巨門化權入遷移（權出）：

①我工作或事業的能力展現好，對工作或事業的觀察力、洞察能力敏銳，決斷力強，行動力強，果決，應變能力好。

②當汲營三方化權得以展現時，最好能夠搭配專業技能的建立，具有開創能力，容易獲得高薪高職，或創業。

③事業權出，開創能力強，可以培養專業技能，發展自

己的專利，領導潮流。

④事業權出於社會上，社會資源多，又具開創能力，容易營造氣勢、可以建立品牌。

⑤適合精品、藝品、古董及貴重物品銷售。


### 事業癸太陰自化科出：

①我的工作或事業科出，表示科名在外，名聲好，科有細膩細緻的意思，所以可以加強精緻的文宣、包裝。


### 事業癸貪狼化忌入交友：

①汲營三方化忌入交友三方，都有重情重義的現象，對利潤來說會有所損失，因為沖田宅三方所致。尤其是化忌入交友，所以稱重義輕利。交友涵蓋所有可接觸的人際，涵蓋面最寬廣。

②我的工作或事業，我會主動幫助同事或相關廠商或客戶，多忌呈破則造成交友的困擾，所以工作團隊容易萎縮，嚴重的話必須孤軍奮戰。或是幫助朋友沒有功勞。

③事業化忌入交友沖兄弟，兄弟是安定位，沖者，動也，人生多起伏、或多變動。

④事業化忌入交友沖兄弟，兄弟宮是事業成就位，沖者，離也，與事業成就漸行漸遠，所以在經營事業上往往不得要領，或事倍功半，甚至經營不善而倒閉。在工作上雖然盡心盡力，但是苦勞多於功勞，

⑤上班安定為好，或做小生意收現金，以消耗品為主。


　　**田宅宮的四化**：家庭緣、財產（動產＋不動產）、居住環境。

　　田宅化祿入某宮：田宅帶給我某宮的快樂。

　　田宅化權入某宮：田宅成就我某宮的壯盛。

　　田宅化科入某宮：田宅對我某宮的事不無小補。

　　田宅化忌入某宮：田宅對我某宮的事造成我的困擾（2忌以上）。


例：圖例 <09-08- 未 >

| 機　　　〈夫妻〉　丁巳 | 紫　　　〈兄弟〉　戊午 | 【命宮】　　己未 | 破　　　〈父母〉　庚申 |
|---|---|---|---|
| 殺左　　　〈子女〉　丙辰 | | | 　　　〈福德〉　辛酉 |
| 陽梁昌　　　〈財帛〉　乙卯 | 癸年生人<br><br>圖例<09-08-未> | | 廉府右　　　〈田宅〉　壬戌 |
| 武相　　　〈疾厄〉　甲寅 | 同巨　　　〈遷移〉　乙丑 | 貪　　　〈交友〉　甲子 | 陰曲　　　〈事業〉　癸亥 |

**田宅壬天梁化祿入財帛：**

①我的家庭經濟好，帶給我用錢方便，讓我的手頭寬裕，生活優渥。

②我容易繼承家業，凡是田宅化祿入汲營三方者，容易受到家庭或家族的庇蔭，有利於繼承家庭或家族事業。

③田宅為財庫位帶來賺錢的方便，只要妥善理財，可以錢滾錢。

④田宅為我的家，適合利用不動產生財，如不動產出租、自家開店營利，也可以經營飯店、旅館、休閒、餐飲業。

⑤田宅為居家生活環境，適合販賣與居家生活用品有關的行業，如家電、家具、家用五金、寢具、家飾。

⑥田宅為田地與家宅，如果是偏財星化祿，則可以從事不動產的投資。

⑦此例天梁星為高格調曜，如果再串連呈旺，則可以從事高級住宅的投資或銷售。


**田宅壬紫微化權入兄弟：**

①我的家庭經濟好，給我經濟上非常寬裕，物質生活優渥高檔。

②田宅為我的家，適合利用不動產生財，如不動產出租、自家開店營利，也可以經營飯店、旅館、休閒、餐飲業。

③田宅為居家生活環境，適合販賣與居家生活用品有關的行業，如家電、家具、家用五金、寢具、家飾。

④田宅為田地與家宅，如果是偏財星化權，則可以從事

不動產的投資。

⑤若是偏財星化權，家庭或家族經濟實力雄厚，對我兄弟家教甚嚴，成就我的兄弟，同時也幫助我的經濟。

⑥田宅化權入兄弟，權沖交友，家族在人際間有領導地位，但物質生活高檔，容易奢華浪費。


### 田宅壬左輔化科入子女：

①家庭或家族對我的子女民主式的教育。

②家庭或家族對我的子女客客氣氣的。

③家庭或家族的書香氣息，讓我的子女耳濡目染。


### 田宅壬武曲化忌入疾厄：

①欠家庭債，我必須為家庭勞碌，必須刻苦耐勞，勤儉持家。凡任何宮位化忌入命宮、疾厄、福德皆為債，債是責任、義務、不得不付出。忌入命，勞心。忌入疾厄，勞力。忌入福德，勞煩。

②田宅為居家環境，化忌入疾厄，會造成身體好像受到了束縛一樣，生活環境窒礙，注意採光或空氣流通。

③疾厄為家運位，家運不興。

④若開店營業，不適合在自家營業，必須店宅分離。


**父母宮四化**：交友宮論競爭、考運必須用於相關宮位，比如考運，必須串連父母【學習位】。

父母宮是後天學習位，也必須是相關宮位的論述。

父母宮是交友的財帛，為我與人金錢的往來，比如互助會、民間借貸、與銀行往來。

例：圖例 <09-08- 未 >

| 機　　<夫妻>　丁巳 | 紫　　<兄弟>　戊午 | 【命宮】　己未 | 破　　<父母>　庚申 |
|---|---|---|---|
| 殺左　　<子女>　丙辰 | 癸年生人　圖例<09-08- 未 > | | <福德>　辛酉 |
| 陽梁昌　　<財帛>　乙卯 | | | 廉府右　　<田宅>　壬戌 |
| 武相　　<疾厄>　甲寅 | 同巨　　<遷移>　乙丑 | 貪　　<交友>　甲子 | 陰曲　　<事業>　癸亥 |

**父母庚太陽化祿入財帛：**

①讀書位：書讀好，有助於領獎學金，也有助於高學歷好收入。

②交友財：朋友間的借貸容易，或利於參與民間的互助會。

③交友財：銀行位，容易與銀行多往來，或貸款容易，或金錢周轉調度方便。

④如果是上班族，上司對我加薪幅度高，讓我滿意。

⑤適合從事銀髮族的生意，現金買賣、四方來財。

### 父母庚武曲化權入疾厄：

①透過後天的學習，讓我抗壓性越來越高，讓我有活力。

### 父母庚太陰化科入事業：

①文宣或廣告有利於事業發展。

②容易在職進修。

### 父母庚天同化忌入遷移：

①父母是讀書、或學習、或考試、或學歷宮，容易拙於讀書學習、或考試，學習上不得要領，或考試抓不到重點。學歷在社會不起眼。

②父母是表達宮，表示我的表達能力有限，往往不能充分表達我的所思所想。

③父母是表象宮，形象沒有很好。

④父母是知識學習宮，容易孤陋寡聞。

⑤父母是涵養宮，容易修養較差。

⑥父母也是處事應對宮，人事上的觀察或是理解不夠仔細。

梁若瑜老師的著作【十二宮六七二象】如何運用？

先運用推理方式寫下您的答案，再來核對梁老師的答案，看對不對，如果對了，恭喜您。如果有出入，想想看，是我論的方式不對呢，還是只是梁老師沒有寫下來而已，而我的推論是正確的，或者可以到群組與師兄姊們討論，以便印證自己的論斷是否正確，不要不好意思發問，這是我們台灣人的通病，怕出糗，其實可能很多人不會，或沒有想到，您問出來反而幫助大家一起學習，一起成長呢！

加油！看到這裡表示您已經進步了喔！因為您把第四章的課程看完了，接下來不用急著進入第五章的內容，多練習幾個命盤，學習推理來解釋單一的現象，直到自己覺得有點進步了，您就可進入第五章的課程邏輯心法。

練習為成功之母，加油！切記練習時，請用【標準語法】來練習，比如說：交友甲廉貞化祿入田宅宮，轉（田宅）壬武曲忌入疾厄。您必須依著命盤來練習，這個命盤必須是您所認識的人的命盤，您才會有感覺，否則您很難體會箇中滋味，也很難獲得成就感，慢慢地您就會興趣缺缺。如果您是用認識的人的命盤，您會很有感覺，會很有成就感，甚至講給對方聽，您會越學越有味道，興趣盎然，那麼您將學有所成。

把天干四化表練得滾瓜爛熟，您就會越來越熟練，越來越熟練您就會越來越有興趣，將來進入第五章的課

程就容易學會多宮位的串連，也容易把多宮位串連的解釋融會貫通，這對將來綜合論命的表述極為重要，請您務必把基礎打好，加油！您一定辦得到！

第五章

邏輯心法

# 第一篇　吉化——化祿轉忌

基本觀念：

化祿：為吉化之因〔善因〕，是人生中的（得）。

轉忌：為果，為追根究柢，追吉化事理發展的方向，與吉化事態發展的輕重程度。

追祿：彙集因緣，將吉化的事態擴大，且延伸吉化事理發展的方向，與吉化事態發展的輕重程度。

追權：是誰來成就吉化的事態，使吉化的事態更為紮實。我們稱為祿權交拱。有追祿才可以追權。權是能力、力量，祿是機會、機緣、舞台、發揮空間。

契應：指的是時間，本命盤（靜盤，或稱為天盤）所顯像的為一生中所有可能發生的事態現象。將一生的時間切割為每十年一個大運，我們稱之為大限（或稱大限動盤、大限盤、人盤）。再將每十年區分為每一年的運勢，我們稱為流年（或稱流年動盤、流年盤、地盤）。當然還可以再細分流月、流日、流時。

契應時間有一定的邏輯可循，但卻沒有絕對的公式，是整個學理最難的部分，在飛星紫微斗數獨門心法第二部，實務運用心法第二篇中的【動盤契應】內容會有學理上的解說。

## 一、生年祿，必須轉忌：（紅色圈記）

生年祿是由出生年的天干飛化與命盤中的星曜產生的化祿象，看坐落於何宮，必須透過此宮位的天干化忌入所對應的宮位。

| | 機〈祿〉<br>曲<br><br>〈疾厄〉<br>壬午 | 紫<br>破<br><br>〈財帛〉<br>癸未 | 昌<br><br><br>〈子女〉<br>甲申 |
|---|---|---|---|
| 陽<br><br><br>〈交友〉<br>庚辰 | 乙年生人<br><br>圖例〈08-12-寅〉 | | 府<br><br><br>〈夫妻〉<br>乙酉 |
| 武<br>殺<br><br>〈事業〉<br>己卯 | | | 陰<br><br><br>〈兄弟〉<br>丙戌 |
| 同<br>梁<br><br>〈田宅〉<br>戊寅 | 相<br><br><br>〈福德〉<br>己丑 | 巨<br><br><br>〈父母〉<br>戊子 | 廉<br>貪<br><br>《命》<br>丁亥 |

（遷移 辛巳 位於左上角）

比如說，乙年出生，天干為乙，乙天機化祿入疾厄（壬午）宮，我稱之為生年天機祿坐疾厄宮。轉疾厄宮壬武曲化忌入事業宮。生年祿為我與生俱來的福，表示我身體健康良好，情緒常好，或我工作的地方常常是寬敞舒服的，轉忌入事業宮，會帶給我工作順遂。轉忌的功能，

視為傳輸工具，將生年祿的力量延伸到下一宮來用，不以化忌來論。轉忌是為了明白此生年祿於事理上發展的方向，與事態發展的輕重程度。

例如：生年祿坐疾厄，轉忌入事業：生年祿為我與生俱來的福，表示我身體健康良好，情緒常好，或我工作的地方常常是寬敞舒服的，轉忌入事業宮，會帶給我工作順遂。

例如：生年祿坐疾厄，轉忌入命宮：生年祿為我與生俱來的福，表示我身體健康良好，情緒常好，或我工作的地方常常是寬敞舒服的，轉忌入命宮，會帶給我順心如意，容易心寬體胖。

例如：生年祿坐疾厄，轉忌入兄弟：生年祿為我與

生俱來的福，表示我身體健康良好，情緒常好，或我工作的地方常常是寬敞舒服的，轉忌入兄弟宮，會帶給我事業成就發展順遂有成果、經濟豐足。

　　例如：生年祿坐疾厄，轉忌入夫妻：生年祿為我與生俱來的福，表示我身體健康良好，情緒常好，轉忌入夫妻宮，會帶給我的配偶或異性朋友愉快，人緣好，容易心寬體胖。

　　例如：生年祿坐疾厄，轉忌入子女：生年祿為我與生俱來的福，表示我身體健康良好，情緒常好，轉忌入子女宮，會帶給我的小孩或晚輩愉快，我的人緣好，尤其是小輩緣。

　　例如：生年祿坐疾厄，轉忌入財帛：生年祿為我與

生俱來的福，表示我身體健康良好，情緒常好，或我工作的地方常常是寬敞舒服的，轉忌入財帛宮，會帶給我現金緣好、收入好。

例如：生年祿坐疾厄，轉疾厄自化忌出：生年祿為我與生俱來的福，表示我身體健康良好，情緒常好，轉疾厄自化忌出，我把我的好情緒不經意且不分場合的表現出來，所以人們看到我總是快樂的樣子。

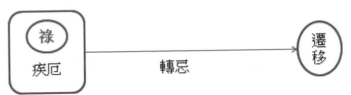

例如：生年祿坐疾厄，轉忌入遷移：生年祿為我與生俱來的福，表示我身體健康良好，情緒常好，轉忌入遷移宮，會帶給我外緣好，親和力佳，處世應對有圓融的一面。

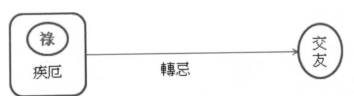

例如：生年祿坐疾厄，轉忌入交友：生年祿為我與

生俱來的福，表示我身體健康良好，情緒常好，轉忌入
交友宮，會帶給朋友愉快，人緣好。

例如：生年祿坐疾厄，轉忌入田宅：生年祿為我與
生俱來的福，表示我身體健康良好，情緒常好，或我家
運興旺，轉忌入田宅宮，會帶給我家庭幸福美滿快樂，
財產福厚經濟豐足。

例如：生年祿坐疾厄，轉忌入福德：生年祿為我與
生俱來的福，表示我身體健康良好，情緒常好，轉忌入
福德宮，會帶給我心想事成，隨緣自在，容易心寬體胖，
逍遙自在。

例如：生年祿坐疾厄，轉忌入父母：生年祿為我與生
俱來的福，表示我身體健康良好，情緒常好，轉忌入父

母宮，會帶給我的父母或長輩愉快，我親和在外人緣好，尤其是長輩緣。

## 二、命祿，必須轉忌：〔藍色圈記〕

命祿為命宮的天干，與某宮位的坐星產生祿的飛化，我們稱之為命宮化祿入某宮，或某宮坐命祿。此命宮的祿也必須轉忌入下一宮。轉忌是為了明白此命祿於事理上發展的方向，與事態發展的輕重。

| 機〈祿〉<br>曲<br>〈疾厄〉<br>壬午 | 紫<br>破<br>〈財帛〉<br>癸未 | 昌<br><br>〈子女〉<br>甲申 |
|---|---|---|
| <遷移><br>辛巳 | | |

| 機〈祿〉<br>曲 | 紫<br>破 | 昌 |
|---|---|---|
| **〈疾厄〉**<br>壬午 | **〈財帛〉**<br>癸未 | **〈子女〉**<br>甲申 |

| 陽<br><br>〈交友〉<br>庚辰 | | 乙年生人<br><br>圖例〈08-12-寅〉 | 府<br><br>〈夫妻〉<br>乙酉 |
|---|---|---|---|
| 武<br>殺<br>〈事業〉<br>己卯 | | | 陰【祿】<br><br>〈兄弟〉<br>丙戌 |
| 同<br>梁<br>〈田宅〉<br>戊寅 | 相<br><br>〈福德〉<br>己丑 | 巨<br><br>〈父母〉<br>戊子 | 廉<br>貪<br><<命>><br>丁亥 |

論命為綜合論述，兩宮位的化象，在性格的表現上為【有一面】，對事情來說為【有一天】位發生什麼事。論命時要以飛化串連結構完整時再做論述，而宮位互化的細節於後描述，才容易精準詮釋其種種現象。

　　論命分三個層面來論述：

　　第一層，對我而言，主要是論命主自己的事，為主要論述。

　　第二層，對他而言，若有涉及六親或人的宮位時，可以以此人為主的論述。

　　第三層，我和他之間的對待關係，可以用來描述彼此間的互動關係。

　　例如：兄弟宮坐太陰命祿，轉丙廉貞忌入命宮。

　　第一層：我會主動帶給兄弟快樂，彼此有感情融洽，情緣好的一面，轉忌入命宮，也會帶給我自己快樂。就事來說，兄弟為事業成就位，表示有一天我也會有收入好，或事業有成，讓我感到快樂。

　　第二層：我的兄弟命宮坐祿，表示我的兄弟有通情達理好商量的一面，等同兄弟宮坐生年祿。

　　第三層：因為是我化祿入兄弟宮，是我主動帶給兄弟快樂，我對兄弟不計較，也讓自己舒心。

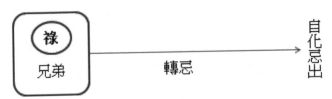

例如：兄弟宮坐命祿，轉兄弟自化忌出。

第一層：我會主動帶給兄弟快樂，彼此有感情融洽，情緣好的一面，轉兄弟自化忌出（不經意、或不自覺、且不分場合的），是不由自主地把這一面表現出來。就事來說，兄弟為事業成就位，表示有一天我也會有收入好，或事業有成，不由自主地把這一面表現出來。

第二層：我的兄弟命宮坐祿，表示我的兄弟有通情達理好商量的一面，等同兄弟宮坐生年祿，轉忌自化忌出，兄弟會不由自主地把這一面表現出來。

第三層：因為是我化祿入兄弟宮，是我主動帶給兄弟快樂，我對兄弟不計較，轉兄弟自化忌出，兄弟對於我主動帶給他的好，視為理所當然，不懂得感恩，因為其命宮自化忌出，表示其思想容易忘性，船過水無痕。命宮自化忌出，表示經驗不容易留下來，不容易記取教訓，不記恩也不記仇。對壞事而言，他不會記住反而是好事，但別人對他的好，他也是過了就算了。

例如：兄弟宮坐命祿，轉忌入夫妻宮。

第一層：我會主動帶給兄弟快樂，彼此有感情融洽，情緣好的一面，轉忌入夫妻宮，也會帶給配偶快樂，我的異性緣好。就事來說，兄弟為事業成就位，表示有一天我也會有收入好，或事業有成，讓配偶感到放心或快樂，且照事業宮，讓我的工作或事業順遂。

第二層：我的兄弟命宮坐祿，表示我的兄弟有通情達理好商量的一面，等同兄弟宮坐生年祿。轉忌入夫妻，表示兄弟的異性緣好。

第三層：因為是我化祿入兄弟宮，是我主動帶給兄弟快樂，我對兄弟不計較，我與兄弟間相處融洽，也讓配偶寬心。

例如：兄弟宮坐命祿，轉忌入子女宮。

第一層：我會主動帶給兄弟快樂，彼此有感情融洽，情緣好的一面，轉忌入子女宮，也會帶給小輩快樂，我的子息緣好。就事來說，兄弟為事業成就位，表示有一天我也會有收入好，或事業有成，適合出外發展（子女為田宅的遷移，論出外）。我的經濟好，帶給小孩快樂，所以小孩的零用錢很多。

第二層：我的兄弟命宮坐祿，表示我的兄弟有通情達理好商量的一面，等同兄弟宮坐生年祿。轉忌入子女，表示兄弟的子息緣好，適合出外發展。

第三層：因為是我化祿入兄弟宮，是我主動帶給兄弟快樂，我對兄弟不計較，我與兄弟間相處融洽，也順帶的與小輩相處融洽。

例如：兄弟宮坐命祿，轉忌入財帛宮。

第一層：我會主動帶給兄弟快樂，彼此有感情融洽，情緣好的一面，轉忌入財帛，我與兄弟在金錢上不計較。就事來說，兄弟為事業成就位，表示有一天我也會有收入好，或事業有成，轉忌入財帛，我的經濟活絡，手頭方便。

第二層：我的兄弟命宮坐祿，表示我的兄弟有通情達理好商量的一面，等同兄弟宮坐生年祿。轉忌入財帛，我的兄弟收入好。

第三層：因為是我化祿入兄弟宮，是我主動帶給兄弟快樂，我對兄弟不計較，我與兄弟間相處融洽，對金錢也不計較。

例如：兄弟宮坐命祿，轉忌入疾厄宮。

第一層：我會主動帶給兄弟快樂，彼此有感情融洽，情緣好的一面，轉忌入疾厄宮，與兄弟常親近，相處融洽。就事來說，兄弟為事業成就位，表示有一天我也會有收入好，或事業有成，輕鬆如意，旺財產運（疾厄為田宅的事業宮）。

第二層：我的兄弟命宮坐祿，表示我的兄弟有通情達理好商量的一面，等同兄弟宮坐生年祿。轉忌入疾厄，我兄弟心情常好、易胖、有點懶。

第三層：因為是我化祿入兄弟宮，是我主動帶給兄弟快樂，我對兄弟不計較，我與兄弟間常常相處在一起，相處融洽。

例如：兄弟宮坐命祿，轉忌入遷移宮（祿出）。

第一層：我會主動帶給兄弟快樂，彼此有感情融洽，情緣好的一面，轉忌入遷移（祿出）照命宮，左鄰右舍都知道，帶給我快樂。就事來說，兄弟為事業成就位，表示有一天我也會有收入好，或事業有成，在社會上顯達，帶給我順遂如意。

第二層：我的兄弟命宮坐祿，表示我的兄弟有通情達理好商量的一面，等同兄弟宮坐生年祿。轉忌入遷移（坐祿轉忌忌出，是把祿帶出去給大家看到，稱為祿出），表

示外緣好親和在外。

第三層：因為是我化祿入兄弟宮，是我主動帶給兄弟快樂，我對兄弟不計較，我與兄弟間相處融洽，左鄰右舍皆知。

例如：兄弟宮坐命祿，轉忌入交友宮（祿出）。

第一層：我會主動帶給兄弟快樂，彼此有感情融洽，情緣好的一面，轉忌入交友宮（祿出），朋友間都知道，同時我也人緣好。就事來說，兄弟為事業成就位，表示有一天我也會有收入好，或事業有成，轉忌入交友（祿出），朋友間都知道。

第二層：我的兄弟命宮坐祿，表示我的兄弟有通情達理好商量的一面，等同兄弟宮坐生年祿。轉忌入交友（祿出），表示兄弟的異性緣好。

第三層：因為是我化祿入兄弟宮，是我主動帶給兄弟快樂，我對兄弟不計較，我與兄弟間相處融洽，兄弟如友。

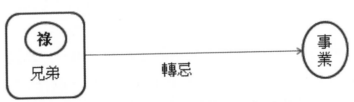

例如：兄弟宮坐命祿，轉忌入事業宮。

第一層：我會主動帶給兄弟快樂，彼此有感情融洽，情緣好的一面（事業宮與兄弟相處無關，可以不用論述）。就事來說，兄弟為事業成就位，表示有一天我也會有收入好，或事業有成，讓我的工作或事業順遂。

第二層：我的兄弟命宮坐祿，表示我的兄弟有通情達理好商量的一面，等同兄弟宮坐生年祿。轉忌入事業，表示兄弟的工作或事業順遂，或點子多。

第三層：因為是我化祿入兄弟宮，是我主動帶給兄弟快樂，我對兄弟不計較，我與兄弟間相處融洽（事業宮與兄弟相處無關，可以不用論述）。

例如：兄弟宮坐命祿，轉忌入田宅宮。

第一層：我會主動帶給兄弟快樂，彼此有感情融洽，情緣好的一面，同時帶給家庭和樂。就事來說，兄弟為事業成就位，表示有一天我也會有收入好，或事業有成，讓我的財產增進或置產，同時也帶給我家庭和樂。

第二層：我的兄弟命宮坐祿，表示我的兄弟有通情達理好商量的一面，等同兄弟宮坐生年祿。轉忌入田宅，表示我兄弟的通情達理帶給他的家庭和樂興旺。

第三層：因為是我化祿入兄弟宮，是我主動帶給兄弟快樂，我對兄弟不計較，我與兄弟間相處融洽，家庭和樂。

例如：兄弟宮坐太陰命祿，轉忌入福德宮。

第一層：我會主動帶給兄弟快樂，彼此有感情融洽，情緣好的一面，相處融洽，容易是善緣的兄弟。就事來說，兄弟為事業成就位，表示有一天我也會有收入好，或事業有成，讓我心想事成（福德坐祿照財帛，手頭方便）。

第二層：我的兄弟命宮坐祿，表示我的兄弟有通情達理好商量的一面，等同兄弟宮坐生年祿。轉忌入福德，容易心想事成，手頭方便，一生有福。

第三層：因為是我化祿入兄弟宮，是我主動帶給兄弟快樂，我對兄弟不計較，我與兄弟間相處融洽，轉忌入福德，也是相處融洽，容易是善緣的兄弟。

例如：兄弟宮坐太陰命祿，轉忌入父母宮（祿出）。

第一層：我會主動帶給兄弟快樂，彼此有感情融洽，情緣好的一面，相處融洽，轉忌入父母（祿出，父母為表象宮），鄰里皆知。就事來說，兄弟為事業成就位，表

示有一天我也會有收入好，或事業有成，易顯達於外，鄰里皆知。

第二層：我的兄弟命宮坐祿，表示我的兄弟有通情達理好商量的一面，等同兄弟宮坐生年祿。轉忌入父母，表示我兄弟的個性有親和在外的一面。

第三層：因為是我化祿入兄弟宮，是我主動帶給兄弟快樂，我對兄弟不計較，我與兄弟間相處融洽，轉忌入父母，兄弟間感情好，顯像於外，鄰里皆知。


## 三、自化祿，必須轉忌：

自化祿是某宮的天干與自己的坐星，產生化祿的現象，我們稱之為〔本宮自化祿出〕。其意為我對某宮的好狀態在不自覺或不經意的情況下表現出來，這種表現往往不懂得看場面，不分場合，帶有膨風的味道。轉忌是為了明白此自化祿於事理上發展的方向，與事態發展的輕重。

如圖例 <08-12- 寅 - 乙 >，事業己武曲自化祿出，轉己文曲化忌入疾厄：

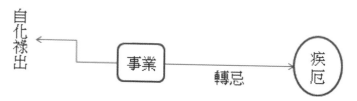

事業自化祿出（自化祿出，其象有浮誇不夠紮實之意，最好有我宮化權來交拱，否則若逢他宮化忌來劫時，

容易被劫走，而產生怨懟）：我對工作的想法多。祿出又變動快速之意，所以適合變動快速的產品。適合會員直銷、或廣告業，取其浮誇之意。且多如意順遂。轉忌入疾厄〔疾厄為情緒反應位、工作場〕為工作輕鬆如意順遂，工作場所舒適。

| | 機 曲 | 紫 破 | 昌 |
|---|---|---|---|
| 〈遷移〉 辛巳 | 〈疾厄〉 壬午 | 〈財帛〉 癸未 | 〈子女〉 甲申 |
| 陽 〈交友〉 庚辰 | 〈乙〉年生人 圖例〈08-12-寅-乙〉 | | 府 〈夫妻〉 乙酉 |
| 武 殺 ←祿 〈事業〉 己卯 | | | 陰 〈兄弟〉 丙戌 |
| 同 梁 〈田宅〉 戊寅 | 相 〈福德〉 己丑 | 巨 〈父母〉 戊子 | 廉 貪 【命宮】 丁亥 |

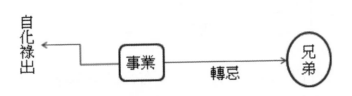

自化祿出 ← 事業 — 轉忌 → 兄弟

例如：自化祿坐事業，轉忌入兄弟：我對工作的想法多。祿出又變動快速之意，所以適合變動快速的產品。適合會員直銷、或廣告業，取其浮誇之意。且多如意順遂，轉忌入兄弟〔事業成就位、存款、安定位〕，容易事業有成，收入好且穩定。

例如：自化祿坐事業，轉忌入田宅：我對工作的想法多。祿出又變動快速之意，所以適合變動快速的產品。適合會員直銷、或廣告業，取其浮誇之意。且多如意順遂，轉忌入田宅〔財產、安定位〕，容易收入好而置產，且工作穩定。

例如：自化祿坐事業，轉忌入交友：我對工作的想法多。祿出又變動快速之意，所以適合變動快速的產品。適合會員直銷、或廣告業，取其浮誇之意。且多如意順遂，轉忌入交友〔有接觸的朋友〕，帶給同事（事業上的交友）快樂。

自化祿出有浮誇的現象，所有如有我宮化權來會，則

祿權交拱，就可以達到機會與能力的交拱，華麗而紮實。

　　自化祿出，最好是我宮化權交拱後來論述，或者多宮位化祿權交拱串連彙集因緣的狀況下，描述會更為貼切。

## 四、宮干化祿，必須轉忌。

　　化祿為因，轉忌為果。轉忌的功能為傳輸工具，它挾帶著化祿象延伸到下一宮來用，因此轉忌不以忌來論。

　　當 A 宮化祿入 B 宮，轉忌入 C 宮時

推理解釋有 4 條：

① A 宮化祿入 B 宮。

② A 宮化祿入 B 宮，B 宮挾祿轉忌到 C 宮，為追根究柢到 C 宮。（主要論述方式）

③ A 宮化祿入 C 宮，透過 B 宮。

④ B 宮化忌入 C 宮。（吉化的特質或缺點）

　　如圖例 <08-12- 寅 - 乙 >，田宅戊貪狼化祿入命宮（丁亥），轉丁巨門化忌入父母（祿出）。

表示有一天我的家庭、財產讓我順心如意（庇蔭我），轉忌入父母（疾厄的遷移，形於表）讓我臉上充滿笑容，必然是家庭幸福美滿人人稱羨，含和于庭。這是由 12 宮之間產生的對待關係，透過宮位的天干，與他宮坐星的四化象，對應出吉凶禍福。

| 機<br>曲<br>〈遷移〉<br>辛巳 | 紫<br>破<br>〈疾厄〉<br>壬午 | 昌<br>〈財帛〉<br>癸未 | 〈子女〉<br>甲申 |
|---|---|---|---|
| 陽<br>〈交友〉<br>庚辰 | | 府<br>〈乙〉年生人<br>圖例〈08-12-寅-乙〉 | 〈夫妻〉<br>乙酉 |
| 武<br>殺<br>〈事業〉<br>己卯 | | | 陰<br>〈兄弟〉<br>丙戌 |
| 同<br>梁<br>〈田宅〉<br>戊寅 | 相<br>〈福德〉<br>己丑 | 巨<br>〈父母〉<br>戊子 | 廉<br>貪<br>【命宮】<br>丁亥 |

例如：田宅化祿入命宮，轉忌入兄弟。

【田宅化祿入命宮】表示有一天我的家庭、財產會讓我順心如意。

【轉忌入兄弟】且帶給我經濟活絡，物質生活優渥。


例如：田宅化祿入命宮，轉忌入夫妻。

【田宅化祿入命宮】表示有一天我的家庭、財產會讓我順心如意。

【轉忌入夫妻】且帶給我配偶快樂，夫妻感情順遂如意。


例如：田宅化祿入命宮，轉忌入子女。

【田宅化祿入命宮】表示有一天我的家庭、財產會讓我順心如意。

【轉忌入子女】且帶給我子女快樂，庇蔭我的子女順遂如意。


例如：田宅化祿入命宮，轉忌入財帛。

【田宅化祿入命宮】表示有一天我的家庭、財產會讓我順心如意。

【轉忌入財帛】且帶給我經濟活絡，手頭方便。

例如：田宅化祿入命宮，轉忌入疾厄。

【田宅化祿入命宮】表示有一天我的家庭、財產會讓我順心如意。

【轉忌入疾厄】且帶給我輕鬆愉快，家運興隆。


例如：田宅化祿入命宮，轉忌入遷移（祿出）。

【田宅化祿入命宮】表示有一天我的家庭、財產會讓我順心如意。

【轉忌入遷移】且財產持續增進，在社會上顯達。


例如：田宅化祿入命宮，轉忌入交友。

【田宅化祿入命宮】表示有一天我的家庭、財產會讓我順心如意。

【轉忌入交友】且住家地段好，房產值錢，人氣熱絡，親朋好友多往來。


例如：田宅化祿入命宮，轉忌入事業。

【田宅化祿入命宮】表示有一天我的家庭、財產會讓我順心如意。

【轉忌入事業】且幫助我事業順利，或繼承家業。

例如：田宅化祿入命宮，轉忌入田宅。

【田宅化祿入命宮】表示有一天我的家庭、財產會讓我順心如意。

【轉忌入田宅】且幫助我置產或財產增進。

例如：田宅化祿入命宮，轉忌入福德。

【田宅化祿入命宮】表示有一天我的家庭、財產會讓我順心如意。

【轉忌入福德】且家世好，祖德留芳益子孫，享受家庭福。

以下圖例為過程的變化（B宮變化）。田宅化祿入命宮轉忌入財帛：

我享受家庭福,家庭經濟帶給我如意順遂,財務活絡〔讓我手邊的現金充裕,手頭寬鬆〕。

田宅化祿入兄弟轉忌入財帛:

家庭經濟讓我的經濟活絡,物質生活優渥,財務活絡〔讓我手邊的現金充裕,手頭寬鬆〕。

田宅化祿入夫妻轉忌入財帛

家庭及經濟,帶給我婚姻快樂如意,婚後財務活絡〔讓我手邊的現金充裕,手頭寬鬆〕。女命為蔭夫格。

田宅化祿入子女〔祿出〕轉忌入財帛

家庭和樂經濟豐足,在社會上有名,有一天會快樂搬新家,門庭明堂寬廣,我家住在人氣熱絡的地方,地段好,生活機能好,家庭經濟好,財務活絡,讓我手邊的現金充裕,手頭寬鬆。

田宅化祿入疾厄轉忌入財帛:

家庭經濟讓我輕鬆如意，我享受家庭福，財務活絡〔讓我手邊的現金充裕，手頭寬鬆〕。

田宅化祿入遷移〔祿出〕轉忌入財帛：

　家庭和樂經濟豐足，在社會上有名，有一天會快樂搬新家，門庭明堂寬廣〔我家住在人氣熱絡的地方，地段好，生活機能好，家庭經濟好〕，財務活絡〔讓我手邊的現金充裕，手頭寬鬆〕。

田宅化祿入交友轉忌入財帛：

我家住在人氣熱絡的地方，地段好，家庭經濟好，財務活絡〔讓我手邊的現金充裕，手頭寬鬆〕。

田宅化祿入事業轉忌入財帛：

家庭經濟助我事業順利〔有家族事業者，容易繼承家業〕，財務活絡〔讓我手邊的現金充裕，手頭寬鬆〕。

田宅化祿入福德轉忌入財帛：

家庭經濟是我福，帶給我如意順遂，心想事成，財務活絡〔讓我手邊的現金充裕，手頭寬鬆〕。


田宅化祿入父母〔祿出〕轉忌入財帛

家庭和樂經濟豐足，在社會上有名，門庭明堂寬廣〔我家住在人氣熱絡的地方，地段好，生活機能好，家庭經濟好〕，有一天會快樂搬新家，財務活絡〔讓我手邊的現金充裕，手頭寬鬆〕。


## 五、祿的串連〔必須同星曜〕

轉忌星逢某宮化祿來會，因為同一顆星曜化忌得化祿來會，稱為祿隨忌走，此轉忌與化祿因同星曜而串連，稱為一氣貫連。

體宮：為論事的主體宮位，是最重要的關鍵宮位，猶如戲劇種的主角，我們簡稱〔體宮〕。

用宮：影響主體宮位成敗的相關宮位，猶如戲劇中的配角，我們稱為用事宮位簡稱〔用宮〕。

論家道興隆：田宅〔體宮〕戊貪狼化祿入命宮，轉丁巨門化忌入父母，逢遷移〔用宮〕辛巨門化祿入父母

來會，且化祿必須轉忌，所以父母挾２祿轉戊天機化忌入疾厄。

重點在巨門星，是轉忌星，同時也是化祿星，祿忌結合，此時轉忌是帶著田宅的祿，來與遷移所化的祿交會於父母。

| 機〈祿〉曲 | 紫破 | 昌 | |
|---|---|---|---|
| 〈遷移〉辛巳 | 〈疾厄〉壬午 | 〈財帛〉癸未 | 〈子女〉甲申 |
| 陽 | | | 府 |
| 〈交友〉庚辰 | 乙年生人 | | 〈夫妻〉乙酉 |
| 武殺 | 圖例〈08-12-寅〉 | | 陰【祿】 |
| 〈事業〉己卯 | | | 〈兄弟〉丙戌 |
| 同梁 | 相 | 巨 | 廉貪 |
| 〈田宅〉戊寅 | 〈福德〉己丑 | 〈父母〉戊子 | 《命》丁亥 |

再一例：論事業成就：兄弟〔體宮〕坐太陰命祿，轉丙廉貞化忌入命宮，子女宮〔用宮〕甲廉貞化祿來會，祿隨忌走，且化祿必須轉忌，所以命宮挾2祿轉丁巨門化忌入父母。

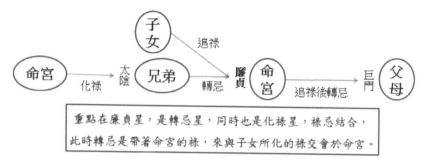

重點在廉貞星，是轉忌星，同時也是化祿星，祿忌結合，此時轉忌是帶著命宮的祿，來與子女所化的祿交會於命宮。

## 吉化串連模式：

**1.體用宮同星曜化祿的交會：**父母、田宅戊〔貪狼〕化祿入命宮，直接以〔同星曜〕交會於命宮。合呈2祿交會坐於命宮。

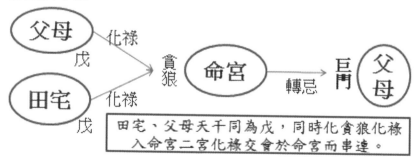

田宅、父母天干同為戊，同時化貪狼化祿入命宮二宮化祿交會於命宮而串連。

**2.體用宮化祿與同星曜的生年祿交會：**夫妻宮乙天機化祿入疾厄，逢天機生年祿，直接〔同星曜〕交會於疾厄，合呈2祿交會坐於疾厄。〔宮干化祿，會同星曜的命祿、

自化祿，也是相同的串連模式〕。

天機星上坐一個生年祿，夫妻化祿來會，形成 2 祿。

3. **體用宮化祿轉忌與同星曜生年祿的交會**：遷移辛巨門化祿入父母，轉戊天機化忌入疾厄，逢天機生年祿。合呈2祿坐疾厄宮。〔化祿轉忌，會同星曜的命祿、自化祿，也是相同的串連模式〕。

化祿轉忌，逢同星曜的生年祿、命祿、自化祿，必須直接轉忌。

4. **體用宮化祿轉忌，與體用宮位化同星曜的祿來會**：田宅戊貪狼化祿命宮，轉丁巨門化忌入父母，逢遷移辛巨門化祿來會，因此田宅與遷移透過【巨門星】而交會串連，這種串連模式為轉忌星與化祿星必須是同一顆星曜，祿忌結合而串連，轉忌星是挾祿過來交會，因此合呈 2 祿坐於父母。

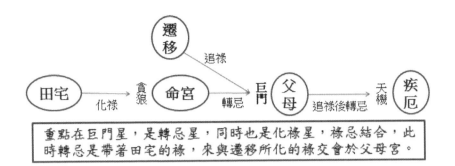

重點在巨門星，是轉忌星，同時也是化祿星，祿忌結合，此時轉忌是帶著田宅的祿，來與遷移所化的祿交會於父母宮。

**5.體用宮化祿轉忌，逢忌出〔不一定要同星曜的自化忌出、化忌入對宮〕：**忌出的意思為〔出而不藏〕，所以必須論忌出之象〔帶著多祿的祿出〕。

①逢化忌入對宮：

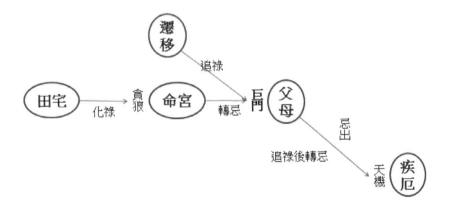

②逢自化忌出：【非必同星曜】

| | | | |
|---|---|---|---|
| 紫<br>殺<br><br>〈田宅〉<br>乙巳 | 昌<br><br><br>〈事業〉<br>丙午 | <br><br><br>〈交友〉<br>丁未 | 曲<br><br><br>〈遷移〉<br>戊申 |
| 機梁<br><br>〈福德〉<br>甲辰 | | | 廉<br>破<br><br>〈疾厄〉<br>己酉 |
| 相<br><br>〈父母〉<br>癸卯 | 〈丁〉年生人<br><br>圖例〈10-03-辰-丁〉 | | <br><br>〈財帛〉<br>庚戌 |
| 陽<br>巨<br>【命宮】<br>壬寅 | 武<br>貪<br>〈兄弟〉<br>癸丑 | 同<br>陰<br>〈夫妻〉<br>壬子 | 府<br><br>〈子女〉<br>辛亥 |

忌↓

**6. 同星曜的祿權交拱**：化祿是機會、機緣、舞台、發揮空間，化權是能力、力量，有能力或力量是需要發揮空間的，化祿就是提供發揮空間、舞台、機會、機緣的。相同的有機會可以發揮，也要有能力，才能展現的很好不是嗎？祿喜權拱，權喜祿緣，才能呈現華麗而紮實的結果。因此在畫魚骨圖的時候，請祿權交拱後再轉忌。

| 機〈祿〉<br>曲<br><br>〈疾厄〉<br>壬午 | 紫<br>破<br><br>〈財帛〉<br>癸未 | 昌<br><br><br>〈子女〉<br>甲申 |
|---|---|---|---|
| 〈遷移〉<br>辛巳 | | | |
| 陽　〈交友〉<br>庚辰 | 乙年生人<br><br>圖例〈08-12-寅〉 | | 府　〈夫妻〉<br>乙酉 |
| 武<br>殺<br>　　〈事業〉<br>己卯 | | | 陰【祿】<br><br><br>〈兄弟〉<br>丙戌 |
| 同<br>梁<br>　　〈田宅〉<br>戊寅 | 相<br><br>〈福德〉<br>己丑 | 巨<br><br>〈父母〉<br>戊子 | 廉<br>貪<br><br>《命》<br>丁亥 |

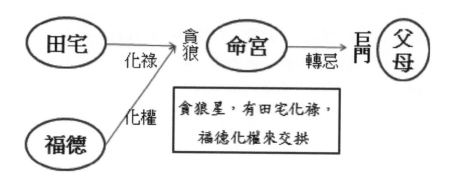

貪狼星，有田宅化祿，
福德化權來交拱

　　化祿星，逢他宮化同星曜的權來會為拱，表示他宮來幫襯成就此事。化祿星逢他宮化科來會，因為化科的力量小，所以往往只有杯水車薪的助力，論命時，往往忽略不計。化祿為機會、機緣、舞台、發揮空間；化權為能力、力量。因此必須先有化祿，才可以化權來拱。

# 第二篇　彙集吉化的因緣

**吉化串連摘要：**

①吉化的唯一邏輯：化祿轉忌。化祿的同時必須化權來
　交拱。

②同星曜的化祿化權交拱後，再轉忌。

③以〔星〕追祿、追權。

④轉忌後，追祿。

⑤追祿後，追權。

⑥追祿、追權後，再轉忌。

⑦不能追祿時，必須停止追權、轉忌。或重複追祿時，
　必須停止追祿、追權、轉忌。或逢自化忌出時，追祿、
　追權後停止。

⑧對天干四化表，務必倒背如流。一般人都熟悉順向的
　背天干四化表，但是由星曜反推天干時就會卡住，比
　如說，當轉戊天機化忌時，追天機祿，想天干又要從
　甲開始從頭背起，又常常會跳掉，所以可以用星曜來
　背四化，如天機星：乙祿、丙權、丁科、戊忌。當然
　熟練就好。

⑨化祿、化權後轉忌，再同星曜的追祿追權再轉忌，是
　一層一層串連下來的。先學會串連的遊戲規則，將來
　實務運用時，必須區分體用宮位才能清楚掌握。

# 一、彙集吉化因緣，必須同星曜的追祿，必然轉忌

| 　 | 機<祿>　曲　　<疾厄>　壬午 | 紫　破　　<財帛>　癸未 | 昌　　<子女>　甲申 |
|---|---|---|---|
| 陽　　<交友>　庚辰 | 乙年生人　　圖例<08-12-寅-乙> | | 府　　<夫妻>　乙酉 |
| 武　殺　　<事業>　己卯 | | | 陰【祿】　　<兄弟>　丙戌 |
| 同　梁　　<田宅>　戊寅 | 相　　<福德>　己丑 | 巨　　<父母>　戊子 | 廉　貪　　【命宮】　丁亥 |

　　田宅戊貪狼化祿入命宮〔福德己貪狼化權來交拱〕，轉丁巨門化忌入父母。表示有一天我的家庭、財產讓我順心如意（庇蔭我），轉忌入父母（疾厄的遷移，形於表）讓我臉上充滿笑容，必然是家庭幸福美滿人人稱羨，家庭和樂顯象於外。

　　遷移辛巨門化祿來會【由於遷移是彙集因緣而來的宮位，其化祿的功能不變，但角色不同，所以將（化祿）

改為（追祿），我們在描述時（追遷移辛巨門化祿來會）】，轉父母戊天機化忌入疾厄。此時您會發現，上式中的巨門忌（轉忌星）與此事的巨門祿（化祿星），為同一顆星曜，這就是追祿邏輯功法的關鍵（必須同星曜的追祿才能串連）。此時遷移追祿進來，是把我的處世應對的能力，或是好的社會際遇（遷移），或是果報（遷移是福德的事業為福運位）庇蔭串進來，讓我的幸福美滿的家庭更為興旺，所以我們稱為彙集因緣。轉忌入疾厄，讓我心情愉快，或旺我家運（疾厄為家運位、財產運位，田宅的事業宮）。

**魚骨圖圖示：**

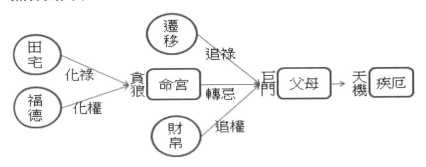

## 二、追權（祿喜權拱，必須同星曜），必須先追祿後才可以追權，再由追祿來帶領轉忌到下一宮

前兩式分別串連的星曜有貪狼、巨門，此時我們可以透過追權來強化它們的強度與效果，化權代表某宮的人事物來成就我的順遂，讓我的順遂更為紮實。貪狼是

事業、福德己貪狼化權入命宮，來交拱田宅的戊貪狼化祿，可以論述為我的工作能力強，我的積極心態，讓我的家庭更為興旺，更為紮實。財帛宮癸巨門化權入父母，來會遷移化來的辛巨門祿。

**魚骨圖圖示：**

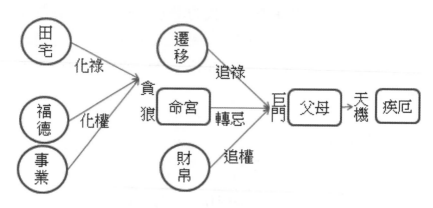

| 機〈祿〉<br>曲 | | 紫<br>破 | 昌 |
|---|---|---|---|
| 〈遷移〉<br>辛巳 | 〈疾厄〉<br>壬午 | 〈財帛〉<br>癸未 | 〈子女〉<br>甲申 |
| 陽<br>〈交友〉<br>庚辰 | 乙年生人 | | 府<br>〈夫妻〉<br>乙酉 |
| 武<br>殺<br>〈事業〉<br>己卯 | 圖例〈08-12-寅-乙〉 | | 陰【祿】<br>〈兄弟〉<br>丙戌 |
| 同<br>梁<br>〈田宅〉<br>戊寅 | 相<br>〈福德〉<br>己丑 | 巨<br>〈父母〉<br>戊子 | 廉<br>貪<br>【命宮】<br>丁亥 |

**標準語法應用示範（魚骨圖在示範後）：**

①財帛癸破軍自化祿出，子女甲破軍化權來交拱。財帛挾
　1 祿 1 權，轉癸貪狼化忌入命宮。

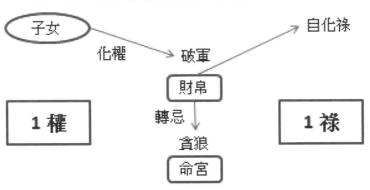

②追田宅、父母戊貪狼化祿入命宮，追事業、福德己貪狼
　化權入命宮。命宮挾 3 祿 3 權，轉丁巨門化忌入父母。

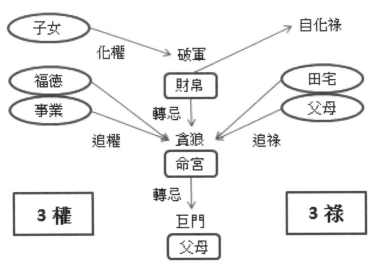

③追遷移辛巨門化祿入父母，追財帛癸巨門化權入父母。
　父母挾 4 祿 4 權，轉戊天機化忌入疾厄。

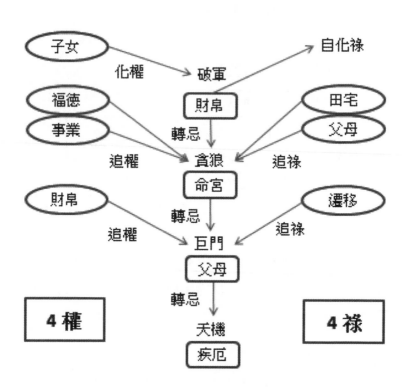

④逢天機生年祿，追夫妻乙天機化祿入疾厄，追兄弟丙
　天機化權入疾厄。轉疾厄（挾 6 祿 5 權）壬武曲化忌入
　事業。

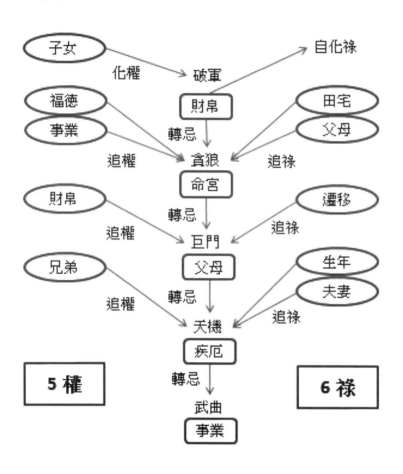

⑤逢事業己武曲自化祿出，追福德己武曲化祿入事業，
　追交友庚武曲化權入事業。轉事業（挾 8 祿 6 權）己文
　曲化忌入疾厄。

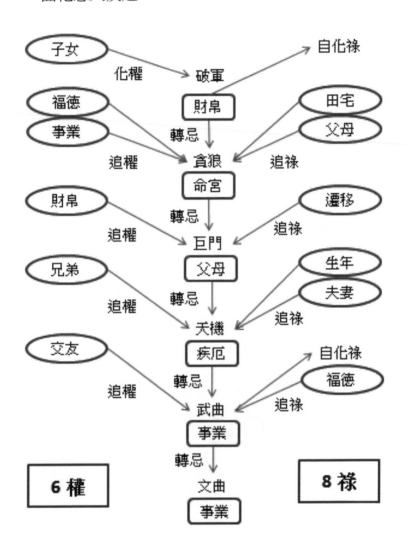

### 三、當化權、或化祿轉忌，追祿、追權轉忌的過程中，逢【同星曜】的生年祿、命祿、自化祿，視同追祿，必須直接轉忌。

當化權、或化祿轉忌，或追祿、追權轉忌時遇到同一顆星曜上已經坐著生年祿、或命祿、或自化祿，必然轉忌到下一宮。

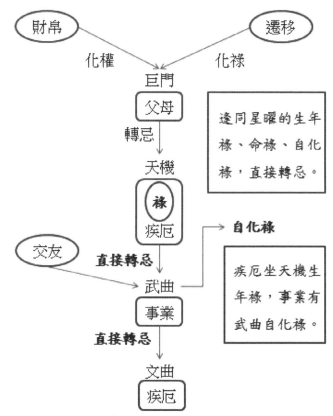

如上圖，遷移辛巨門化祿，財帛癸巨門化權，祿權交拱後，轉戊天機化忌入疾厄，剛好天機星上就坐著生年祿，因此不用追祿也可以直接轉壬武曲忌入事業。

又逢事業己武曲自化祿，也必須直接轉己文曲化忌入疾厄。


## 四、在化祿轉忌，追祿轉忌的過程中，逢忌出（自化忌出、忌入對宮），必須論忌出之象。

①逢自化忌出，追祿、追權後停止。

| | | | |
|---|---|---|---|
| 紫<br>殺<br><br>**〈田宅〉**<br>乙巳 | 昌<br><br><br>**〈事業〉**<br>丙午 | <br><br>**〈交友〉**<br>丁未 | 曲<br><br><br>**〈遷移〉**<br>戊申 |
| 機梁<br><br>**〈福德〉**<br>甲辰 | **〈丁〉年生人**<br><br>**圖例〈10-03-辰-丁〉** | | 廉<br>破<br><br>**〈疾厄〉**<br>己酉 |
| 相<br><br>**〈父母〉**<br>癸卯 | | | <br><br>**〈財帛〉**<br>庚戌 |
| 陽<br>巨<br><br>**【命宮】**<br>壬寅 | 武<br>貪<br><br>**〈兄弟〉**<br>癸丑 | 同<br>陰<br><br>**〈夫妻〉**<br>壬子 | 府<br><br>**〈子女〉**<br>辛亥 |

↓ 忌

事業丙天同化祿入夫妻，交友丁天同化權入夫妻，祿權交拱於夫妻，轉壬武曲化忌入兄弟，合呈 1 祿 1 權坐兄弟宮。

追疾厄己武曲化祿入兄弟，追財帛庚武曲化權入兄弟，合呈 2 祿 2 權坐兄弟宮。

兄弟宮挾 2 祿 2 權，轉癸貪狼自化忌出。貪狼可以追祿追權，因此追遷移戊貪狼化祿入兄弟，追疾厄己貪狼化權入兄弟，合呈 3 祿 3 權坐兄弟，而後自化忌出，將 3 祿 3 權的力量和現象表現出來。由於自化忌出，無法轉忌到任何一宮，所以就必須停止追祿追權了。

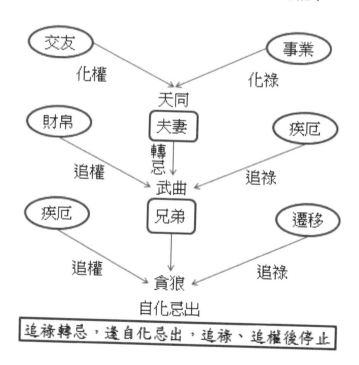

②逢忌出到對宮，有兩種模式。

第一種，追祿後轉忌忌出，才可以繼續追祿轉忌。
須論忌出之象（化祿轉忌，追祿轉忌的忌出，是彙集了
多祿之後的忌出，轉為多祿的祿出來解釋）。

| 機〈祿〉曲 〈遷移〉辛巳 | 紫破 〈疾厄〉壬午 | 〈財帛〉癸未 | 昌 〈子女〉甲申 |
|---|---|---|---|
| 陽 〈交友〉庚辰 | | 乙年生人 | 府 〈夫妻〉乙酉 |
| 武殺 〈事業〉己卯 | | 圖例〈08-12-寅〉 | 陰【祿】 〈兄弟〉丙戌 |
| 同梁 〈田宅〉戊寅 | 相 〈福德〉己丑 | 巨 〈父母〉戊子 | 廉貪 【命宮】丁亥 |

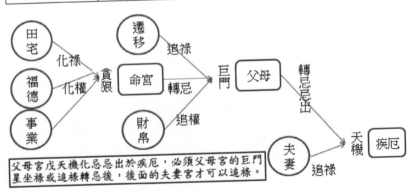

父母宮戊天機化忌出於疾厄，必須父母宮的巨門
星坐祿或追祿轉忌後，後面的夫妻宮才可以追祿。

第二種：化祿轉忌，沒有追祿卻逢忌出於對宮，不可以繼續追祿。但仍須論忌出之象（化祿轉忌，追祿轉忌的忌出，是彙集了多祿之後的忌出，轉為多祿的祿出來解釋）。

| 相 <遷移> 癸巳 | 梁 曲 <疾厄> 甲午 | 殺 <財帛> 乙未 | 廉 昌 <子女> 丙申 |
|---|---|---|---|
| 巨 <交友> 壬辰 | 丙年生人 圖例<12-12-辰-丙> | | 同 <夫妻> 丁酉 |
| 紫 貪 <事業> 辛卯 | | | 同 <兄弟> 戊戌 |
| 機 陰 <田宅> 庚寅 | 府 <福德> 辛丑 | 陽 <父母> 庚子 | 武 破 【命宮】 己亥 |

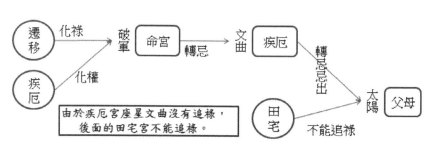

再一例：

| 相<br>曲<br>【命宮】<br>己巳 | 梁<br><br><父母><br>庚午 | 廉<br>殺<br><福德><br>辛未 | <田宅><br>壬申 |
|---|---|---|---|
| 巨<br><br><兄弟><br>戊辰 | | | 昌<br><br><事業><br>癸酉 |
| 紫<br>貪<br><夫妻><br>丁卯 | <甲>年生人<br><br>圖例<12-06-丑-甲> | | 同<br><br><交友><br>甲戌 |
| 機<br>陰<br><子女><br>丙寅 | 府<br><br><財帛><br>丁丑 | 陽<br><br><疾厄><br>丙子 | 武【祿】<br>破<br><遷移><br>乙亥 |

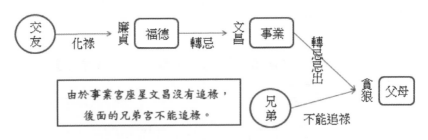

忌出是一個特殊現象，忌出有三種〔一、本宮自化忌出。二、化忌入對宮的忌出。三、化忌入遷移或父母（遷移、父母為表象宮）〕。我們這裡的邏輯只用前兩式。

本宮自化忌出、及化忌入對宮的忌出，這種忌出之象表示【無法停頓】，而表現出此宮的狀態。因為無法停頓，所以我們化祿、化權交拱後轉忌，或追祿、追權交拱後轉忌時，轉忌入的宮位有忌出的現象時，必須論忌出的現象。

　　若遇自化忌出，我們稱為沒有原則的表現出來，將化祿、化權後轉忌，或追祿、追權後轉忌，此多祿多權彙集的好事（吉象），會沒有原則的表現出來。這種沒有原則的意思是不經意、或不自覺、或不知不覺中表現出來，且又不分場合，具有浮誇（膨風）的味道，及不夠用心的表現出來。

　　自化忌出，雖多祿多權彙集而轉成祿權交拱後而呈現於外，但若沒有收藏宮（田宅、兄弟、及厄）的交拱，容易是曇花一現，不能持久。

　　若遇化忌入對宮的忌出，我們稱為直接了當的表現出來。將化祿、化權交拱後轉忌，或追祿、追權交拱後轉忌，此多祿多權彙集的好事（吉象），直接了當的表現出來。

　　　　化祿後才可化權交拱，化權是能力能量的表現，化祿是機緣、機會、舞台、發揮空間，所以有能力者必須要有舞台才能得到發揮。追祿也一樣，追祿後才可以追權。

## 五、化祿轉忌，追祿，追權，停止的條件：

①不能追祿時，必須停止。

| | | | |
|---|---|---|---|
| <遷移><br>辛巳 | 機<br>曲 〈疾厄〉<br>壬午 | 紫<br>破 〈財帛〉<br>癸未 | 昌<br>〈子女〉<br>甲申 |
| 陽 〈交友〉<br>庚辰 | 乙年生人<br><br>圖例〈08-12-寅-乙〉 | | 府 〈夫妻〉<br>乙酉 |
| 武<br>殺 〈事業〉<br>己卯 | | | 陰【祿】<br>〈兄弟〉<br>丙戌 |
| 同<br>梁 〈田宅〉<br>戊寅 | 相<br>〈福德〉<br>丑 | 巨<br>〈父母〉<br>子 | 廉<br>貪 【命宮】<br>丁亥 |

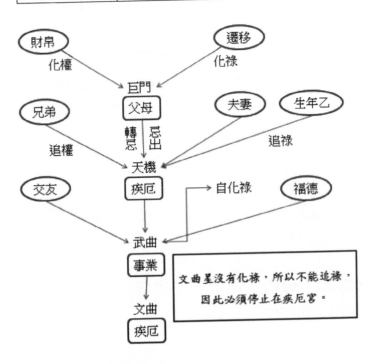

文曲星沒有化祿，所以不能追祿，因此必須停止在疾厄宮。

②重複追祿時〔重複追祿無效〕，必須停止。

| 巨 【命宮】 辛巳 | 廉 〈父母〉 壬午 | 〈福德〉 癸未 | 〈田宅〉 甲申 |
|---|---|---|---|
| 貪 〈兄弟〉 庚辰 | | | 同 〈事業〉 乙酉 |
| 陰 〈夫妻〉 己卯 | 〈戊〉年生人 圖例〈09-06-子-戊〉 | | 武 〈交友〉 丙戌 |
| 紫府 〈子女〉 戊寅 | 機 〈財帛〉 己丑 | 破 〈疾厄〉 戊子 | 陽 〈遷移〉 丁亥 |

**魚骨圖圖示：**

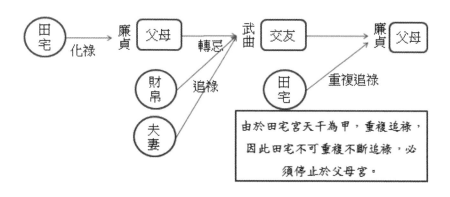

③逢自化忌出時，追祿後必須停止。

| 紫殺　　〈田宅〉乙巳 | 昌　　〈事業〉丙午 | 〈交友〉丁未 | 曲　　〈遷移〉戊申 |
|---|---|---|---|
| 機梁　　〈福德〉甲辰 | 〈丁〉年生人 | | 廉破　　〈疾厄〉己酉 |
| 相　　〈父母〉癸卯 | 圖例〈10-03-辰-丁〉 | | 〈財帛〉庚戌 |
| 陽巨　　【命宮】壬寅 | 武貪　　〈兄弟〉癸丑 | 同陰　　〈夫妻〉壬子 | 府　　〈子女〉辛亥 |

↓忌

**魚骨圖圖示：**

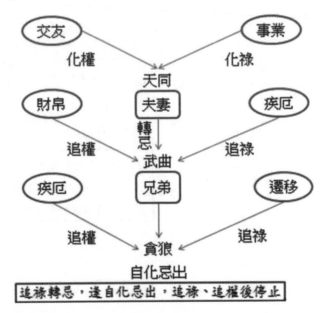

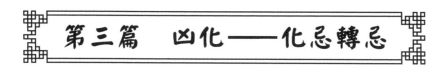

# 第三篇　凶化——化忌轉忌

**基本觀念：**

化忌：為凶化〔或為付出〕之因，是人生得失中的（失）。（我宮忌入我宮，單忌不為失）

轉忌：轉忌的功能，視為傳輸工具，將化忌的力量延伸到下一宮來用，是為了追根究柢，追凶化事理發展的方向，與凶化事態發展的輕重程度。

追忌：彙集因緣，將凶化的事態擴大，且延伸凶化事理發展的方向，與凶化事態發展的輕重程度。

契應：指的是時間，本命盤（靜盤，或稱為天盤）所顯象的為一生中所有可能發生的事態現象。將一生的時間切割為每十年一個大運，我們稱之為大限（動盤、大限盤、大限動盤、人盤）。再將每十年區分為每 1 年的運勢，我們稱為流年（流年盤、地盤）。當然還可以再細分流月、流日、流時。

契應時間有一定的邏輯可循，但卻沒有絕對的公式，是整個學理最難的部分，在飛星紫微斗數獨門心法第二部，實務運用心法第二篇中的【動盤契應】內容會有詳細的解說。

## 一、生年忌，必須轉忌

生年忌是由出生年的天干飛化與命盤宮位中所坐的星曜產生的化忌象。

轉忌，依生年忌所坐落的宮位，必須透過此宮位的天干化忌入相對應的宮位，將生年忌的力量延伸到相對應的宮位，來深入了解生年忌所影響【事理發展的方向】，與【事態發展的輕重程度】。

比如說，乙年出生，天干為乙，乙太陰化忌入兄弟（丙戌）宮，我稱為〔生年太陰忌坐兄弟宮〕。轉兄弟宮丙廉貞化忌入命宮。

生年忌為我與生俱來的責任，屬於先天行運，表示我兄弟或媽媽或事業是我的責任，轉忌入命宮，讓我掛心或困擾。

【轉忌】的功能，視為傳輸工具，將生年忌的力量延伸到下一宮來用。

轉忌是為了明白此生年忌於事理上發展的方向，與事態發展的輕重。

**註**：生年四化是與生俱來的，十二宮的四化為後天導運。

生年四化是恆常存在著的，就算失去了，很快又會再回來。後天導運是逐漸形成的，透過後天環境的塑造，逐漸的養成其個性、價值觀與對生命的種種態度。

| | 機<br>曲<br>〈疾厄〉<br>壬午 | 紫<br>破<br>〈財帛〉<br>癸未 | 昌<br>〈子女〉<br>甲申 |
|---|---|---|---|
| 陽<br>〈交友〉<br>庚辰 | | | 府<br>〈夫妻〉<br>乙酉 |
| 武<br>殺<br>〈事業〉<br>己卯 | 乙年生人<br><br>圖例〈08-12-寅-乙〉 | | 陰〈忌〉<br><br>〈兄弟〉<br>丙戌 |
| 同<br>梁<br>〈田宅〉<br>戊寅 | 相<br>〈福德〉<br>己丑 | 巨【忌】<br>〈父母〉<br>戊子 | 廉<br>貪<br>〈〈命〉〉<br>丁亥 |

例：兄弟宮坐太陰生年忌，轉丙廉貞化忌入命宮：

　兄弟宮是比較複雜的宮位，必須區分〔人、事〕。

　兄弟宮坐生年忌，必沖交友宮，表示我是一個安靜
守份的人，個性上守成。生年忌為債，債是責任、義務、

不得不付出，且為我今生的重要功課。兄弟坐生年忌，對事業有責任心，容易事必躬親，女命容易為職業婦女。

凡所有宮位化忌入命宮、疾厄、福德皆為債。轉丙廉貞化忌入命宮，我欠兄弟債將來必須扛兄弟的責任。單忌為勞，多忌忌入命宮必生憂苦。生年忌轉忌入命宮，等同命宮坐生年忌，為我有固執的一面。

太陰化忌，在性格的表現為愛乾淨，性格宮位串連多忌，容易有潔癖。

廉貞化忌，在性格的表現為感情執著。

論命是綜合論述，兩宮位的化象只是人的某一面，或者有一天可能發生的事態，屬於片面的或是一些細節的表現。論命時需要多宮位串連後才能詮釋其人生中所有發生的現象，細節的部份就有賴【宮位互化詳解】了。而針對六親時，需分三個層次來解釋。

就第一層對我自己來說，兄弟是我的責任，兄弟固執，造成我的困擾。事業是我的責任，我必須為事業付出，造成我的困擾。收入不高或支出多，造成我的困擾和壓力。

就第二層對他而言，我的兄弟固執難溝通，轉忌入命宮，還是固執（等同命宮坐生年忌）。

就第三層我和他的對待關係而言，兄弟是我的責任，兄弟固執，我必須為兄弟勞心。

例：兄弟宮坐生年忌，轉忌自化忌出：

就第一層對我自己來說，本來兄弟是我的責任，兄弟固執，會造成我的困擾，轉自化忌出，反而是我對兄弟不用心，忌出為消散，責任消失了，兄弟固執隨他去吧【若是坐單忌，又自化出，可以不論沖對宮，但2忌以上就有沖】。事業是我的責任，但我不用心就算了。收入不高或支出多，加上庫漏不蓄不擅理財，當經濟窘困時會不由自主地讓周邊的人感受到或知道。

就第二層對他而言，我的兄弟固執難溝通，轉忌自化忌出，事情糾結一段時間後，過了就算了，對此事不再固執了。或者溝通過後他接受了，事情就算了。

就第三層我和他的對待關係而言，兄弟是我的責任，兄弟固執，轉自化忌出，因為沒有著落點，加上任何宮位自化忌出，都表示我對這個宮位的事不夠用心，對這個宮位的事會忘性，因此兄弟是我的責任，我就放手了；兄弟固執，我就隨他去了，不放在心上。六親宮位自化忌出，表示此六親與我緣薄，容易各過各的，兄弟無情，少有助力。〔通常在論命時，當六親宮自化忌出，我們在六親緣上直接扣一半，就不及格了〕

例：兄弟宮坐生年忌，轉忌入夫妻宮：

　　就第一層對我自己來說，兄弟是我的責任，兄弟固執，影響我們夫妻間的感情，婚後各自獨立為佳。事業是我的責任，我必須為事業付出，但是我的事業並不順暢或投資失利或變動（沖者，離也。兄弟化忌入夫妻沖事業）。收入不高或支出多，造成夫妻間的困擾，配偶要幫忙扛家庭經濟（兄弟是田宅的財帛，論家庭經濟收入）。

　　就第二層對他而言，我的兄弟固執難溝通，轉忌入夫妻宮，對感情執著。

　　就第三層我和他的對待關係而言，兄弟是我的責任，兄弟固執，配偶也需要幫忙扛責任，且造成配偶的不悅，最好婚後獨立門戶。

例：兄弟宮坐生年忌，轉忌入子女宮：

　　就第一層對我自己來說，兄弟是我的責任，兄弟固執，造成我子女的困擾。事業是我的責任，我必須為事

業付出，但是我的事業並不順暢或不長久或變動多起伏（沖者，離也。兄弟化忌入子女沖田宅）。收入不高或支出多，造成子女的困擾，子女可能要幫忙扛家庭經濟（兄弟是田宅的財帛，論家庭經濟收入）。

　　就第二層對他而言，我的兄弟固執難溝通，轉忌入子女宮，兄弟對小孩用心照顧，但也造成兄弟的小孩的困擾和壓力。

　　就第三層我和他的對待關係而言，兄弟是我的責任，兄弟固執，兄弟在家待不住（沖田宅），與家庭緣份較薄，兄弟間不能同心協力，兄弟間最好獨立門戶。

例：兄弟宮坐生年忌，轉忌入財帛宮：

　　就第一層對我自己來說，兄弟是我的責任，兄弟固執，會計較錢，造成我財務上的困擾。事業是我的責任，我必須為事業付出，但是我的事業並不順暢，金錢消耗多（沖者，離也。兄弟化忌入財帛沖福德）。收入不高或支出多，又退財（多消耗）。

　　就第二層對他而言，我的兄弟固執難溝通，轉忌入財帛宮，且重視金錢或計較錢，賺錢辛苦。

　　就第三層我和他的對待關係而言，兄弟是我的責任，

兄弟固執，兄弟計較錢，小心與兄弟金錢往來，兄弟造成我的錢變少了。

例：兄弟宮坐生年忌，轉忌入疾厄宮：

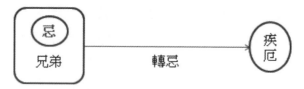

　　就第一層對我自己來說，兄弟是我的責任，兄弟固執，帶給我忙碌和困擾。事業是我的責任，我必須為事業付出，親力親為。

　　就第二層對他而言，我的兄弟固執難溝通，轉忌入疾厄，忙碌不得閒，嚴重者積勞成疾，引以為苦。

　　就第三層我和他的對待關係而言，兄弟是我的責任，兄弟固執，常在我身邊，帶給我麻煩，我必須為他的事情忙碌，且容易產生困擾。

例：兄弟宮坐生年忌，轉忌入遷移宮〔忌出〕：

　　就第一層對我自己來說，兄弟是我的責任，兄弟固執且耿直，沖我命宮，造成我的困擾。事業是我的責任，我必須為事業付出，但是我的事業有一段時間做得不好，

必須重來，或經濟窘困顯象於外，帶給我困擾無奈。

　　就第二層對他而言，我的兄弟固執難溝通，轉忌入遷移，且耿直有餘，運途不順。

　　就第三層我和他的對待關係而言，兄弟是我的責任，兄弟固執且耿直，與我意見常相左，或感情不睦漸行漸遠，兄弟感情疏離。

例：兄弟宮坐生年忌，轉忌入交友宮〔兄弟忌出〕：

　　就第一層對我自己來說，兄弟是我的責任，兄弟固執且重朋友之義，回沖我的庫位〔兄弟宮為我的存款位〕，因為兄弟而損財。事業是我的責任，我必須為事業付出，但是我的事業有一段時間做得不好，必須重來，或經濟窘困顯象於外，錢多消耗存不住錢，若與朋友金錢往來或借貸，容易造成朋友間的困擾。

　　就第二層對他而言，我的兄弟固執難溝通，轉忌入交友，我的兄弟又固執又耿直又重朋友之義，造成經濟支出甚大，嚴重者入不敷出。

　　就第三層我和他的對待關係而言，兄弟是我的責任，兄弟固執且耿直又重朋友之義，但對我的朋友有諸多意見，也因為兄弟經濟支出大，常有經濟問題，我也會受其影響。

例：兄弟宮坐生年忌，轉忌入事業宮：

　　就第一層對我自己來說，兄弟是我的責任，兄弟固執，對我的事業沒有幫助，若兄弟合作，容易造成我的工作或事業不順或阻礙。事業是我的責任，我必須為事業付出，但是我的事業有一段時間做得不好，事業成就會衰退，規模縮水了。

　　就第二層對他而言，我的兄弟固執難溝通，轉忌入事業，我的兄弟固執，且是位非常敬業的人。

　　就第三層我和他的對待關係而言，兄弟是我的責任，兄弟固執，若與兄弟合作，恐生爭執對我的事業不利，導致事業衰退。

例：兄弟宮坐生年忌，轉忌入田宅宮：

　　就第一層對我自己來說，兄弟是我的責任，兄弟固執，轉忌入田宅，容易私心重，禍起蕭牆，與我爭產。事業是我的責任，我必須為事業付出。兄弟忌入田宅於我而言為進財，代表我是一個勤儉持家儲蓄的人，將來

容易儲蓄置產。責任心重。但兄弟和田宅都是收藏宮，兩宮都坐忌【田宅等同坐生年忌】，我的私心難免比較重。

就第二層對他而言，我的兄弟固執難溝通，轉忌入田宅，且為顧家的性格，兄弟也為長子格。

就第三層我和他的對待關係而言，兄弟是我的責任，兄弟固執，轉忌入田宅，容易在家起爭執，或與我爭產，最好父母還在時，兄弟就分開獨立為好。

例：兄弟宮坐生年忌，轉忌入福德宮：

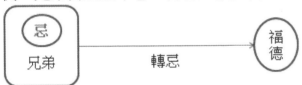

就第一層對我自己來說，兄弟是我的責任，兄弟固執且執著於享受，沖我現金位，若我與兄弟有金錢往來，會損失錢財。事業是我的責任，我必須為事業付出，但是我的事業有一段時間做得不好，帶給我心煩意亂，沖財帛，導致收入降低或損失。

就第二層對他而言，我的兄弟固執難溝通，轉忌入福德，我的兄弟固執，且容易執著所好，沖財帛，為所好而捨得花錢。

就第三層我和他的對待關係而言，兄弟是我的責任，兄弟固執且執著所好，帶給我心煩意亂，損我錢財，嚴重者為惡緣的兄弟，來討債的。

例：兄弟宮坐生年忌，轉忌入父母宮〔忌出〕：

　　就第一層對我自己來說，兄弟是我的責任，兄弟固執，且喜怒形於色，沖我疾厄，造成我的困擾。事業是我的責任，我必須為事業付出，但是我的事業有一段時間做得不好，必須重來，或經濟窘困顯象於外，錢多消耗存不住錢，若與銀行借貸，容易繳不出錢來而失去信用。我的事業做不好讓父母操心。

　　就第二層對他而言，我的兄弟固執難溝通，轉忌入父母，容易喜怒形於色。我兄弟是孝順父母的，但卻不善於表達。

　　就第三層我和他的對待關係而言，兄弟是我的責任，兄弟固執且喜怒形於色，沖我疾厄，帶給我困擾外，也不喜歡與我在一起，聚少離多。


## 二、命忌，必須轉忌

　　命忌為命宮的天干，與某宮位的座星產生忌的飛化，我們稱之為命宮化忌入某宮，或某宮坐命宮忌。命宮化忌而出為後天導運，此命宮的忌也必須轉忌入下一宮。轉忌為傳輸工具，轉忌是為了明白此命宮忌於事理上發展的方向，與事態發展的輕重。

| | 機<br>曲<br><br>**〈疾厄〉**<br>壬午 | 紫<br>破<br><br>**〈財帛〉**<br>癸未 | 昌<br><br><br>**〈子女〉**<br>甲申 |
|---|---|---|---|
| **〈遷移〉**<br>辛巳 | | | |
| 陽<br><br><br>**〈交友〉**<br>庚辰 | 乙年生人<br><br>圖例〈08-12-寅-乙〉 | | 府<br><br><br>**〈夫妻〉**<br>乙酉 |
| 武<br>殺<br>**〈事業〉**<br>己卯 | | | 陰〈忌〉<br><br><br>**〈兄弟〉**<br>丙戌 |
| 同<br>梁<br>**〈田宅〉**<br>戊寅 | 相<br><br>**〈福德〉**<br>己丑 | 巨【忌】<br><br>**〈父母〉**<br>戊子 | 廉<br>貪<br>**【命宮】**<br>丁亥 |

例：父母宮坐巨門命忌，轉戊天機忌入疾厄宮：

就第一層對我自己來說，我在乎父母，而願意為父母付出。我孝順父母，我會主動付出，但卻不擅表達，轉忌入疾厄，為孝順父母忙碌。我的個性容易喜怒形於色

〔巨門為暗星，我的思維容易陷入負面思惟、灰色思想〕，情緒起伏波動大，轉忌入疾厄〔天機忌，單忌為研究分析，2忌或以上為鑽牛角尖〕，我也很困擾，或忙於處理我的情緒。我喜歡的科目，我會主動、或愛讀書〔父母為後天學習位〕，轉忌忌出於對宮疾厄，卻讀得很辛苦，或讀得不快樂，忌出，最後不想讀了。

就第二層對他而言，我的父親固執難溝通的一面〔等同命宮坐生年忌〕，轉忌入疾厄，表我父親有主動忙碌不得閒的性格，另有忌出之象，為我父親有耿直的一面。

就第三層我和他的對待關係而言，我是一個孝順的人，但卻不擅表達，轉忌入疾厄，孝順父母本來就是我的責任，我要為父母忙碌，我責無旁貸。

例：父母宮坐命忌，轉忌入命宮：

就第一層對我自己來說，我孝順父母，我會主動付出，但卻不擅表達，轉忌入命宮，為孝順父母操心。我的個性容易喜怒形於色〔沖疾厄，疾厄為請緒反應位〕，情緒起伏波動大，轉忌入命宮，我也很困擾，或忙於處理我的情緒。我喜歡的科目，我會主動、或愛讀書〔父母為後天學習位〕，轉忌入命宮，卻讀得很辛苦，或讀

得不快樂不開心，或不如意。

　　就第二層對他而言，我的父親固執難溝通的一面〔等同命宮坐生年忌〕，轉忌入命宮，還是固執。

　　就第三層我和他的對待關係而言，我是一個孝順的人，但卻不擅表達，轉忌入命宮，帶給我困擾，孝順父母本來就是我的責任，我責無旁貸，我必須為父母操心。

例：父母宮坐命忌，轉忌入兄弟：

　　就第一層對我自己來說，我孝順父母，我會主動付出，但卻不擅表達，轉忌入兄弟，會影響事業發展，或經濟縮水〔表示要大筆付出〕。我的個性容易喜怒形於色，情緒起伏波動大，轉忌入兄弟，會影響事業發展，或經濟縮水〔表示要大筆支出〕。我喜歡的科目，我會主動、或愛讀書〔父母為後天學習位〕，轉忌入兄弟，兄弟為收藏宮，只要不破表示會穩定下來，但是沖交友競爭位，所以考試抓不到重點，有不理想的現象。

　　就第二層對他而言，我的父親固執難溝通的一面〔等同命宮坐生年忌〕，轉忌入兄弟宮。

　　就第三層我和他的對待關係而言，我是一個孝順的人，但卻不擅表達，轉忌入兄弟，主動孝順父母而支出多。

例：父母宮坐命忌，轉忌入夫妻：

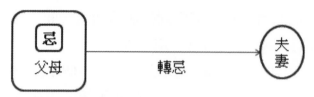

　　就第一層對我自己來說，我孝順父母，我會主動付出，但卻不擅表達，轉忌入夫妻，會影響夫妻間的感情造成配偶的困擾。我的個性容易喜怒形於色，情緒起伏波動大，轉忌入夫妻，會影響夫妻間的相處，造成配偶的困擾。我喜歡的科目，我會主動、或愛讀書〔父母為後天學習位〕，轉忌入夫妻，夫妻與讀書無關，不用申論。

　　就第二層對他而言，我的父親固執難溝通的一面〔等同命宮坐生年忌〕，轉忌入夫妻，我父親有感情執著的一面。

　　就第三層我和他的對待關係而言，我是一個孝順的人，但卻不擅表達，轉忌入夫妻，會影響夫妻間的感情，造成配偶的困擾。


例：父母宮坐命忌，轉忌入子女：

　　就第一層對我自己來說，我孝順父母，我會主動付

出，但卻不擅表達，轉忌入子女，會影響造成小孩的困擾和壓力。我的個性容易喜怒形於色，情緒起伏波動大，轉忌入夫妻，會影響對小孩的教育和相處，造成小孩的困擾和壓力。我喜歡的科目，我會主動、或愛讀書〔父母為後天學習位〕，轉忌入子女，沖田宅，沖安定位，所以心情起伏大，老想著往外跑，往往不能專心讀書，家中環境不適合讀書。

就第二層對他而言，我的父親固執難溝通的一面〔等同命宮坐生年忌〕，轉忌入子女，阿公疼孫。

就第三層我和他的對待關係而言，我是一個孝順的人，但卻不擅表達，轉忌入子女，會造成小孩的困擾和壓力，沖田宅，影響家庭和諧，我也在家待不住，老是往外跑。

例：父母宮坐命忌，轉忌入財帛：

就第一層對我自己來說，我孝順父母，我會主動付出，但卻不擅表達，轉忌入財帛，會影響我的收入或支出變多，導致生活費比較緊。我的個性容易喜怒形於色，情緒起伏波動大，轉忌入財帛，會影響我的收入或支出變多，導致生活費比較緊。我喜歡的科目，我會主動、

或愛讀書〔父母為後天學習位〕，轉忌入財帛，讀書花錢，或讀書期間零用錢少。因為沖福德，所以容易讀書讀得很煩，導致不想讀。

就第二層對他而言，我的父親固執難溝通的一面〔等同命宮坐生年忌〕，轉忌入財帛，我父親認真賺錢、愛錢、計較錢，尤其是武曲星〔正財星〕化忌。

就第三層我和他的對待關係而言，我是一個孝順的人，但卻不擅表達，轉忌入財帛，會影響我的收入或支出變多，導致生活費比較緊，沖福德，為此所苦。

例：父母宮坐命忌，轉忌入遷移：

就第一層對我自己來說，我孝順父母，我會主動付出，但卻不擅表達，轉忌入遷移，會不得要領。我的個性容易喜怒形於色，情緒起伏波動大，轉忌入遷移，會笨拙處世，嚴肅不討喜，導致人生多起伏，不得貴人相助。我喜歡的科目，我會主動、或愛讀書〔父母為後天學習位〕，轉忌入遷移，但讀書不得要領，讀得不好，不開竅。因為沖命，所以會難過，引以為苦。

就第二層對他而言，我的父親固執難溝通的一面〔等同命宮坐生年忌〕，轉忌入遷移，我父親是固執又耿直，

拙於處世。

　　就第三層我和他的對待關係而言，我是一個孝順的人，但卻不擅表達，轉忌入遷移，會不得要領，不討父母歡心，沖命，所以會難過，引以為苦。

例：父母宮坐命忌，轉忌入交友：

　　就第一層對我自己來說，我孝順父母，我會主動付出，但卻不擅表達，轉忌入交友沖兄弟，會支出多。我的個性容易喜怒形於色，情緒起伏波動大，轉忌入交友，會造成交友的困擾和壓力。我喜歡的科目，我會主動、或愛讀書〔父母為後天學習位〕，轉忌入交友沖兄弟安定位，雖然是愛讀書但學習的過程容易心浮氣躁，導致考試不順。

　　就第二層對他而言，我的父親固執難溝通的一面〔等同命宮坐生年忌〕，轉忌入交友，我父親是固執，但重情重義，仗義疏財的性格，但以其命宮坐忌，固執不好溝通，人緣不佳，對朋友好但朋友覺得壓力好大。

　　就第三層我和他的對待關係而言，我是一個孝順的人，但卻不擅表達，轉忌入交友，父母會干涉或擔心我的交友狀況。

例：父母宮坐命忌，轉忌入事業：

　　就第一層對我自己來說，我孝順父母，我會主動付出，但卻不擅表達，轉忌入事業，像工作一樣每天做。我的個性容易喜怒形於色，情緒起伏波動大，轉忌入事業，雖然我也很認真的工作，但因心情像月亮，初一十五不一樣，心思情緒起伏不定，影響的工作的順遂。我喜歡的科目，我會主動、或愛讀書〔父母為後天學習位〕，轉忌入事業，十年寒窗（把讀書當工作方式來做，但運氣不好），不見得開花結果，最好是半工半讀。

　　就第二層對他而言，我的父親固執難溝通的一面〔等同命宮坐生年忌〕，轉忌入事業，我父親是固執又敬業的性格。

　　就第三層我和他的對待關係而言，我是一個孝順的人，但卻不擅表達，轉忌入事業，把照顧父母的事情當作常態性的工作，沖夫妻，導致夫妻感情疏離。

例：父母宮坐命忌，轉忌入田宅：

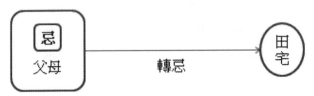

就第一層對我自己來說，我孝順父母，我會主動付出，但卻不擅表達，轉忌入田宅，會影響到家庭的和諧，或家庭經濟不佳。我的個性容易喜怒形於色，情緒起伏波動大，轉忌入田宅，會影響到家庭的和諧，或家庭經濟不佳。我喜歡的科目，我會主動、或愛讀書〔父母為後天學習位〕，轉忌入田宅，單忌不破則讀書是其人生的避風港，讀書的過程情緒會漸趨穩定下來。沖子女，少社交活動。

就第二層對他而言，我的父親固執難溝通的一面〔等同命宮坐生年忌〕，轉忌入田宅，我父親是固執又顧家的性格。

就第三層我和他的對待關係而言，我是一個孝順的人，但卻不擅表達，轉忌入田宅，會影響到家庭的和諧，或家庭經濟不佳。

例：父母宮坐命忌，轉忌入福德：

就第一層對我自己來說，我孝順父母，我會主動付出，但卻不擅表達，轉忌入福德，會孝順父母是我的責任，責無旁貸，但因不擅表達，心情總是抑鬱寡歡。我的個性容易喜怒形於色，情緒起伏波動大，轉忌入福德，

心情總是抑鬱寡歡，愁眉不展，壓力大。我喜歡的科目，我會主動、或愛讀書〔父母為後天學習位〕，轉忌入福德，雖然愛讀書，但若讀到不喜歡的科目卻容易厭倦。

就第二層對他而言，我的父親固執難溝通的一面〔等同命宮坐生年忌〕，轉忌入福德，我父親是固執又愛操煩，且對自己喜歡的事物，容易捨得花錢。

就第三層我和他的對待關係而言，我是一個孝順的人，但卻不擅表達，轉忌入福德，孝順父母是我的責任，責無旁貸，但因不擅表達，心情總是抑鬱寡歡。

例：父母宮坐命忌，轉忌自化忌出：

就第一層對我自己來說，我孝順父母，我會主動付出，但卻不擅表達，轉忌自化忌出，當不得要領時，就算了，或者有心無力，或者不夠用心，對盡孝這件事散散的。我的個性容易喜怒形於色，情緒起伏波動大，轉忌自化忌出，情緒的起伏一下子就過了。我喜歡的科目，我會主動、或愛讀書〔父母為後天學習位〕，轉忌自化出，但是不用心，心猿意馬。

就第二層對他而言，我的父親固執難溝通的一面〔等

同命宮坐生年忌〕，轉忌入自化忌出，我父親是固執又耿直，對不爽的事會馬上表現出不悅的臉色，但事過境遷，或經過溝通後就會算了，不會記住這件不痛快的事了。

就第三層我和他的對待關係而言，我是一個孝順的人，但卻不擅表達，轉忌入自化忌出，我孝順父母，但父母不領情，或過了就忘了我的孝順之心。

## 三、宮干化忌，必須轉忌。

化忌為凶化、或付出之因，轉忌為果。轉忌的功能為傳輸工具，它挾帶著化忌象延伸到下一宮來用，因此轉忌不以忌來論，在算計的數量時，不可多算一忌。

推理解釋有 4 條：

① A 宮化忌入 B 宮。

② A 宮化忌入 C 宮，透過 B 宮。

③ B 宮化忌入 C 宮。

④ A 宮化忌入 B 宮，B 宮挾忌轉忌到 C 宮，為追根究柢到 C 宮。（主要論述方式）。

例一：圖例 <08-12- 寅 - 乙 >：田宅戊天機化忌入疾厄，轉疾厄壬武曲化忌入事業：

比如說田宅戊天機化忌入疾厄宮，轉壬武曲化忌入事業。表示我欠家庭債，家庭事務纏身，我不得不為家庭忙碌。多刻苦耐勞、勤儉持家、粒粒皆辛苦。轉忌入事業，我必須背負家庭責任而去工作賺錢（事業為命三方，也是汲營三方，所以等同忌入命的意思）。

| 機曲<br>〈遷移〉<br>辛巳 | 紫破<br>〈疾厄〉<br>壬午 | 昌<br>〈財帛〉<br>癸未 | 〈子女〉<br>甲申 |
|---|---|---|---|
| 陽<br>〈交友〉<br>庚辰 | 乙年生人<br><br>圖例〈08-12-寅-乙〉 | | 府<br>〈夫妻〉<br>乙酉 |
| 武殺<br>〈事業〉<br>己卯 | | | 陰〈忌〉<br><br>〈兄弟〉<br>丙戌 |
| 同梁<br>〈田宅〉<br>戊寅 | 相<br>〈福德〉<br>己丑 | 巨【忌】<br>〈父母〉<br>戊子 | 廉貪<br>〈〈命〉〉<br>丁亥 |

例二：田宅化忌入事業，轉忌入疾厄：

我要承擔家庭責任必須得去工作賺錢，轉忌入疾厄，
讓我很忙碌。

例三：事業化忌入田宅，轉忌入疾厄：

　　我的工作是穩定的，最好是在大企業或公家機關，
可能做一個工作到退休。轉忌入疾厄，我的工作雖然是
穩定的但卻很忙碌。

例四：疾厄化忌入田宅，轉忌入事業：

　　我容易是足不出戶的窩居在家中，或家中的環境、
動線不佳，或有宿疾纏身〔田宅為收藏宮〕。轉忌入事業，
造成我工作或事業的阻礙或停滯。

例五：疾厄化忌入事業，轉忌入田宅：

我忙於我的工作或事業，必須親力親為，事必躬親。轉忌入田宅，要持續很長的一段時間。所以常常是工作時間長。或者親力親為的工作是常態。

例六：事業化忌入疾厄，轉忌入田宅：

工作或事業纏身，我不得不親力親為，非常辛苦忙碌，轉忌入田宅，成為一種常態。

**以下以田宅化忌入疾厄，轉忌入 12 宮的推理解釋。**

1. 田宅化忌入疾厄，轉忌入命宮：

我欠家庭債，家庭事務纏身，我不得不為家庭忙碌。刻苦耐勞、勤儉持家、粒粒皆辛苦。轉忌入命宮，需多費心。

凡是忌入命宮〔勞心，必須想辦法解決〕、疾厄〔勞力，身體力行的去做〕、福德〔勞煩，讓我很厭煩〕皆為債。債是一種責任、義務、壓力、不得不付出。

2. 田宅化忌入疾厄，轉忌入兄弟：

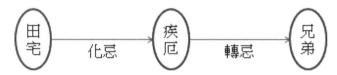

　　我欠家庭債，家庭事務纏身，我不得不為家庭忙碌。刻苦耐勞、勤儉持家、粒粒皆辛苦。轉忌入兄弟，田宅化忌入兄弟為退財表示支出多逐漸消耗，導致越來越吃緊、如果不加強理財最後可能入不敷出，存款空虛。

　　註：全以錢財的宮位田宅、兄弟、財帛之間互化忌的關係。

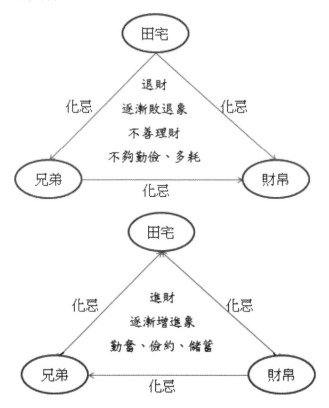

3. 田宅化忌入疾厄，轉忌入夫妻：

　　我欠家庭債，家庭事務纏身，我不得不為家庭忙碌。刻苦耐勞、勤儉持家、粒粒皆辛苦。轉忌入夫妻，影響夫妻生活，配偶也要幫忙扛家庭責任。


4. 田宅化忌入疾厄，轉忌入子女：

　　我欠家庭債，家庭事務纏身，我不得不為家庭忙碌。刻苦耐勞、勤儉持家、粒粒皆辛苦。轉忌入子女，對田宅而言為田宅忌出，財產容易流失。將來孩子長大，也要幫忙家計。嚴重者脫產搬家。


5. 田宅化忌入疾厄，轉忌入財帛：

　　我欠家庭債，家庭事務纏身，我不得不為家庭忙碌。刻苦耐勞、勤儉持家、粒粒皆辛苦。轉忌入財帛，田宅忌入財帛為退財，表示支出多逐漸消耗，導致越來越吃緊、如果不加強理財最後可能入不敷出，手頭吃緊。

6. 田宅化忌入疾厄，轉忌自化忌出：

　　我欠家庭債，家庭事務纏身，我不得不為家庭忙碌。刻苦耐勞、勤儉持家、粒粒皆辛苦。轉忌自化忌出，生活忙亂，為家庭忙得團團轉，空勞忙，白忙一場，最後守不住了，或放棄了，田宅有忌出象，為家庭向心力不足，宗親疏離。


7. 田宅化忌入疾厄，轉忌入遷移：

　　我欠家庭債，家庭事務纏身，我不得不為家庭忙碌。刻苦耐勞、勤儉持家、粒粒皆辛苦。轉忌入遷移〔忌出，遷移、父母為表象宮〕，生活忙亂，為家庭忙得團團轉，空勞忙，白忙一場，最後守不住了，或放棄了，田宅有忌出象，為家庭向心力不足，宗親疏離。嚴重者會脫產搬家跑路。


8. 田宅化忌入疾厄，轉忌入交友：

我欠家庭債，家庭事務纏身，我不得不為家庭忙碌。刻苦耐勞、勤儉持家、粒粒皆辛苦。轉忌入交友，為兄弟庫為忌出，家庭支出大，或家庭的人氣少了，容易住到人氣稀微的地方。富在深山有遠親，貧居鬧市無人問〔語出：古訓 << 增廣賢文 >>〕。

9. 田宅化忌入疾厄，轉忌入田宅：

　　我欠家庭債，家庭事務纏身，我不得不為家庭忙碌。刻苦耐勞、勤儉持家、粒粒皆辛苦。轉忌入田宅，總是為家忙，但是忙忙碌碌，總是無法旺家，且六親無助啊！

10. 田宅化忌入疾厄，轉忌入福德：

　　我欠家庭債，家庭事務纏身，我不得不為家庭忙碌。刻苦耐勞、勤儉持家、粒粒皆辛苦。轉忌入福德，忙是忙，但卻總是天不從人願，事與願違，不能如願，導致心煩不已，還須慎防積勞成疾，業力病纏身。

11. 田宅化忌入疾厄，轉忌入父母：

我欠家庭債，家庭事務纏身，我不得不為家庭忙碌。多刻苦耐勞、勤儉持家、粒粒皆辛苦。轉忌入父母〔忌出，遷移、父母為表象宮〕，生活忙亂情緒起伏大，為家庭忙得團團轉，空勞忙，白忙一場，最後守不住了，或放棄了，田宅有忌出象，為家庭向心力不足，宗親疏離。嚴重者會脫產搬家跑路。父母扛家計。

**再看看 B 宮變化的組合：**

1. 田宅化忌入命宮，轉忌入財帛：

　　我欠家庭債，我是長子格，家庭是我的責任、義務、壓力、不得不付出。我必須為家庭操心，家庭有事就會找我，我要家庭責任。轉忌入財帛，雖然我很認真地賺錢，但總是入不敷出，壓力好大。導致經常手頭吃緊，生活費常捉襟見肘。

2. 田宅化忌入兄弟，轉忌入財帛：

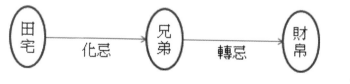

兄弟扛家庭經濟責任。我不擅理財、不懂得節約儲蓄、又不夠勤勞，嚴重者導致支出不斷擴大，終致入不敷出，經濟

吃緊，甚至家庭經濟空虛。導致經常手頭吃緊，生活費常捉襟見肘。

3.田宅化忌入夫妻，轉忌入財帛：

　　我的配偶要扛家庭責任，家庭造成婚姻或配偶的困擾，沖事業，我自己的事業不恆常，工作或事業不穩定，導致經常手頭吃緊，生活費常捉襟見肘。

4.田宅化忌入子女〔忌出〕，轉忌入財帛：

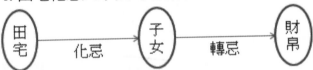

　　子女長大後扛家庭責任。家庭經濟流失快，支出大，容易脫產而搬家，或住家環境不好，常常住無尾巷、巷中巷、陋巷、或鄉間野居孤寮。導致經常手頭吃緊，生活費常捉襟見肘。

5.田宅化忌入財帛，轉忌自化忌出：

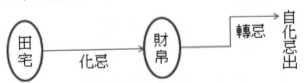

田宅忌入財帛為退財，表示支出多逐漸消耗，導致

越來越吃緊、如果不加強理財最後可能入不敷出，導致經常手頭吃緊，生活費常捉襟見肘。且我對錢沒有概念，不會理財，對錢不用心，更會加速金錢的流失，所以手邊或口袋不要放錢，剛好夠用就好。

6. 田宅化忌入遷移〔忌出〕，轉忌入財帛：

　　家庭經濟容易支出大，或不得已的支出，嚴重者財務窘困顯像於外，比方說窮到租屋維生、到處搬家，人生容易顛沛流離。田宅有忌出象，為家庭向心力不足，宗親疏離。嚴重者會脫產搬家跑路。導致經常手頭吃緊，生活費常捉襟見肘。

7. 田宅化忌入交友，轉忌入財帛：

　　我家有一段時間住人氣稀微的地方，地段不好，房產價格差，親朋少有往來。兄弟庫位忌出，常有大筆支出，經濟欠佳，導致經常手頭吃緊，生活費常捉襟見肘。

8. 田宅化忌入事業，轉忌入財帛：

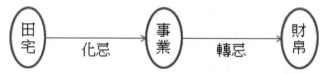

　　我要承擔家庭責任必須得去工作賺錢，我有一段時間只能做一些本輕利薄的生意，或上班安穩的工作，所以導致經常手頭吃緊，生活費常捉襟見肘。


9. 田宅自化忌出：

　　節錄於梁若瑜老師的著作，飛星紫微斗數之十二宮六七二項之 P-135。

　　防漏財、暗耗，經濟日虛。家庭空洞化。格局差，防人生多起伏、難守成。也防財路不安定。

　　最忌採光不足、雜物堆積、髒亂窒礙，致家運產生惡性循環。

　　防對家庭『用心不足』、家庭『離心力』，各懷異志。也防『宗疏親離』。

　　容易『搬家』、『脫產』。在家時間少或待不住。家庭少了溫馨的感覺。

　　房產緣不足，不動產少登記『自己名下』。

宜上班族的收入安定。

少了天倫樂，晚境自珍重。

凡田宅三方自化忌，防家庭中的親和力不足。

10. 田宅化忌入福德，轉忌入財帛：

　　我的居家環境磁場不好，或家庭經濟不如意，或家世背景不好，我欠家庭債，家庭讓我煩心容易在家待不住，導致經常手頭吃緊，生活費常捉襟見肘。

11. 田宅化忌入父母，轉忌入財帛：

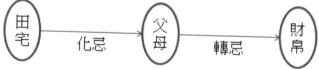

　　父母扛家庭責任。父母為表象宮，田宅化忌入父母為忌出，家庭經濟容易支出大，或不得已的支出，嚴重者負債、繳不出貸款、財務窘困顯像於外，比方說窮到租屋維生、到處搬家，人生容易顛沛流離。供養父母不長久，父母擔心我的家庭經濟。田宅有忌出象，為家庭向心力不足，宗親疏離。嚴重者會脫產搬家跑路。導致經常手頭吃緊，生活費常捉襟見肘。

## 四、忌的串連模式有五：非必同星曜。

體宮：為論事的主體宮位，是最重要的關鍵宮位，我們簡稱〔體宮〕。

用宮：影響主體宮位成敗的相關宮位，我們稱為用事宮位簡稱〔用宮〕。

非必同星曜：忌的串連不一定要同星曜才可串連，同不同星曜間均可透過兩個基本的模式來做串連，一是〔同宮相迫：體用宮位的化忌，或化忌轉忌、或追忌間化入同一宮位，我們稱為同宮相迫〕。一是〔兩頭見忌：兩宮位坐忌必然互相沖激，因此體用宮位化忌，或化忌轉忌，或追忌，入兩對宮而遙遙相對，這時為兩頭見忌，兩對宮坐忌互相沖激，而產生沖激之象的串連〕。

### 飛星紫微斗數，邏輯功法，凶化串連：

化忌轉忌、追忌，串連的原則，就一個訣竅而已【用不離體】，其他的〔體用合一、用歸於體、用沖破體〕，都是來解釋用不離體的。

忌的串連模式有五：

①同宮相迫：〔體用宮位〕化忌、或化忌轉忌、或追忌間入於第三宮，同宮相迫於第三宮而串連。

②〔體用宮〕化忌、或化忌轉忌、或追忌間入於第三宮，逢第三宮自化忌出而串連，自化忌出不算 1 忌，須論忌出之象。

③兩頭見忌：體用宮位化忌、或化忌轉忌、或追忌間，
　形成兩對宮〔坐忌〕互相沖激而串連。
④〔體用宮〕化忌、或化忌轉忌、或追忌間入於體宮的
　對宮，而沖〔體宮〕，屬於沖破的串連。
⑤〔體用宮〕化忌、或化忌轉忌、或追忌間入於某宮的
　對宮，而沖〔某宮〕，逢某宮自化忌出，也屬於兩頭
　見忌的串連，又自化忌出【自化忌出不算 1 忌，但必
　須論自化忌出之象】。

　　忌的串連模式有五，試舉例如下：

1. 同宮相迫：〔體用宮位〕化忌、或化忌轉忌、或追忌
　間入於第三宮，同宮相迫於第三宮而串連。〔體用宮〕
　同時化忌，或化忌轉忌入某宮，不一定要同星曜，就
　是同宮相迫於某宮而串連。

| 機<br>曲<br><遷移><br>辛巳 | 機<br>曲<br><疾厄><br>壬午 | 紫<br>破<br><財帛><br>癸未 | 昌<br><子女><br>甲申 |
|---|---|---|---|
| 陽<br><交友><br>庚辰 | 乙年生人<br><br>圖例<08-12-寅-乙> | | 府<br><夫妻><br>乙酉 |
| 武<br>殺<br><事業><br>己卯 | | | 陰<忌><br><br><兄弟><br>丙戌 |
| 同<br>梁<br><田宅><br>戊寅 | 相<br><福德><br>己丑 | 巨【忌】<br><父母><br>戊子 | 廉<br>貪<br><<命>><br>丁亥 |

①田宅戊天機化忌入疾厄，福德己文曲化忌入疾厄，田
宅與福德兩宮化忌交會於疾厄宮，為同宮相迫於疾厄
宮而串連，合呈2忌坐疾厄。疾厄挾2忌，轉壬武曲
化忌入事業，事業宮坐2忌（轉忌，是傳輸工具，把
疾厄所坐的2忌的力量延伸到事業宮來用，所以不能
多算一忌）。

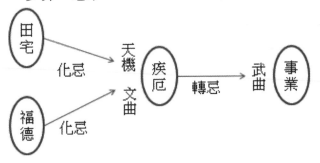

②夫妻宮乙太陰化忌入兄弟，逢兄弟宮坐太陰生年忌，
為同宮相迫於兄弟宮而串連，合呈2忌坐兄弟。兄弟
宮挾2忌轉丙廉貞化忌入命宮，命宮坐2忌。

③夫妻宮乙太陰化忌入兄弟，逢兄弟宮坐太陰生年忌，
為同宮相迫而串連，合呈2忌坐兄弟。夫妻宮化忌必
須轉忌，兄弟宮挾2忌轉丙廉貞化忌入命宮，逢財帛
癸貪狼化忌入命宮，同宮相迫於命宮而串連，合呈3
忌坐命宮。

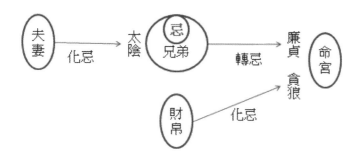

2. 〔體用宮〕化忌、或化忌轉忌、或追忌間入於任一宮，
   而該宮位自化忌出而串連，自化忌出不算 1 忌，須論
   忌出之象。

| 巨<br><br><夫妻><br>丁巳 | 廉<br>相<br><兄弟><br>戊午 | 梁<br><br>【命宮】<br>己未 | 殺<br><br><父母><br>庚申 |
|---|---|---|---|
| 貪<br>昌<br><子女><br>丙辰 | <戊>年生人<br><br>圖例<01-08-子-戊> | | 同<br><br><福德><br>辛酉 |
| 陰<br><br><財帛><br>乙卯 | | | 武<br>曲【忌】 →<br><田宅><br>壬戌 |
| 紫<br>府<br><疾厄><br>甲寅 | 機<忌><br><br><遷移><br>乙丑 | 破<br><br><交友><br>甲子 | 陽<br><br><事業><br>癸亥 |

命宮己文曲化忌入田宅，逢田宅壬武曲自化忌出，合呈1忌又自化忌出。

3. 兩頭見忌，因兩對宮坐忌互相沖激而串連〔坐忌的宮位，一定沖對宮〕。〔體用宮〕化忌、或化忌轉忌、或追忌間入兩對宮，為兩頭見忌，因兩對宮坐忌互相沖激而串連。

| 機曲 〈疾厄〉 壬午 | 紫破 〈財帛〉 癸未 | 昌 〈子女〉 甲申 |
|---|---|---|
| 〈遷移〉 辛巳 | | |

| 陽 〈交友〉 庚辰 | 乙年生人 | 府 〈夫妻〉 乙酉 |
|---|---|---|
| 武殺 〈事業〉 己卯 | 圖例〈08-12-寅-乙〉 | 陰〈忌〉 〈兄弟〉 丙戌 |

| 同梁 〈田宅〉 戊寅 | 相 〈福德〉 己丑 | 巨【忌】 〈父母〉 戊子 | 廉貪 【命宮】 丁亥 |

①如圖例 <08-12-寅-乙>，命宮丁巨門化忌入父母〔父

母坐忌〕，轉父母戊天機化忌入疾厄〔疾厄坐忌〕，父母宮、疾厄宮互為對宮，因此兩頭都見忌，兩對宮坐忌互相沖激而串連，父疾線合呈 2 忌。

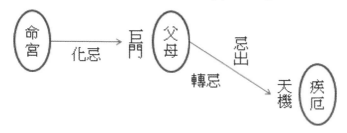

②如圖例 <08-12- 寅 - 乙 >，遷移辛文昌忌入子女，轉甲太陽化忌入交友，遙對對宮兄弟宮坐太陰生年忌，兩頭見忌，兩對宮坐忌互相沖激而串連，兄友線合呈 2 忌。

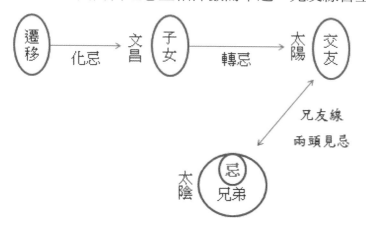

③如圖例 <01-08- 子 - 丙 >，兄弟坐廉貞生年忌，轉甲太陽化忌入事業；福德丁巨門化忌入夫妻，夫妻宮、事業宮兩頭見忌，兩對宮坐忌互相沖激而串連，夫事線合呈 2 忌。

| | | | |
|---|---|---|---|
| 巨<br><br><夫妻><br>癸巳 | 廉<忌><br>相<br><兄弟><br>甲午 | 梁<br><br>【命宮】<br>乙未 | 殺<br><br><父母><br>丙申 |
| 貪<br>曲<br><子女><br>壬辰 | <丙>年生人 | | 同<br><br><福德><br>丁酉 |
| 陰【忌】<br><br><財帛><br>辛卯 | 圖例<01-08-子-丙> | | 武<br>昌<br><田宅><br>戊戌 |
| 紫<br>府<br><疾厄><br>庚寅 | 機<br><br><遷移><br>辛丑 | 破<br><br><交友><br>庚子 | 陽<br><br><事業><br>己亥 |

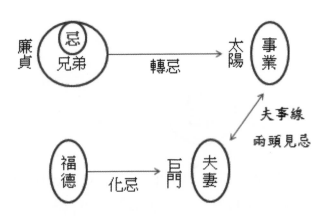

④如圖例 <01-08-子-丙>，田宅戊天機化忌入遷移，轉

辛文昌化入田宅；福德丁巨門化忌入夫妻，轉夫妻癸
貪狼化忌入子女，子女宮、田宅宮兩頭見忌，兩對宮
坐忌互相沖激而串連，子田線合呈 2 忌。

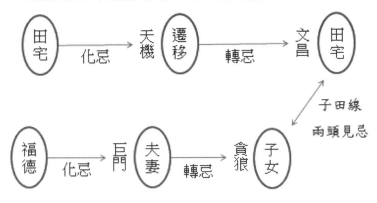

4.〔體用宮〕化忌、或化忌轉忌、或追忌間串連入體宮
　的對宮，而沖〔體宮〕，屬於沖破的串連。

| 巨　　〈夫妻〉<br>己巳 | 廉<br>相　　〈兄弟〉<br>庚午 | 梁　　【命宮】<br>辛未 | 殺　　〈父母〉<br>壬申 |
|---|---|---|---|
| 貪曲　　〈子女〉<br>戊辰 | | | 同　　〈福德〉<br>癸酉 |
| 陰　　〈財帛〉<br>丁卯 | | | 武<br>昌　　〈田宅〉<br>甲戌 |
| 紫<br>府　　〈疾厄〉<br>丙寅 | 機　　〈遷移〉<br>丁丑 | 破　　〈交友〉<br>丙子 | 陽〈忌〉　　〈事業〉<br>乙亥 |

圖例的中央：
〈 甲 〉年生人
圖例<01-08-子-甲>

①遷移丁巨門化忌入夫妻，遙對事業宮坐太陽生年忌，兩頭見忌，兩對宮坐忌互相沖激而串連，夫事線合呈2忌，夫妻挾2忌轉己文曲化忌入子女，子女坐2忌沖田宅。（用宮化忌轉忌沖體宮）

②福德癸貪狼化忌入子女，與子女所坐2忌同宮相迫於子女，子女合呈3忌沖破田宅。（用宮化忌沖體宮）

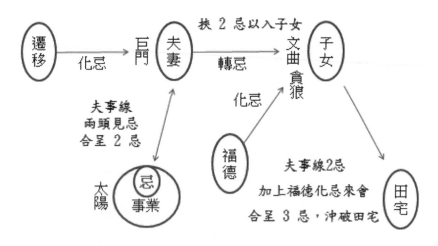

5.〔體用宮〕化忌、或化忌轉忌、或追忌間串連入於某宮的對宮，而沖〔某宮〕，逢某宮自化忌出，也屬於兩頭見忌的串連，又自化忌出（自化忌出不算1忌，但必須論自化忌出之象）。

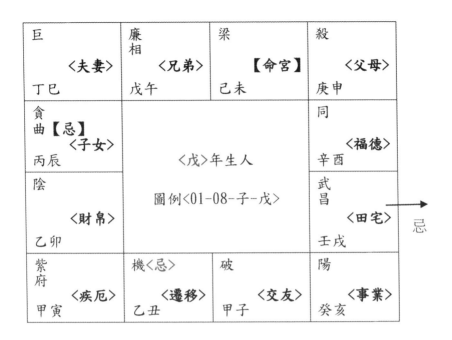

| 巨 〈夫妻〉 丁巳 | 廉 相 〈兄弟〉 戊午 | 梁 【命宮】 己未 | 殺 〈父母〉 庚申 |
|---|---|---|---|
| 貪 曲【忌】 〈子女〉 丙辰 | | 〈戊〉年生人 圖例〈01-08-子-戊〉 | 同 〈福德〉 辛酉 |
| 陰 〈財帛〉 乙卯 | | | 武 昌 〈田宅〉 壬戌 忌 → |
| 紫 府 〈疾厄〉 甲寅 | 機〈忌〉 〈遷移〉 乙丑 | 破 〈交友〉 甲子 | 陽 〈事業〉 癸亥 |

①命宮己文曲化忌入子女，沖田宅，逢田宅自化忌出，
　合呈 1 忌又自化忌出。（用宮化忌沖體宮，逢體宮自化
　忌出）

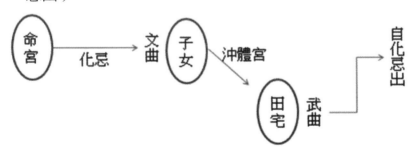

②疾厄甲太陽化忌入事業，轉癸貪狼化忌入子女，沖田
宅。追命宮己文曲化忌入子女，逢田宅自化忌出，合
呈２忌又自化忌出（用宮化忌轉忌沖體宮，逢體宮自
化忌出）。

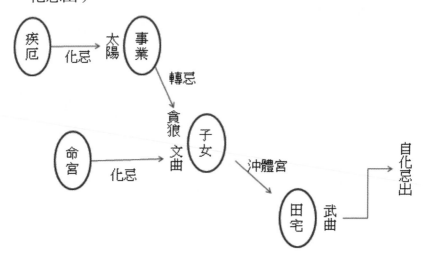

# 第四篇　彙集凶化的因緣

## 一、追忌（彙集因緣，非必同星曜），必須轉忌。

| | 機<br>曲<br>〈疾厄〉<br>壬午 | 紫<br>破<br>〈財帛〉<br>癸未 | 昌<br>〈子女〉<br>甲申 |
|---|---|---|---|
| 陽<br>〈交友〉<br>庚辰 | 乙年生人 | | 府<br>〈夫妻〉<br>乙酉 |
| 武<br>殺<br>〈事業〉<br>己卯 | 圖例〈08-12-寅-乙〉 | | 陰〈忌〉<br>〈兄弟〉<br>丙戌 |
| 同<br>梁<br>〈田宅〉<br>戊寅 | 相<br>〈福德〉<br>己丑 | 巨【忌】<br>〈父母〉<br>戊子 | 廉<br>貪<br>【命宮】<br>丁亥 |

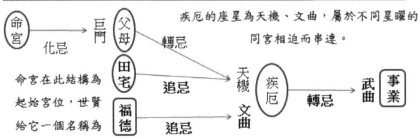

疾厄的座星為天機、文曲，屬於不同星曜的
同宮相迫而串連。

命宮在此結構為
起始宮位，世賢
給它一個名稱為

命宮丁巨門化忌入父母，轉戊天機化忌入疾厄，追福德己文曲化忌入疾厄，追田宅戊天機化忌入疾厄，轉壬武曲化忌入事業。此時您會發現，前式中的巨門忌、天機忌與福德的追忌（文曲忌），為不同一顆星曜，這就是追忌邏輯心法與追祿不一樣之處（不一定要同星曜的追忌就能串連）。

## 二、在化忌、或化忌轉忌、追忌轉忌的過程中，逢非必同星曜的生年忌、命忌，視同追忌，必須直接轉忌。

　　當化忌、或化忌轉忌、或追忌轉忌入某宮位，逢生年忌、或命忌〔非必同星曜〕，必須直接轉忌到下一宮〔逢生年忌、或命忌時，視同追忌，追忌必須轉忌〕。

| 曲　　〈遷移〉　辛巳 | 機　　〈疾厄〉　壬午 | 紫破　　〈財帛〉　癸未 | 　〈子女〉　甲申 |
|---|---|---|---|
| 陽　　〈交友〉　庚辰 | 乙年生人 | | 府昌　　〈夫妻〉　乙酉 |
| 武殺　〈事業〉　己卯 | 圖例〈08-12-**丑-乙**〉 | | 陰〈忌〉　　〈兄弟〉　丙戌 |
| 同梁　〈田宅〉　戊寅 | 相　　〈福德〉　己丑 | 巨【忌】　〈父母〉　戊子 | 廉貪　【命宮】　丁亥 |

比如遷移辛文昌化忌入夫妻，轉夫妻乙太陰化忌入兄弟，逢兄弟坐太陰生年忌，必須直接轉忌入下一宮，因此直接兄弟挾 2 忌轉丙廉貞化忌入命宮。

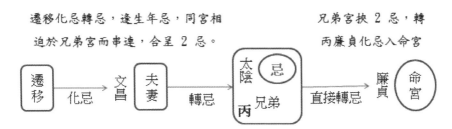

遷移化忌轉忌，逢生年忌，同宮相迫於兄弟宮而串連，合呈 2 忌。　　　兄弟宮挾 2 忌，轉丙廉貞化忌入命宮

## 三、在化忌、或化忌轉忌，追忌轉忌的過程中，逢忌出（自化忌出、忌入對宮），必須論忌出之象。

忌出是一個特殊現象，忌出有三種（一本宮自化忌出、二化忌入對宮的忌出，三化忌入遷移、父母）。這種忌出是當四化落入此宮時無法停頓，而表現出此宮的狀態。因為無法停頓，所以我們化忌、或化忌轉忌，或追忌轉忌時，轉忌入的宮位有忌出的現象時，必須論忌出的現象。

若逢自化忌出，我們稱為沒有原則的表現出來，將化忌、化忌轉忌，或追忌轉忌，此多忌彙集的凶化事件，沒有原則的表現出來。這種沒有原則的意思是不知不覺中表現出來，具有不分場合，是不夠用心的表現。逢自化忌出，必須追忌後停止。

| 紫殺 〈遷移〉 乙巳 | 昌【忌】 〈疾厄〉 丙午 | 〈財帛〉 丁未 | 曲 〈子女〉 戊申 |
|---|---|---|---|
| 梁 〈交友〉 甲辰 | 〈丁〉年生人 | | 廉破 〈夫妻〉 己酉 |
| 相 〈事業〉 癸卯 | 圖例〈10-12-辰-丁〉 | | 〈兄弟〉 庚戌 |
| 陽巨〈忌〉 〈田宅〉 壬寅 | 武貪 〈福德〉 癸丑 | 同陰 〈父母〉 壬子 | 府 【命宮】 辛亥 |

忌

　　如圖例 <10-12- 辰 - 丁 >，遷移乙太陰化忌入父母，轉壬武曲化忌入福德，逢福德癸貪狼自化忌出，追事業宮癸貪狼化忌入福德，自化忌出而後停止凶化的串連。

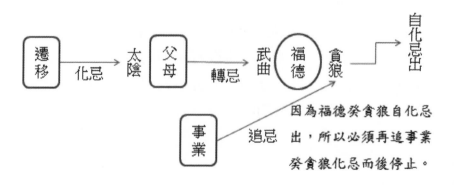

若逢忌入對宮的忌出，我們稱為直接了當的表現出來。將化忌、或化忌轉忌，或追忌轉忌，此多忌彙集的凶事，直接了當的表現出來。可以繼續追忌。

| 機曲 〈遷移〉 辛巳 | 紫破 〈疾厄〉 壬午 | 昌 〈財帛〉 癸未 | 〈子女〉 甲申 |
|---|---|---|---|
| 陽 〈交友〉 庚辰 | 乙年生人 | | 府 〈夫妻〉 乙酉 |
| 武殺 〈事業〉 己卯 | 圖例〈08-12-寅-乙〉 | | 陰〈忌〉 〈兄弟〉 丙戌 |
| 同梁 〈田宅〉 戊寅 | 相 〈福德〉 己丑 | 巨【忌】 〈父母〉 戊子 | 廉貪 【命宮】 丁亥 |

如圖例 <08-12-寅-乙>，命宮丁巨門化忌入父母，轉戊天機化忌入疾厄為忌出對宮，兩頭見忌，兩對宮坐忌互相沖激而串連，父母疾厄線合呈 2 忌。追福德己文曲化忌入疾厄，追田宅戊天機化忌入疾厄，與疾厄所坐 2 忌，同宮相迫於疾厄，合呈 4 忌坐疾厄。疾厄挾 4 忌轉壬武曲化忌入事業宮。

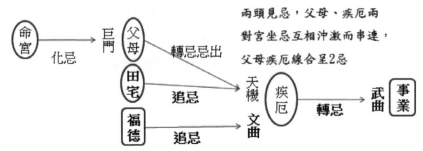

兩頭見忌，父母、疾厄兩對宮坐忌互相沖激而串連，父母疾厄線合呈2忌

追福德己文曲化忌入疾厄，追田宅戊天機化忌入疾厄，與疾厄所坐2忌，同宮相追於疾厄，合呈4忌坐疾厄。

## 四、化忌轉忌，追忌，停止的條件

### 1. 不能追忌時，必須停止。

| 機<br>曲<br><遷移><br>辛巳 | 紫<br>破<br><疾厄><br>壬午 | 昌<br><財帛><br>癸未 | <子女><br>甲申 |
|---|---|---|---|
| 陽<br><交友><br>庚辰 | 乙年生人<br><br>圖例<08-12-寅-乙> | | 府<br><夫妻><br>乙酉<br><br>陰<忌><br><兄弟><br>丙戌 |
| 武<br>殺<br><事業><br>己卯 | | | |
| 同<br>梁<br><田宅><br>戊寅 | 相<br><福德><br>己丑 | 巨【忌】<br><父母><br>戊子 | 廉<br>貪<br>【命宮】<br>丁亥 |

遷移辛文昌化忌入子女，轉甲太陽化忌入交友，交友宮的座星只有太陽，因為除了子女宮有天干甲之外，其他宮位再也沒有甲干了，所以無法再從其他宮位化甲太陽忌入交友，又因為交友宮沒有其他坐星，所以也無法讓其他宮位化不同星曜的忌進來，所以化忌轉忌無法追忌，就必須停止。

2. 重複化忌、或追忌時，必須停止。

| 紫殺<br>【命宮】<br>己巳 | 〈父母〉<br>庚午 | 〈福德〉<br>辛未 | 〈田宅〉<br>壬申 |
|---|---|---|---|
| 機梁<br>曲【忌】<br>〈兄弟〉<br>戊辰 | | | 廉破<br>〈事業〉<br>癸酉 |
| 相<br>〈夫妻〉<br>丁卯 | 〈甲〉年生人<br>圖例〈10-06-子-甲〉 | | 昌<br>〈交友〉<br>甲戌 |
| 陽〈忌〉<br>巨<br>〈子女〉<br>丙寅 | 武<br>貪<br>〈財帛〉<br>丁丑 | 同<br>陰<br>〈疾厄〉<br>丙子 | 府<br>〈遷移〉<br>乙亥 |

如圖例 <10-06-子-甲 >：

A. 交友甲太陽化忌入子女、夫妻丁巨門化忌入子女，逢

太陽生年忌，同宮相迫於子女而串連，合呈 3 忌坐子女。

B. 化忌必須轉忌。子女挾 3 忌轉丙廉貞化忌入事業，3 忌坐事業。

C. 轉忌後必須追忌。追疾厄丙廉貞化入事業，與事業所坐 3 忌同宮相迫於事業而串連，合呈 4 忌坐事業。

D. 追忌必須轉忌。事業挾 4 忌轉癸貪狼化忌入財帛，財帛坐 4 忌。

E. 轉忌後必須追忌。追田宅壬武曲化忌入財帛，與財帛所坐 4 忌同宮相迫於財帛而串連，合呈 5 忌坐財帛。

F. 追忌必須轉忌。財帛挾 5 忌轉丁巨門化忌入子女，子女坐 5 忌。

G. 轉忌必須追忌。追交友甲太陽化忌入子女、夫妻丁巨門化忌入子女，此追忌在 A 式中既已化忌過，所以為重複追忌，必須停止凶化的串連。

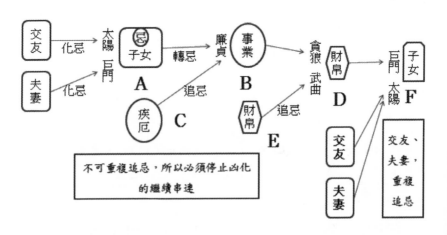

3. 逢自化忌出時，追忌後必須停止。

| 紫<br>殺<br><br><遷移><br>乙巳 | 昌【忌】<br><br><疾厄><br>丙午 | 曲<br><br><財帛><br>丁未 | 曲<br><br><子女><br>戊申 |
|---|---|---|---|
| 梁<br><br><交友><br>甲辰 | <丁>年生人<br><br>圖例<10-12-辰-丁> | | 廉<br>破<br><夫妻><br>己酉 |
| 相<br><br><事業><br>癸卯 | | | <br><br><兄弟><br>庚戌 |
| 陽<br>巨<忌><br><田宅><br>壬寅 | 武<br>貪<br><福德><br>癸丑 | 同<br>陰<br><父母><br>壬子 | 府<br><br>【命宮】<br>辛亥 |

↓忌

如圖例 <10-12-辰-丁>：

遷移乙太陰化忌入父母，轉壬武曲化忌入福德，逢
福德癸貪狼自化忌出，追事業宮癸貪狼化忌入福德，自
化忌出而後停止凶化的串連。

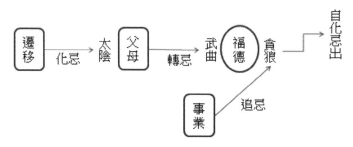

# 第五篇 忌的串連手法

1. 生年忌，必須轉忌。
2. 命忌，必須轉忌。
3. 宮干化忌，必須轉忌。化忌為付出之因，轉忌為追根究柢的探究其結果。所以我們真正的凶化邏輯只有一個【化忌轉忌】。

## 第一節 忌的串連模式（非必同星曜）：有五種

體宮：為論事的主體宮位，就像戲劇中的主角，簡稱〔體宮〕。

用宮：影響主體宮位成敗的相關宮位，就像戲劇中的配角，以這些相關宮位為用事宮位，簡稱〔用宮〕。

忌的串連模式，必須符合一個原則【用不離體】，其他【用歸於體、體用合一，用沖破體】，都是【用不離體】的註解。

用不離體：用宮的化忌、或化忌轉忌、追忌必須串連體宮，也就是如果用宮的化忌、或化忌轉忌、追忌與體宮沒有串連，則此用宮不會影響體宮的成敗，因此不列入體宮的凶化串連計算與解釋。

化忌、或化忌轉忌、追忌串連模式有五種，分別為①同宮相迫的串連，〔體用宮〕化忌、或化忌轉忌、或追忌間交會於第三宮，為同宮相迫於第三宮。

②〔體用宮〕化忌、或化忌轉忌、或追忌逢自化忌出的
　串連。

③兩頭見忌，兩對宮坐忌互相沖激而串連。

④〔體用宮〕化忌、或化忌轉忌、追忌串連沖破〔體宮〕，
　屬於沖破的串連。

⑤〔體用宮〕化忌、或化忌轉忌、追忌串連沖某宮，逢
　某宮自化忌出，也屬於兩頭見忌的串連，又自化忌出
　（自化忌出不算1忌，但必須論自化忌出之象）。

1. 同宮相迫的串連。

| 巨<br>曲〈忌〉<br>〈夫妻〉<br>己巳 | 廉<br>相<br>〈兄弟〉<br>庚午 | 梁<br><br>【命宮】<br>辛未 | 殺<br><br>〈父母〉<br>壬申 |
|---|---|---|---|
| 貪<br><br>〈子女〉<br>戊辰 | 〈 己 〉年生人<br><br>圖例〈01-08-丑〉 | | 同<br>昌【忌】<br>〈福德〉<br>癸酉 |
| 陰<br><br>〈財帛〉<br>丁卯 | | | 武<br><br>〈田宅〉<br>甲戌 |
| 紫<br>府<br>〈疾厄〉<br>丙寅 | 機<br><br>〈遷移〉<br>丁丑 | 破<br><br>〈交友〉<br>丙子 | 陽<br><br>〈事業〉<br>乙亥 |

〔體用宮〕同時化忌，或化忌轉忌入某宮，不一定要同

星曜，就是同宮相迫而串連。<如圖例 01-08- 丑 - 己>

①兄弟庚天同化忌入福德，逢福德坐文昌命忌，同宮相
　迫而串連，合呈 2 忌。

②遷移丁巨門化忌入夫妻，逢夫妻坐文曲生年忌，同宮
　相迫而串連，合呈 2 忌。

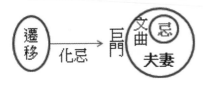

③交友、疾厄丙廉貞化忌入兄弟，兩宮都化忌入兄弟，
　同宮相迫於兄弟而串連，合呈 2 忌坐兄弟宮。

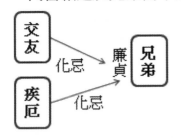

④遷移、財帛丁巨門化忌入夫妻，兩宮都化忌入夫妻，
　同宮相迫於夫妻而串連，合呈 2 忌坐夫妻宮。又逢文
　曲生年忌，合呈 3 忌坐夫妻。

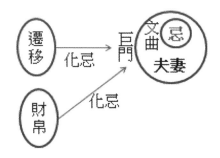

⑤交友丙廉貞化忌入兄弟，轉庚天同化忌入福德，命宮
　辛文昌化忌入福德，同宮相迫於福德而串連，合呈 2
　忌坐福德宮。

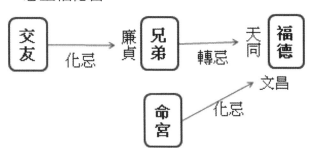

⑥子女戊天機化忌入遷移，轉丁巨門化忌入夫妻；事業
　乙太陰化忌入財帛，轉丁巨門化忌入夫妻，兩個化忌
　轉忌的路徑交會於夫妻宮，也是同宮相迫於夫妻宮而
　串連。

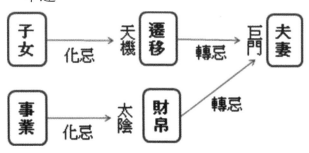

2. 化忌、或化忌轉忌、或追忌，逢自化忌出而串連。
＜如圖例 01-08- 丑＞

① 〔體用宮〕化忌、或化忌轉忌入〔某宮〕，逢某宮自
　化忌出，呈現 N 忌又自化忌出。【體用合一】

| 巨【忌】曲＜忌＞<br>＜事業＞<br>己巳 | 廉<br>相<br>＜交友＞<br>庚午 | 梁<br><br>＜遷移＞<br>辛未 | 殺<br><br>＜疾厄＞<br>壬申 |
|---|---|---|---|
| 貪<br><br>＜田宅＞<br>戊辰 | | | 同<br>昌<br>＜財帛＞<br>癸酉 |
| 陰<br><br>＜福德＞<br>丁卯 | ＜ 己 ＞年生人<br><br>圖例＜01-02-丑＞ | | 武<br><br>＜子女＞<br>甲戌 |
| 紫<br>府<br>＜父母＞<br>丙寅 | 機<br><br>【命宮】<br>丁丑 | 破<br><br>＜兄弟＞<br>丙子 | 陽<br><br>＜夫妻＞<br>乙亥 |

　　如此例論家道〔田宅為體、命宮、福德、遷移為用〕：
田宅〔體宮〕戊天機化忌入命宮，轉丁巨門化忌入事業。
逢福德〔用宮〕丁巨門化忌來會，又逢文曲生年忌，同
宮相迫而串連，合呈 3 忌坐事業宮，又事業宮己文曲自
化忌出，因此呈現 3 忌又自化忌出。

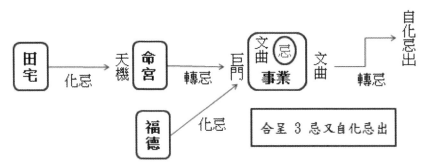

②〔體宮〕化忌、或化忌轉忌、或追忌入〔用宮〕,逢
  用宮自化忌出,呈現 N 忌又自化忌出。【體用合一】

↑忌

| 巨【忌】<br><br><事業><br>己巳 | 廉<br>相<br><交友><br>庚午 | 梁昌<br>曲<忌><br><遷移><br>辛未 | 殺<br><br><疾厄><br>壬申 |
|---|---|---|---|
| 貪<br><br><田宅><br>戊辰 | <己>年生人<br><br>圖例<01-02-卯> | | 同<br><br><財帛><br>癸酉 |
| 陰<br><br><福德><br>丁卯 | | | 武<br><br><子女><br>甲戌 |
| 紫<br>府<br><父母><br>丙寅 | 機<br><br>【命宮】<br>丁丑 | 破<br><br><兄弟><br>丙子 | 陽<br><br><夫妻><br>乙亥 |

如此例論家道〔田宅為體、命宮、福德、遷移為用〕:

田宅〔體宮〕戊天機化忌入命宮，轉丁巨門化忌入事業，逢命忌直接轉忌，事業挾1忌轉己文曲化忌入遷移〔用宮〕，逢文曲生年忌，合呈2忌坐遷移。遷移辛文昌自化忌出，因此呈現2忌又自化忌出。

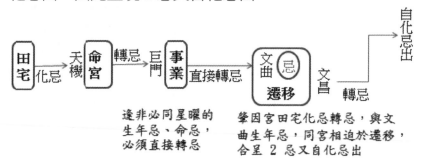

③〔用宮〕化忌、或化忌轉忌入〔體宮〕，逢體宮自化忌出，呈現N忌又自化忌出。【用歸於體】

| 巨曲〈忌〉<br>〈夫妻〉<br>己巳 | 廉相<br>〈兄弟〉<br>庚午 | 梁<br>【命宮】<br>辛未 | 殺<br>〈父母〉<br>壬申 |
|---|---|---|---|
| 貪<br>〈子女〉<br>戊辰 | | | 同昌【忌】<br>〈福德〉<br>癸酉 |
| 陰<br>〈財帛〉<br>丁卯 | 〈己〉年生人<br>圖例〈01-08-丑〉 | | 武<br>〈田宅〉<br>甲戌 |
| 紫府<br>〈疾厄〉<br>丙寅 | 機<br>〈遷移〉<br>丁丑 | 破<br>〈交友〉<br>丙子 | 陽<br>〈事業〉<br>乙亥 |

↑忌

如此例論婚姻

〔夫妻、（父母或田宅）為體、命宮、福德、遷移為用〕：
遷移丁巨門化忌入夫妻，逢夫妻坐文曲生年忌，又自化
忌出，同宮相迫而串連，合呈 2 忌又自化忌出。

遷移化忌入夫妻，與夫妻的文曲生年忌同宮

相迫於夫妻宮，合呈 2 忌又自化忌出

3. 兩頭見忌，兩對宮坐忌互相沖激而串連。為〔線〕的
　串連，此時必須將兩對宮坐忌的數量合併計算。
〔體用宮〕化忌、或化忌轉忌入兩對宮，為兩頭見忌，
因兩對宮坐忌互相沖激而串連。

↑忌

| 巨<br>曲〈忌〉<br>〈夫妻〉<br>己巳 | 廉<br>相<br>〈兄弟〉<br>庚午 | 梁<br>【命宮】<br>辛未 | 殺<br>〈父母〉<br>壬申 |
|---|---|---|---|
| 貪<br><br>〈子女〉<br>戊辰 | <己 >年生人<br>圖例<01-08-丑-己> | | 同<br>昌【忌】<br>〈福德〉<br>癸酉 |
| 陰<br>〈財帛〉<br>丁卯 | | | 武<br>〈田宅〉<br>甲戌 |
| 紫<br>府<br>〈疾厄〉<br>丙寅 | 機<br>〈遷移〉<br>丁丑 | 破<br>〈交友〉<br>丙子 | 陽<br>〈事業〉<br>乙亥 |

①如圖例 <01-08-丑-己> 論家道〔田宅為體、命宮、福

德、遷移為用〕：田宅甲太陽化忌入事業，逢對宮（夫妻）坐文曲生年忌，兩頭見忌，兩對宮坐忌互相沖激而串連，夫妻坐 1 忌（生年忌），事業坐 1 忌（田宅忌）互相沖激而串連，夫事線合呈 2 忌。

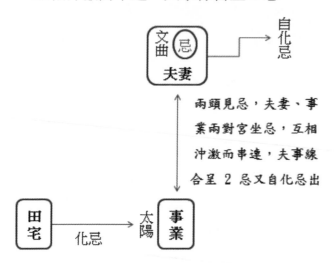

②如圖例 <01-08- 丑 - 己 > 論家道〔田宅為體、命宮、福德、遷移為用〕：承 a 式，化忌必須轉忌，事業宮挾夫事線 2 忌轉乙太陰化忌入財帛（財帛坐 2 忌），遙對對宮（福德）坐文昌命忌，福財線兩頭見忌，兩對宮坐忌互相沖激而串連，福德坐 1 忌（命忌），財帛坐 2 忌（夫事線 2 忌）互相沖激而串連，福財線合呈 3 忌又自化忌出。

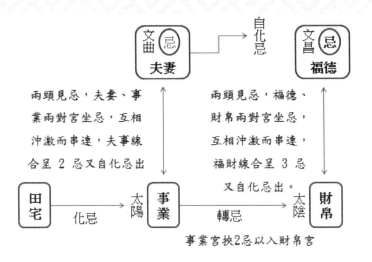

兩頭見忌，夫妻、事業兩對宮坐忌，互相沖激而串連，夫事線合呈 2 忌又自化忌出

兩頭見忌，福德、財帛兩對宮坐忌，互相沖激而串連，福財線合呈 3 忌又自化忌出。

事業宮挾2忌以入財帛宮

4.〔用宮〕化忌、或化忌轉忌、追忌串連沖〔體宮〕，屬於沖破的串連。

①如圖例 <01-08- 丑 - 己 > 論家道〔田宅為體、命宮、福德、遷移為用〕：福德化忌入子女，沖田宅（用宮化忌，或化忌轉忌串連沖破體宮）。

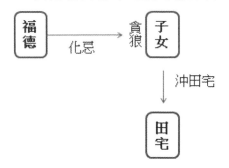

②如圖例 <01-08- 丑 - 己 > 論家道〔田宅為體、命宮、福德、遷移為用〕：命宮辛文昌化忌入福德，轉癸貪狼化忌入子女，沖田宅。〔用宮化忌轉忌沖體宮〕

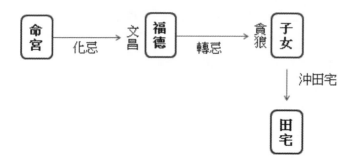

5.〔用宮〕化忌、或化忌轉忌、追忌串連沖〔體宮〕，
  逢體宮自化忌出，也屬於兩頭見忌的串連，又自化忌
  出（自化忌出不算 1 忌，但必須論自化忌出之象）。

| 巨<br><br>〈父母〉<br>己巳 | 廉<br>相<br><br>〈福德〉<br>庚午 | 梁昌<br>曲〈忌〉<br><br>〈田宅〉<br>辛未 | 殺<br><br>〈事業〉<br>壬申 |
|---|---|---|---|
| 貪<br><br>【命宮】<br>戊辰 | 〈 己 〉年生人<br><br>圖例〈01-10-卯-己〉 | | 同<br><br>〈交友〉<br>癸酉 |
| 陰<br><br>〈兄弟〉<br>丁卯 | | | 武<br><br>〈遷移〉<br>甲戌 |
| 紫<br>府<br><br>〈夫妻〉<br>丙寅 | 機【忌】<br><br>〈子女〉<br>丁丑 | 破<br><br>〈財帛〉<br>丙子 | 陽<br><br>〈疾厄〉<br>乙亥 |

如圖例 〈01-10-卯-己〉論家道〔田宅為體、命宮、福德、

遷移為用〕：命宮〔用宮〕戊天機化忌入子女，沖田宅〔體宮〕，逢田宅辛文昌自化忌出。（用宮化忌沖體宮，逢體宮自化忌出）

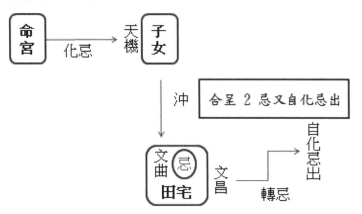

# 第二節　忌的數量算法

①每個肇因宮位化出來就是 1 個忌，化忌轉忌到第三宮時，這 1 個忌的力量延伸到第三宮來用【轉忌是傳輸工具，是過程，不能加算 1 忌】，並沒有增加忌的數量，假設 A 宮化忌入 B 宮，轉忌入 C 宮，A 宮所化出的 1 忌坐於 B 宮，轉忌入 C 宮是把 B 宮坐的 A 宮忌延伸到 C 宮來用，因此 C 宮也等同坐 A 宮忌。(A 宮沒有坐忌，B 宮坐 1 忌，C 宮坐 1 忌)。

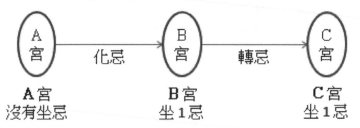

②同宮相迫：各路徑化忌、或化忌轉忌彙集到同宮相迫時，合併相加計算忌的數量。

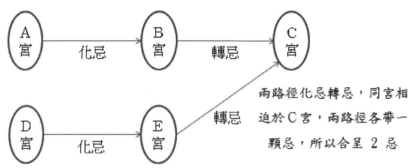

兩路徑化忌轉忌，同宮相迫於 C 宮，兩路徑各帶一顆忌，所以合呈 2 忌

③兩頭見忌：各路徑化忌、或化忌轉忌彙集到同一條線

時，兩對宮坐忌互相沖激，必須合併相加計算其坐忌數量。

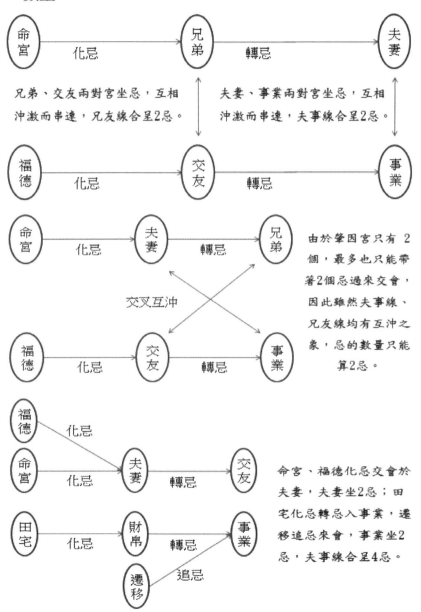

兄弟、交友兩對宮坐忌，互相沖激而串連，兄友線合呈2忌。

夫妻、事業兩對宮坐忌，互相沖激而串連，夫事線合呈2忌。

交叉互沖

由於肇因宮只有 2 個，最多也只能帶著2個忌過來交會，因此雖然夫事線、兄友線均有互沖之象，忌的數量只能算2忌。

命宮、福德化忌交會於夫妻，夫妻坐2忌；田宅化忌轉忌入事業，遷移追忌來會，事業坐2忌，夫事線合呈4忌。

④同宮相迫，逢自化忌出：自化忌出，不能加算 1 忌，
　只須論忌出之象即可。各路徑化忌、或化忌轉忌彙集
　到同宮相迫時，此宮自化忌出，為彙集 N 忌又自化忌
　出。

遷移化忌入夫妻，與夫妻的文曲生年忌同宮

相迫於夫妻宮，合呈 2 忌又自化忌出

⑤兩頭見忌，逢自化忌出：自化忌出，不能加算 1 忌，
　只須論忌出之象即可。各路徑化忌、或化忌轉忌彙集
　到同一條線上時，不論是體宮或用宮自化忌出，為彙
　集 N 忌又自化忌出。

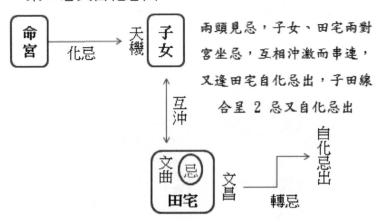

兩頭見忌，子女、田宅兩對
宮坐忌，互相沖激而串連，
又逢田宅自化忌出，子田線
合呈 2 忌又自化忌出

# 忌的串連重點提示：

## 一、忌的回溯力量（類似連通管原理）

忌的串連數量：1忌為勞、2忌為病、3忌為破、4忌為敗。

忌的力量具有回溯特質，化忌、或化忌轉忌，追忌，串連結構完成後算忌的數量，此數量為忌的強度，忌越多，強度越強。此強度的力量會回溯到每個串連的宮位。

①論破（凶化的結果）：凡是串連的宮位（含化出宮）均受〔忌的串連總數〕之力傷破〔3忌，或以上為破〕。

②論忌沖對宮：凡是【坐忌】的串連宮位，均有〔忌的串連總數〕之力沖破對宮（3忌，或以上為沖破）。

## 二、追忌（彙集因緣，不一定要同星曜），必須轉忌。

## 三、體用宮在化忌轉忌，追忌轉忌的過程中，逢不一定要同星曜的生年忌、命忌，視同追忌，必須直接轉忌。〔挾忌轉忌入下一宮〕

## 四、在化忌轉忌，追忌轉忌的過程中，逢忌出，都必須論忌出之象。

①逢自化忌出，追忌後停止。自化忌出，不算1忌，只論忌出之象。

②化忌、或化忌轉忌，或追忌轉忌，逢忌出於對宮，為兩頭見忌，兩對宮坐忌互相沖激而串連，忌的數量必須相加，然後可以繼續追忌。

## 五、化忌轉忌，追忌，停止的三個條件

①體用宮位不能追忌時，必須停止。

②體用宮位重複追忌時，必須停止。

③體用宮位化忌轉忌、追忌的過程中，逢自化忌出時，
　追忌後必須停止。

# 第三節　化忌轉忌、追忌串連的技巧

【體宮】為論事主體宮位，最重要的關鍵宮位，就像戲劇中的主角。

【用宮】影響主體宮位成敗的相關宮位，我們稱為用事宮位，簡稱用宮，就像戲劇中的配角。

凶化串連真訣：用不離體。

〔用不離體〕用宮化忌、或化忌轉忌不可以離開體宮的串連。

用不離體的三原則：

① 〔用歸於體〕用宮化忌、或化忌轉忌、或追忌間轉忌入體宮。

② 〔體用合一〕體、用宮自各化忌、或化忌轉忌、或追忌間交會於第三宮。

③ 〔用沖破體〕用宮化忌、或化忌轉忌、或追忌間轉忌入體宮的對宮，而沖破體宮。

化忌轉忌、追忌串連的技巧圖解說明：

1. 〔體用〕宮位，皆須主動飛化，必須符合下列三原則，用歸於體：〔用宮〕化忌、或化忌轉忌串連入〔體宮〕。體用合一：〔用宮〕必須與〔體宮〕串連；用沖破體：或〔用宮〕化忌、或化忌轉忌串連沖破〔體宮〕。

| | | | |
|---|---|---|---|
| <遷移><br>辛巳 | 機<br>曲<br><疾厄><br>壬午 | 紫<br>破<br><財帛><br>癸未 | 昌<br><子女><br>甲申 |
| 陽<br><交友><br>庚辰 | <乙>年生人<br><br>圖例<08-12-寅-乙> | | 府<br><夫妻><br>乙酉 |
| 武<br>殺<br><事業><br>己卯 | | | 陰<忌><br><br><兄弟><br>丙戌 |
| 同<br>梁<br><田宅><br>戊寅 | 相<br><福德><br>己丑 | 巨【忌】<br><父母><br>戊子 | 廉<br>貪<br>【命宮】<br>丁亥 |

交友宮庚天同化忌入田宅宮。

論命主題：小人劫財。田宅為體，交友為用。此式符合【用歸於體】。

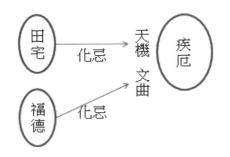

田宅宮戊天機化忌入疾厄宮，福德宮己文曲化忌入疾厄宮，田宅與福德化忌交會於疾厄宮。

論命主題：家道。田宅為體，福德為用。此式符合【體用合一】

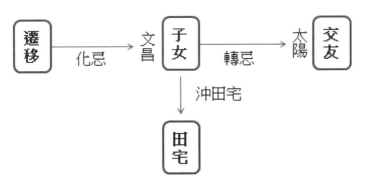

遷移宮辛文昌化忌入子女宮，沖田宅宮。

論命主題：家道。田宅為體，遷移為用。此式符合【用沖破體】

2. 〔用宮〕沒有與〔體宮〕串連（體用不合一），或化忌轉忌沒有入〔體宮〕（用不歸體），此用宮所化的忌，不列入與〔體宮〕所串連的結構來計算忌的數量。

| | 機 | 紫<br>破 | |
|---|---|---|---|
| **＜夫妻＞**<br>癸巳 | **＜兄弟＞**<br>甲午 | **【命宮】**<br>乙未 | **＜父母＞**<br>丙申 |
| 陽<br><br>**＜子女＞**<br>壬辰 | ＜丙＞年生人<br><br>圖例＜08-08-酉-丙＞ | | 府<br><br>**＜福德＞**<br>丁酉 |
| 武<br>殺<br>**＜財帛＞**<br>辛卯 | | | 陰【忌】<br><br>**＜田宅＞**<br>戊戌 |
| 同<br>梁<br>**＜疾厄＞**<br>庚寅 | 相、昌<br>曲<br>**＜遷移＞**<br>辛丑 | 巨<br><br>**＜交友＞**<br>庚子 | 廉＜忌＞<br>貪<br>**＜事業＞**<br>己亥 |

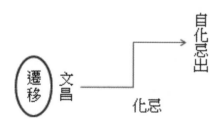

遷移辛文昌自化忌出，沒有與田宅（體宮）串連，為〔用不歸體〕，沒有辦法符合【用不離體】，所以不列入體宮的串連釋象。

3. 〔體用宮〕化忌轉忌、追忌的先後順序沒有絕對的，
   我們要取的是串連結構中所產生〔忌的數量最大化〕。

| | 機<br><br><兄弟><br>甲午 | 紫<br>破<br>【命宮】<br>乙未 | |
|---|---|---|---|
| <夫妻><br>癸巳 | | | <父母><br>丙申 |
| 陽<br><br><子女><br>壬辰 | <丙>年生人<br><br>圖例<08-08-酉-丙> | | 府<br><br><福德><br>丁酉 |
| 武<br>殺<br><財帛><br>辛卯 | | | 陰【忌】<br><br><田宅><br>戊戌 |
| 同<br>梁<br><疾厄><br>庚寅 | 相、昌<br>曲<br><遷移><br>辛丑 | 巨<br><br><交友><br>庚子 | 廉<忌><br>貪<br><事業><br>己亥 |

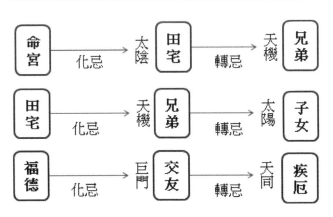

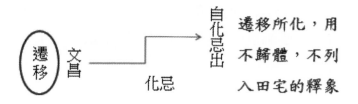

上圖各自飛化，經整合後如下圖：

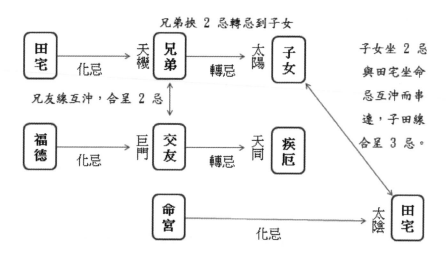

①田宅戊天機化忌入兄弟，轉甲太陽化忌入子女，兄弟、
　子女各坐田宅所化的 1 忌。

②福德丁巨門化忌入交友，遙對對宮兄弟坐 1 忌，形成
　兩頭見忌，兩對宮坐忌互相沖激而串連，兄友線合呈
　2 忌。再轉庚天同化忌入疾厄。

③兄友線 2 忌，透過兄弟宮轉忌到子女，因此子女坐 2
　忌。

④命宮乙太陰入田宅，遙對對宮子女坐 2 忌，子田線合
　呈 3 忌。

⑤結論，果報 3 忌傷破田宅。

4.〔體用宮〕先個別化忌轉忌，觀察其串連的狀況。
　〔體用宮〕上坐的生年忌或命忌，先不理它。

| 武破 <br><br> **〈夫妻〉**<br> 己巳 | 陽〈忌〉 <br><br> **〈兄弟〉**<br> 庚午 | 府 <br><br> **【命宮】**<br> 辛未 | 機陰 <br><br> **〈父母〉**<br> 壬申 |
|---|---|---|---|
| 同曲 <br><br> **〈子女〉**<br> 戊辰 | | | 紫貪 <br><br> **〈福德〉**<br> 癸酉 |
| **〈財帛〉**<br> 丙卯 | | | 巨昌【忌】 <br><br> **〈田宅〉**<br> 甲戌 |
| **〈疾厄〉**<br> 丙寅 | 廉殺 <br><br> **〈遷移〉**<br> 丁丑 | 梁 <br><br> **〈交友〉**<br> 丙子 | 相 <br><br> **〈事業〉**<br> 乙亥 |

中央：〈甲〉年生人　圖例〈06-08-子-甲〉

①圖例 <06-08- 子 - 甲 > 田宅原本文昌坐命忌，先不要管
　它，讓田宅主動化忌轉忌，因此田宅甲太陽化忌入兄
　弟宮，逢兄弟宮坐太陽生年忌，同宮相迫於兄弟宮，
　合呈 2 忌坐兄弟宮。

②兄弟宮挾 2 忌，轉庚天同化忌入子女，子女坐 2 忌沖
　田宅。

③再將命宮辛文昌化忌入田宅，追遷移丁巨門化忌來會，
　同宮相迫於田宅，合呈 2 忌坐田宅。與對宮子女宮坐
　2 忌互相沖激而串連，子田線合呈 4 忌。

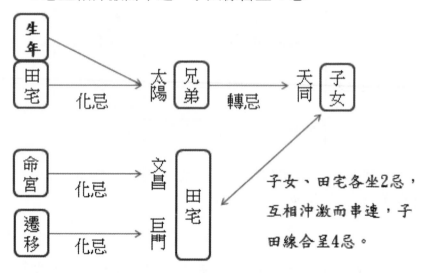

子女、田宅各坐2忌，
互相沖激而串連，子
田線合呈4忌。

5.〔體用宮〕化忌轉忌的過程中，一定要注意〔對宮〕
　是否坐忌，若有坐忌就表示兩頭見忌，因兩對宮坐忌
　互相沖激而串連。

| | 機曲 | 紫破 | 昌 |
|---|---|---|---|
| **〈遷移〉**<br>辛巳 | **〈疾厄〉**<br>壬午 | **〈財帛〉**<br>癸未 | **〈子女〉**<br>甲申 |
| 陽<br>**〈交友〉**<br>庚辰 | | | 府<br>**〈夫妻〉**<br>乙酉 |
| 武殺<br>**〈事業〉**<br>己卯 | **〈乙〉年生人**<br><br>圖例〈08-12-寅-乙〉 | | 陰〈忌〉<br><br>**〈兄弟〉**<br>丙戌 |
| 同梁<br>**〈田宅〉**<br>戊寅 | 相<br>**〈福德〉**<br>己丑 | 巨【忌】<br>**〈父母〉**<br>戊子 | 廉貪<br>**【命宮】**<br>丁亥 |

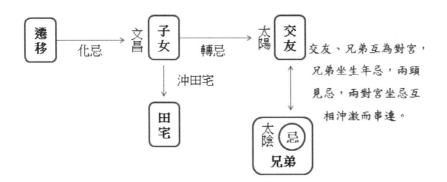

6. 〔體用宮〕化忌轉忌，路徑重疊，不可多算 1 忌。比如說福德化忌入命宮，轉忌入事業。而命宮化忌入事

業，轉忌入父母。此時命宮化忌入事業，不可重複計算忌的數量。圖示

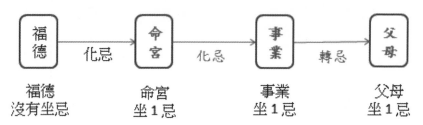

福德 ——化忌→ 命宮 ——化忌→ 事業 ——轉忌→ 父母

福德　　　　命宮　　　　事業　　　　父母
沒有坐忌　　坐1忌　　　坐1忌　　　坐1忌

命宮化忌入事業，與福德化忌入命宮，轉忌
入事業，重疊路徑，還是只能算 1 忌。

7. 我們的命盤有 12 個天干，加上生年天干，共 13 個，所以個宮位化忌而出，僅代表一個忌的數量，總數 13 個忌。

8. 〔體用宮〕化忌、或化忌轉忌的過程中，逢忌出於對宮，會呈現兩頭見忌，互相沖激而串連。

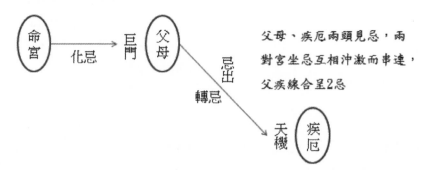

命宮 ——化忌→ 巨門 父母 ——忌出 轉忌→ 天機 疾厄

父母、疾厄兩頭見忌，兩對宮坐忌互相沖激而串連，父疾線合呈2忌

| | 機 | 紫<br>破 | |
|---|---|---|---|
| **〈夫妻〉**<br>己巳 | **〈兄弟〉**<br>庚午 | **【命宮】**<br>辛未 | **〈父母〉**<br>壬申 |
| 陽〈忌〉<br><br>**〈子女〉**<br>戊辰 | \<甲>年生人<br><br>圖例\<08-08-酉-甲> | | 府<br><br>**〈福德〉**<br>癸酉 |
| 武<br>殺<br>**〈財帛〉**<br>丁卯 | | | 陰<br><br>**〈田宅〉**<br>甲戌 |
| 同<br>梁<br>**〈疾厄〉**<br>丙寅 | 相、曲<br>昌【忌】<br>**〈遷移〉**<br>丁丑 | 巨<br><br>**〈交友〉**<br>丙子 | 廉<br>貪<br>**〈事業〉**<br>乙亥 |

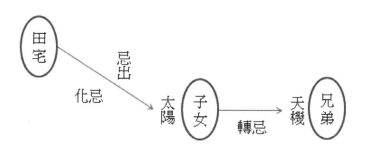

圖例 <08-08-酉-甲> 田宅甲太陽化忌入子女，為田宅忌出，由於田宅本身沒有坐忌，並沒有兩頭見忌，所以只能算 1 忌。

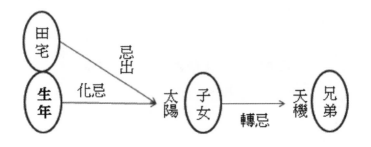

逢太陽生年忌，同宮相迫於子女宮，合呈 2 忌坐子
女。子女挾 2 忌轉戊天機化忌入兄弟。兄弟坐 2 忌。

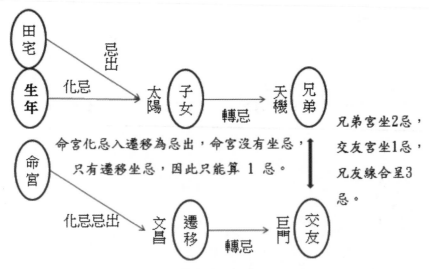

命宮辛文昌化忌入遷移宮為忌出，命宮沒有坐忌，
只有遷移坐忌，因此只能算 1 忌，遷移挾 1 忌轉丁巨門
化忌入交友，交友坐 1 忌。

9.〔體用宮〕坐生年忌、或命忌時，直接化忌入對宮，
為兩頭見忌，因互相沖激而串連。此〔體用宮〕化忌

忌出，依然可以轉忌。

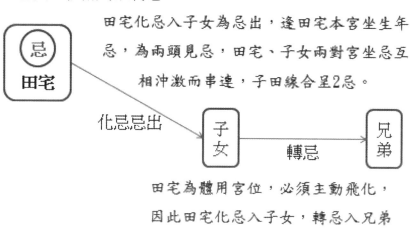

田宅化忌入子女為忌出，逢田宅本宮坐生年忌，為兩頭見忌，田宅、子女兩對宮坐忌互相沖激而串連，子田線合呈2忌。

化忌忌出

田宅為體用宮位，必須主動飛化，因此田宅化忌入子女，轉忌入兄弟

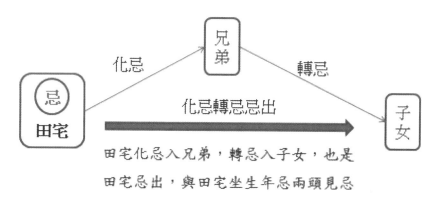

田宅化忌入兄弟，轉忌入子女，也是田宅忌出，與田宅坐生年忌兩頭見忌

10.〔體用宮〕的串連，不一定會全部串再一起，有的全部串連再一起，有的結構分散，比如分成２式串連結構，甚至分成３式串連結構。

| 巨<br>曲<br><br>〈夫妻〉<br>癸巳 | 廉〈忌〉<br>相<br><br>〈兄弟〉<br>甲午 | 梁<br><br>【命宮】<br>乙未 | 殺<br><br>〈父母〉<br>丙申 |
|---|---|---|---|
| 貪<br><br>〈子女〉<br>壬辰 | <br><br>〈丙〉年生人 | | 同<br>昌<br>〈福德〉<br>丁酉 |
| 陰【忌】<br><br>〈財帛〉<br>辛卯 | 圖例〈01-08-丑-丙〉 | | 武<br><br>〈田宅〉<br>戊戌 |
| 紫<br>府<br>〈疾厄〉<br>庚寅 | 機<br><br>〈遷移〉<br>辛丑 | 破<br><br>〈交友〉<br>庚子 | 陽<br><br>〈事業〉<br>己亥 |

此例為 2 是分散結構。


第一式：

1. 財帛坐太陰命忌，轉辛文昌忌忌出於對宮（福德），
   兩頭見忌互相沖激而串連，因此福財線合呈 2 忌。

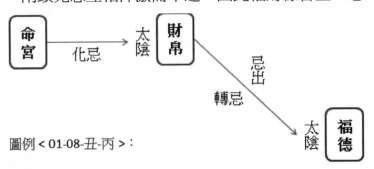

圖例 < 01-08-丑-丙 > ：

2. 田宅戊天機化忌入遷移，轉辛文昌化忌入福德，與福
   財線 2 忌於福德同宮相迫而串連，合呈 3 忌坐福德。

圖例 < 01-08-丑-丙 >：

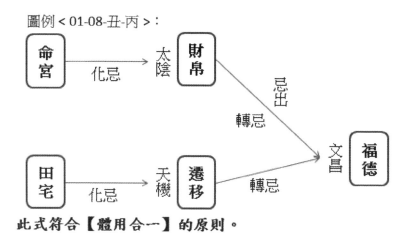

**此式符合【體用合一】的原則。**

3. 結論：上式串連結構符合〔體用合一〕的原則。

第二式：

1. 廉貞生年忌雖坐兄弟宮，兄弟不是體用宮，不需要主
   動飛化，但是生年忌必須轉忌，所以廉貞生年忌轉甲太
   陽化忌入事業，由逢事業忌出於對宮（夫妻），兩頭見
   忌互相沖激而串連，夫妻事業線合呈 2 忌。

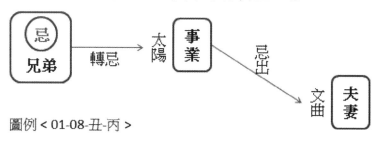

圖例 < 01-08-丑-丙 >

2.追福德丁巨門化忌夫妻，與夫妻事業線2忌同宮相迫
　於夫妻宮，合呈3忌坐夫妻。

圖例＜01-08-丑-丙＞：

3.追忌必須轉忌，夫妻挾3忌轉癸貪狼化忌入子女，又
　逢子女忌出於對宮（田宅），兩頭見忌互相沖激而串
　連，因此子田線合呈4忌。

圖例＜01-08-丑-丙＞：

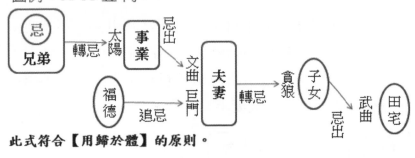

此式符合【用歸於體】的原則。

4.結論：上式串連結構符合〔用歸於體、用沖破體〕的
　原則。

## 二、忌的串連手法

1. 兩頭見忌：兩對宮坐忌，互相沖激而串聯，忌的數量
   必須加。

| 機<br>曲<br>〈遷移〉<br>辛巳 | 紫<br>破<br>〈疾厄〉<br>壬午 | 昌<br>〈財帛〉<br>癸未 | 〈子女〉<br>甲申 |
|---|---|---|---|
| 陽<br>〈交友〉<br>庚辰 | 乙年生人<br><br>圖例〈08-12-寅〉 |  | 府<br>〈夫妻〉<br>乙酉 |
| 武<br>殺<br>〈事業〉<br>己卯 |  |  | 陰〈忌〉<br>〈兄弟〉<br>丙戌 |
| 同<br>梁<br>〈田宅〉<br>戊寅 | 相<br>〈福德〉<br>丑 | 巨【忌】<br>〈父母〉<br>子 | 廉<br>貪<br>〈〈命〉〉<br>丁亥 |

命宮丁巨門化忌入父母，轉戊天機忌入疾厄，我們稱為
父母疾厄兩頭見忌，因此必須加起來算，共 2 忌。我們
稱為父疾線 2 忌。

田宅宮戊天機化忌入疾厄，為追忌（同星曜的追忌）

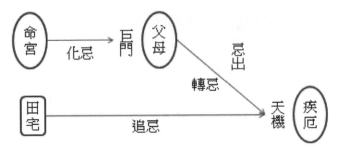

福德宮己文曲化忌入疾厄，為追忌（不同星曜的追忌）

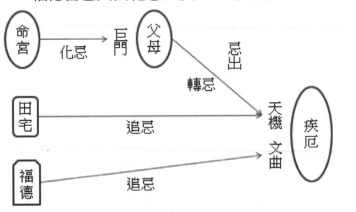

　　這也是田宅、福德兩宮追忌交會於疾厄，追忌就必須轉忌，疾厄挾 4 忌轉壬武曲忌入事業。合呈 4 忌。

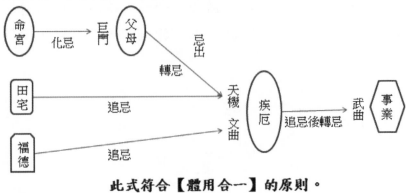

**此式符合【體用合一】的原則。**

再一例：

| | 機曲 <夫妻> 壬午 | 紫破 <兄弟> 癸未 | 昌 【命宮】 甲申 |
|---|---|---|---|
| <子女> 辛巳 | | | |
| 陽【忌】 <財帛> 庚辰 | <乙>年生人 | | 府 <父母> 乙酉 |
| 武殺 <疾厄> 己卯 | 圖例<08-09-寅-乙> | | 陰<忌> <福德> 丙戌 |
| 同梁 <遷移> 戊寅 | 相 <交友> 己丑 | 巨 <事業> 戊子 | 廉貪 <田宅> 丁亥 |

主題：家道不興。

命宮甲太陽化忌入財帛，逢對宮福德坐太陰生年忌，兩頭見忌，兄弟、交友兩對宮坐忌互相沖激而串連，兄友線合呈2忌，財帛挾2忌轉庚天同化忌入遷移。

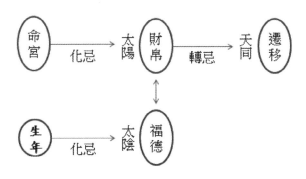

2. 福德為〔用宮〕，為用宮必須主動化忌轉忌，福德因
   坐生年忌之故挾2忌化丙廉貞忌入田宅，轉丁巨門化
   忌入事業。由於事業宮直接化天機忌忌出於夫妻，所
   以形成兩頭見忌，夫事線兩宮坐忌互相沖激而串連，
   合呈3忌。

圖例＜08-09-寅-乙＞：

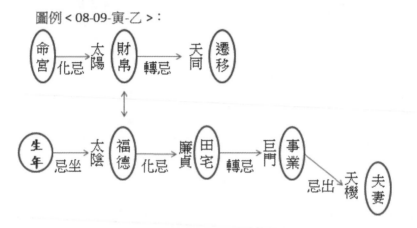

3. 追遷移戊天機化忌入夫妻，與夫妻坐3忌同宮相迫於
   夫妻宮，合呈4忌。夫妻宮挾4忌轉壬武曲化忌入疾厄，
   疾厄宮坐4忌。

圖例＜08-09-寅-乙＞：符合【用歸於體、體用合一】的原則

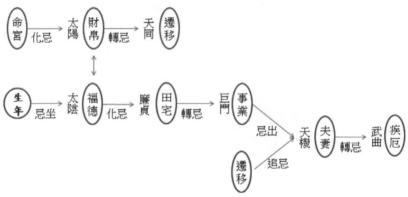

第六章

論命要領

# 第一節　論命者應有的觀念

1. 命運軌跡：妻財子祿壽，窮通壽夭。一般命理老師大多以結果論，但對於細節的描述往往不足，飛星紫微斗數對於事理的發展的方向，及事態發展的輕重程度，有其獨到之處，關鍵就在宮位互化、星質的變化上有細膩的推理論述。

2. 生辰非定數：〔出生時辰〕，與〔命理時辰〕，不一定會完全吻合。在以前自然生產的年代，〔出生時辰〕與〔命理時辰〕的吻合度超過八成，容易出現時辰不吻合的如頭胎生產、難產、過度勞動、生產多胎造成產道鬆弛等。現代有太多的人為干擾，如催生、無痛分娩、約定剖腹、擇日剖腹等等，命理時辰可能有誤，必須詳查。古人有云：論命不準時，但用三時斷。因此傳統認知的【落土時，八字命】並不完全正確。

3. 論〔象〕：命理學術是人生的命運軌跡推論術，必須以紮實的學理基礎，來推論人生可能發生的種種現象，學術上而所推論出來的是一個〔象〕而非事實。因此最忌諱的是【武斷或鐵口直斷】，常常可見坊間的命理老師，鐵口直斷，其風險是很高的，且容易為了展現學術上的功力而造口業，所以有所謂的（地獄門前僧道多）的因果。論象，同象非必同果，同果必同象。由象〔命理結構分析〕推果〔事件的結果〕，會有 N 種

不同的結果。由果反推象，由事件結果反推命理結構分析的現象，會呈現學理上一致的象出來。

4. 語帶保留：我們是學術推理，並不是通靈者看到事實發生，所以在論述吉凶時，會有種種的面向，無法一次說明完整，因此在論命時，請先說：如果這個命盤對（或正確）的話，可能會有……的現象。吉凶（得失）分論再合參，吉事（得）這一面是如何，凶事（失）這一面是如何，當您做這件事時，是吉中帶凶，還是凶中帶吉，該如何應對調整與注意事項種種的合併論述。

5. 忠誠反映命盤的訊息：您若有心研究或以此為業，您就是上天派您下凡的翻譯官，您必須忠誠的反應命盤上所顯示的訊息現象，絕對不可摻雜個人意志，以人生經驗來解盤。強如王永慶、郭台銘、張忠謀的台灣企業經營楷模，他們皆有傳記傳世，我們可能完全複製且依照其模式而成為經營企業楷模嗎？不可能的，一人一命，必須量身打造，我是稻子〔當稻穗成熟時，越飽越低頭，成就餵養眾生〕，就不可能是玫瑰花〔燦爛而短暫，只供欣賞或茶飲〕。

6. 制天命而用之〔荀子〕：每個生命都有其獨特的任務，順應天命而善用之，才是根本之道。人類就因為無知，不懂得制天命而用之的觀念，導致你爭我奪、僭越之心甚囂塵上，導致人類文明的浩劫，學會〔飛星紫微

斗數〕，讓我們清楚〔我是誰？〕我該如何處世，如何將自我的靈性提高，將自己的命格優勢發揮到極致。我們用杯子來舉例什麼是格局高低，生活中有各式各樣的杯子，有大有小，各有各的功能，我們就簡單的以容量來解說命盤格局，假如我是 300cc 的杯子，我的極限就是 300cc，我們這一輩子再努力也無法超越這個限制。另外一個杯子是 500cc，我看到它可以的容量比我多更多，我希望能像它一樣，可能嗎？不可能的！我可改變的是我的內容物和如何發揮到極致的狀態，人的潛能往往只發揮一到二成，強者是把其格局發揮到接近極致，但是永遠無法到達極致的。所以人有永遠進步的動力，但不是僭越之心。千金難買早知道，萬般無奈想不到。

7. 時也、運也、命也，非我所能也。非宿命論，【妥當】二字而已。妥當，在對的時間點做對的事，恰如其分。無運之時韜光養晦不改其志。起運之時，積極奮發有為有守，為所當為，謙沖為懷，忌得意忘形。

   宋朝名相呂蒙正的破窯賦：天有不測風雲，人有旦夕禍福。蜈蚣百足，行不及蛇；雄雞兩翼，飛不過鴉。馬有千里之程，無騎不能自往；人有沖天之志，非運不能自通。
   蓋聞：人生在世，富貴不能淫，貧賤不能移。文章蓋世，孔子厄于陳邦；武略超群，太公釣於渭水。顏淵

命短，殊非兇惡之徒；盜跖年長，豈是善良之輩。堯帝明聖，卻生不肖之兒；瞽叟愚頑，反生大孝之子。張良原是布衣，蕭何稱謂縣吏。晏子身無五尺，封作齊國宰相；孔明臥居草廬，能作蜀漢軍師。楚霸雖雄，敗於烏江自刎；漢王雖弱，竟有萬里江山。李廣有射虎之威，到老無封；馮唐有乘龍之才，一生不遇。韓信未遇之時，無一日三餐，及至遇行，腰懸三尺玉印，一旦時衰，死於陰人之手。

有先貧而後富，有老壯而少衰。滿腹文章，白髮竟然不中；才疏學淺，少年及第登科。深院宮娥，運退反為妓妾；風流妓女，時來配作夫人。青春美女，卻招愚蠢之夫；俊秀郎君，反配粗醜之婦。蛟龍未遇，潛水於魚鱉之間；君子失時，拱手於小人之下。衣服雖破，常存儀禮之容；面帶憂愁，每抱懷安之量。時遭不遇，只宜安貧守份；心若不欺，必然揚眉吐氣。初貧君子，天然骨骼生成；乍富小人，不脫貧寒肌體。

天不得時，日月無光；地不得時，草木不生；水不得時，風浪不平；人不得時，利運不通。注福注祿，命裡已安排定，富貴誰不欲？人若不依根基八字，豈能為卿為相？

吾昔寓居洛陽，朝求僧餐，暮宿破窯，思衣不可遮其體，思食不可濟其飢，上人憎，下人厭，人道我賤，非我不棄也。今居朝堂，官至極品，位置三公，身雖鞠躬於一人之下，而列職於千萬人之上，有撻百僚之杖，有斬鄙吝之劍，思衣而有羅錦千箱，思食而有珍饈百味，

出則壯士執鞭，入則佳人捧觴，上人寵，下人擁。人道我貴，非我之能也，此乃時也、運也、命也。

　　嗟呼！人生在世，富貴不可盡用，貧賤不可自欺，聽由天地迴圈，周而復始焉。


　　飛星紫微斗數論命時，必須先校正命盤，如何校正，命理是邏輯推理，必須契合實務，也就是實際所有發生過的事態與理論要相符。

# 第二節　從什麼地方開始下手論命

　　學習吉化、凶化串連邏輯功法後，就必須開始練習吉化、凶化串連後的解釋，也就是練習判斷命盤中的吉凶得失，先掌握靜盤（原命盤）的吉凶變化，了然於胸後，再學習動盤（論時間）契應手法。

　　那到底該從哪裡下手呢？每一張命盤的結構都不同，應該先掌握其〔家道格局〕，就好像判斷植物的品種一樣，再了解其〔性格表現〕，就是瞭解這個人的性格內外表裡變化，然後根據你看到的哪個命理結構比較明顯，或你比較容易了解的事項，先向命主求證，答案肯定後再慢慢推演開來。以下提供幾個主題給大家做參考：

1. 先論家道：家道的興衰，就是掌握命主的格局高低，就好像是我們觀察植物時，我們必須了解它是什麼品種一樣。若是矮樹品種，它就不可能是參天大樹。若是小草小花，就不可能是樹。各有各的功課與任務，也有其特色與優勢。
2. 掌握其性格表現，感情觀。
3. 先默默觀察其身材的高矮胖瘦。
4. 疾病發生的可能性，但不要一開始就說，除非很明顯的發生在這個論命的時間點。
5. 了解其婚姻狀態。
6. 了解命主可能從事的行業。

7. 觀察他的天分、天賦、才華。

8. 校正命盤時，可以詢問命主幾個簡單的重點，比如說：

①家庭經濟的起絡，人丁是否興旺，男丁多寡是否有出息？【家道興衰】

②生病史，自己或至親有沒有發生過什麼重大疾病或意外。

③學歷，讀書的過程，順暢與否，有沒有中斷？

④五術緣、宗教緣、特殊才華。

⑤從事過的行業。

⑥是否長期出國，出外。

⑦特殊性格、嗜好興趣。

⑧感情、婚姻。

⑨其他重要事件，如容易感應神佛或陰邪，如搬家頻繁或不曾，官非訴訟……。

⑩了解命主是第幾胎出生的，生產過程如何，有無催生，或剖腹產，如剖腹產是請命理老師擇日的、或是預產期到了與醫生約好的、或是難產必須剖腹的。

# 第三節　論命要領

一、定、靜、安、慮、得：大學之道，在明明德，在親民，在止於至善。知止而后有定，定而后能靜，靜而后能安，安而后能慮，慮而后能得。物有本末，事有終始，知所先後，則近道矣……。

1. 練習手寫命盤，直至可以默排在手上為止。這對於學習的過程極為重要，因為您不斷的練習排盤，可以將深藏在阿賴耶識的根器〔天分、天賦、才華〕引導出來。且讓自己驛動的心，定下來、靜下來，才能有效的思考，思慮才能越趨周全，而有所收穫。讓自己的心融入命盤中。

2. 消化命盤：手排盤有助於消化命盤，或見到命盤時，先各宮位飛化串連，先了解一番，讓自己對此命盤有初步的認識。以下幾點提供初步切入命盤時的參考：
①田宅為體，論家道興衰、論財產、論格局。
②命宮、疾厄、福德論性格表現，性格決定命運。
③兄弟為體，論事業格局、對工作或事業的態度。
④兄弟為體，論經濟狀況（現金流：存款）。
⑤疾厄為體，論健康。
⑥遷移為體，論行事風格。
⑦父母為體，論讀書運
⑧論感情：正緣以夫妻為體。桃花緣，以廉貞、貪狼星

為主角。

⑨論壽元，以福德、子女為體。

⑩論六親的壽元，主要以六親宮與我的疾厄、田宅的親情緣分來斷。

二、熟練吉化、凶化串連邏輯功法：目前世賢所知的五術領域，梁若瑜飛星紫微斗數，是唯一，學生可透過努力學習練習，可以超越老師的一門命理學，因為它不須要背古訣，完全以推理的手法來論述的。

飛星紫微斗數，著重在【事件分析】和【命理結構推理分析】，而【命理結構推理分析】所推理出來的是一個【象】。【事件分析】卻考驗著每一個學習命理者的人生經驗，閱歷豐富者，對事件的分析就容易比較周全到位，不經世事者，往往無法領略其中要妙。所以根器高者，加上閱歷豐富者，再加上努力，往往能夠超越老師。

三、辨明宮、象、星：用人體來做比喻，宮位象義就像人體中的骨架【事件的模組】，四化象就是人體的筋肌肉【事件的變化】，星質就是人體皮毛【事件的細節】。宮位中的天干與星質產生變化的現象，產生了對待關係，這就是邏輯推理，完全用現代模組化推理的思維，對問題的剖析要深入才能找出論事主題，進而確定論事之相關宮位【論事體用宮位】；該用的四化象【祿權科忌】，星曜特質論細節。

體宮：為論事的主體宮位，就像戲劇中的主角，簡稱〔體宮〕。

用宮：影響主體宮位成敗的相關宮位，就像戲劇中的配角，以這些相關宮位為用事宮位，簡稱〔用宮〕。

例如：論家道興衰，體宮為田宅，用宮為命宮、福德、遷移。

**四、熟練宮位互化象義**：這部分是最基礎的，也是最枯燥的，在推理解釋上最重要，熟悉它，可以讓妳在詮釋命理現象時活靈活現，如同在描繪一部連續劇，劇情的細節瞭如指掌，描述到命主拍案叫絕。論命者必須熟悉宮位象義、四化象義、星性象義，兩宮位間的四化象義，多宮位串連釋象。

**五、觀察生年四化的落點是何意**？生年四化為與生俱來的特質，是屬於常態性的，被動接收的。生年祿是與生俱來的福。生年權是與生俱來的能力。生年科是與生俱來的能力。生年忌是與生俱來的功課。

觀察命宮四化的落點是何意？觀察其串連的結構，坐祿必須轉忌，坐忌必須轉忌。

**六、吉化串連邏輯功法**：多祿彙集的串連飛化（有追祿方能轉忌。有追祿，才可以追權）。了解吉化的事理發展方向，事態輕重程度。

七、凶化串連邏輯功法：多忌彙集的串連飛化。了解凶化的事理發展方向，事態輕重程度。

八、掌握格局高低：每件事都有其格局高低，每個人都有他的優勢，只是在功利的普世價值下，往往被抹煞掉了。

九、對性格的掌握，命宮、疾厄、福德為性格宮，情緒表現宮，性格決定命運，因此對性格的掌握格外重要。另外遷移宮是處世應對宮位，是智慧宮，關鍵成敗宮位。

十、論命應有的態度：

不可武斷或鐵口直斷，現象而已。同果必同象。同象非必同果。

必須客觀：我們是扮演翻譯解讀的角色。忠實反映命盤的邏輯推理。所有的回答，都必須依照命盤的學理來回答。

要有懺悔之心。我們是人，所以一定有不夠周全之處，所以時時要反省。

對個人的隱私不可以妄斷，對於個人的隱私如果對方不提，我們切勿為了展現自己的功力，而去揭穿個人隱私〔比方說同性戀、私生子……〕。當兩人或多人同行時，請問一下命主，我們論命會論到一些個人隱私，方便讓友人聽嗎？

一切現象照學理論述，切勿摻雜個人想法。可以加強國學素養，與多涉略文學方面的著作，有利於語出貼切的形容詞。每個命理師的風格不同，不必拘泥於任何形式，一切以學理為依歸，才不會有所偏頗。

十一、論命是綜合論述的，必須綜合飛化後，才能做細部的推論，由大到小，由粗到細。

十二、在論述一件事情時，祿歸祿，忌歸忌，祿、忌必須先分論，再合參。了解其格局的大小，或相應的時間點。祿忌的合參，就是吉凶的合參，這個難度與動盤契應論時間不相上下，需要很多的經驗，才能較為清楚的掌握。凡事都是吉中帶凶，或是凶中帶吉，必須審慎明辨的解象。

十三、勤練動盤契應的手法。因為每個命盤的飛化結構都不同，沒有絕對的公式，所以必須不斷練習各種命盤的飛化組合，掌握其變化。

靜盤所有飛化是論述此命主一生中所有會發生的事態現象。動盤的契應是在論述靜盤現象所發生的時間點。動盤是純粹論時間，所以我們對於靜盤的飛化結構與其象義必須掌握清楚。

論格局，任何事均有其格局優劣，所以必須分別論之，必須掌握一個原則〔用不離體〕：體用合一、用歸

於體、用沖破體（適用於凶化串連），是來解釋〔用不離體〕的三個註解。

　　什麼是格局？一般人對格局的誤解，只有財富事業的格局。事實上人生有很多種不同的格局。舉幾個常用的例子：

　　一、論家道格局：以田宅為體，命宮、福德、遷移為用。當在論述吉化的結構時，因化祿轉忌追祿追權必須【同星曜】的結構是非常嚴謹的，有一些相關宮位是可以當作搭橋的工具宮位，比如說，疾厄（命宮的共宗六位），夫妻（福德三方，福德的財帛），兄弟宮（田宅的財帛，家庭收入），父母宮（在爸爸手裡興家）。交友（家道興旺串連交友，表示家道興隆與人際有關）。

　　二、論我後天努力的財產格局：以田宅為體，其他與上述相同外，論祿還可以加上財帛、事業、交友三方，為我後天努力汲營加上人際的助力。但必須研究性格上的優劣。

　　三、論事業成就格局：以兄弟宮為體，命宮、福德、遷移為用。當在論述吉化結構時搭橋的宮位，疾厄（命宮的共宗六位），夫妻（福德三方，福德的財帛），兄弟宮（田宅的財帛，家庭收入），父母宮（長輩之福），交友（人際之福），事業（工作能力，一六共宗），財帛（來

財方式），子女（晚輩、下屬、合夥），田宅（財產福、家道）。

四、論健康的格局：以疾厄為體，命宮、兄弟、福德、遷移、子女為用。

五、論讀書學歷的格局：以父母為體，命宮、福德、遷移為用。當在論述吉化結構時搭橋的宮位，疾厄（命宮的共宗六位），交友（考試競爭位），事業（把這件事當工作來做，或者考證照，或者在職進修，或者學以致用），田宅（收藏宮，把緣分拉長了）。

六、論壽元格局：以福德、子女為體，命宮、遷移、疾厄、兄弟、田宅為用。

七、論根器才華之格局：根器宮（福德、或遷移、或子女）為體，命宮、疾厄為用。配合根器星：天梁、天機、貪狼。

以上提供給大家做參考，每個人的風格不同，不必拘泥於形式，最高指導原則就是依理推命，【梁若瑜飛星紫微斗數】所有的論命結論都必須有理論基礎，沒有空穴來風的，沒有老師說了算的，沒有突然的靈感卻沒有學理根據的，也沒有什麼祕訣，唯有熟練而已。

第七章

試論吉凶

# 第一篇　論家道興衰

何謂家道？

一個宗族（主要看曾祖父以下的宗族）和家庭整體運勢走向。父母宮是我的父親，福德宮是我的祖父（阿公），田宅宮為曾祖父（阿祖），田宅宮論所有祖先。祖先的祖德影響了家道的興衰，可以影響最少6代人。所以縱使家道不興，但可以從我開始，成為家道興隆的祖先，來庇蔭我的子孫。

由命主的田宅宮為體，命宮、福德、遷移為用。

## 論忌的相關宮位：

田宅為體。（體：論事重點）

命宮、福德、遷移為用。（用：關乎成敗）

生年忌不管它在哪一個宮位必然轉忌，觀是否與體用宮位【非必同星曜】有所串連。

串連3忌以上為破：為果報傷田宅，家道中落，家道不興，損丁損財。若與之串連的家中男丁，必然有恙。

串連4忌以上為敗：為果報破田宅，是嚴重的家道中落，家道不興，丁財凋零。若與之串連的家中男丁，必然有遺憾。

如果有串連（太陰或巨門）＋（廉貞或貪狼）＋（文昌或文曲），則容易有雙姓祖先，或祖先牌位的文書有問題。

破夫事線：沖夫妻，夫妻宮為少小限的命宮，少小限命宮沖破，小時候家庭容易有動盪不安的現象。

　　破兄交線：交友為田宅的福德，論祖墳，若交友坐多忌呈破，表示祖墳本身造葬有問題。若兄弟坐多忌沖破交友，則為祖墳周遭環境不佳所致。

　　果報破田宅，是嚴重的家道中落，家道不興，丁財凋零，通常是祖德、或祖墳有問題。

　　所謂男丁的遺憾有三大項，七小項：家道有 3 忌以上之破，串連男丁的宮位【父母、兄弟、子女、夫妻（女命指老公）】有 4 忌以上之破。此男丁必有挫折。

1. 有出息的男丁：與我的緣份淺薄。
①或早夭，意思是與我的緣分較淺薄，所以與我在一起的時間較短暫。
②或重病，突如其來的重病臥床成為我的困擾，當此男丁意氣風發時，突然病倒而無法視事，我必須為其付出照顧。
③或在遠方，緣分淺薄（不一定真的在遠方，就算住隔壁也會），甚至是惡緣的，有好像沒有，平常渺無音訊，或互不往來。

2. 沒有出息的男丁：留在身邊成為我的困擾。
①平庸之輩：此男丁自顧且不暇，偶爾還需要我的幫忙，且在身邊，我必須為其付出，成為我的困擾。
②重病：容易長久臥病在床，或很早就身體不好，需要

我長期付出與照顧，成為我的困擾。

③個性扭曲：此男丁容易染上惡習，如吃喝嫖賭煙毒酒，或現代的啃老族，在我身邊成為我的困擾。

3. 不出丁：是針對兄弟、子息、老公（女命），現代人而言，不出丁反而是好事，不會造成生活上的困擾。若有傳宗接的的壓力，也是一種困擾。

## 家道吉化，論祿的相關宮位：

田宅為體。命宮、福德、遷移為用。

生年祿不管他在哪個宮位必然轉忌，看是否與上述宮位【同星曜】有所串連。

論祿時的輔助宮位（不主成敗）（或稱為搭橋的工具宮位）：

①疾厄【命為無形的我，疾厄為具體形象的我，構成完整的我】。

②夫妻，為福分中的財，為福德三方之一。

③兄弟，為家庭收入。【論財產時用】。論男丁，兄弟緣旺。

④交友，為人際，家庭財產興旺與人際有關，家庭發富常常與做生意有關。

⑤父母，家庭財產興旺從父母手裡就開始了。

家道涉及人生諸多事態，尤其是家庭或宗脈的傳承興衰。所以論命時，先了解其家道，判斷其格局高低。

家道興隆，果報興家，丁財兩旺。有串連到的男丁，

必然受此家道之福蔭而興旺，我與此男丁緣分好且長，容易有相處融洽愉快的一面。如果有疾厄的串連，表示常常相處在一起。如果田宅化祿入遷移、父母（表象宮），為含和於庭，家人常相聚首，家庭和樂。

案例：圖例 < 08-12- 寅 - 乙 >

| | | | |
|---|---|---|---|
| **<遷移>**<br>辛巳 | 機<祿><br>曲<br>**<疾厄>**<br>壬午 | 紫<br>破<br>**<財帛>**<br>癸未 | 昌<br>**<子女>**<br>甲申 |
| 陽<br>**<交友>**<br>庚辰 | <乙>年生人 | | 府<br>**<夫妻>**<br>乙酉 |
| 武<br>殺<br>**<事業>**<br>己卯 | 圖例<08-12-寅-乙> | | 陰**【祿】**<br>**<兄弟>**<br>丙戌 |
| 同**【權】**<br>梁<權><br>**<田宅>**<br>戊寅 | 相<br>**<福德>**<br>己丑 | 巨<br>**<父母>**<br>戊子 | 廉<br>貪<br>**【命宮】**<br>丁亥 |

家道興隆的一面：吉化串連手法，祿的串連。

1. 田宅戊貪狼化祿入命宮，福德己貪狼化權來交拱，合呈 1 祿 1 權坐命宮。

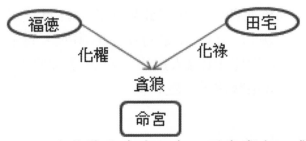

　　田宅化祿入命宮：有一天家庭上、或經濟上會帶給我順遂如意快樂。這種人容易有安逸的性格。

福德化權來拱：表示果報的力量來庇蔭，或者是自己的積極心或好勝心來促成。

2. 化祿必須轉忌，命宮挾 1 祿 1 權轉丁巨門化忌入父母，父母得 1 祿 1 權。

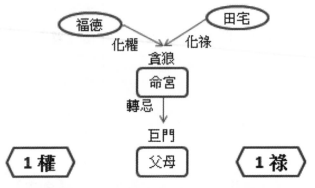

　　化祿轉忌入父母，把愉快的事情展現在笑容上，或者表現出來。此式是田宅化祿轉忌入父母，意思是家庭的快樂會讓他眉開眼笑，或者是新居落成搬新家眾人皆知。

3. 轉忌後追祿，追遷移辛巨門化祿入父母，合呈 2 祿 1

權坐父母。

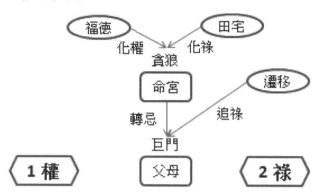

　　遷移為果報宮、際遇位、處世應對的能力，表示我的果報上得遇貴人相助而興家，或者是我的手腕好，擅長經營持家，導致家庭興隆。

4. 追祿後必須轉忌，父母挾 2 祿 1 權轉戊天機化忌入疾厄，疾厄得 2 祿 1 權。

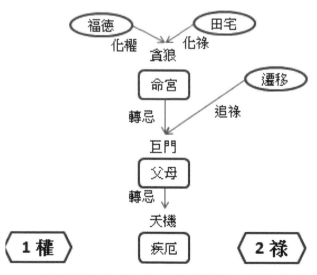

多祿轉忌入疾厄，輕鬆獲得，或者如意順遂。

5. 逢疾厄坐天機生年祿，合呈 3 祿 1 權坐疾厄。

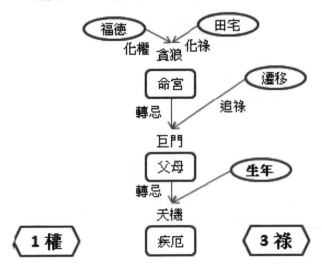

　　疾厄坐生年祿，家運或財產運好，我是隨緣自在的、或好相處的人。


6. 追夫妻乙天機化祿來會，合呈 4 祿 1 權坐疾厄　。

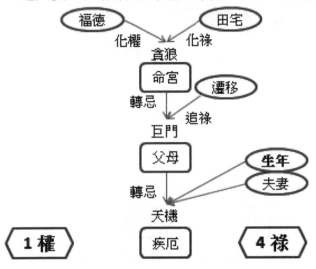

夫妻化祿入疾厄，夫妻體貼我，或夫妻蔭我家運興旺。

7. 追兄弟丙天機化權，追祿權後轉忌，疾厄挾 4 祿 2 權
   轉壬武曲化忌入事業，事業得 4 祿 2 權。

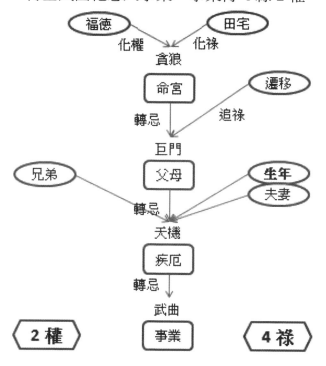

　　多祿轉忌入事業，如果是自己做事業或工作，當然
是事業或工作順遂。但是如果是田宅為主題，可能是繼
承家業，或者是家運興隆後夫妻感情祿出愉悅。

8. 逢事業己武曲自化祿出、追福德己武曲化祿入事業，
   合呈 6 祿 2 權坐事業。

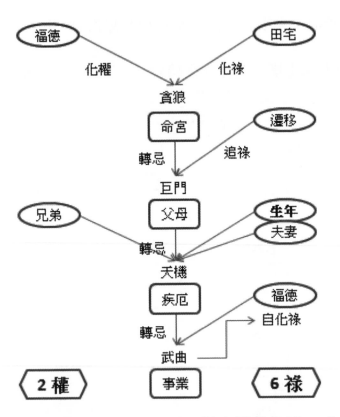

事業自化祿出，可以從事變動快速、或會員直銷的行業。

福德化祿入事業，容易找到自己喜歡的、或有興趣的工作或行業。或者是如意的工作。

9. 追祿後轉忌，事業挾 6 祿 2 權轉己文曲化忌入疾厄，
   疾厄得 6 祿 2 權。

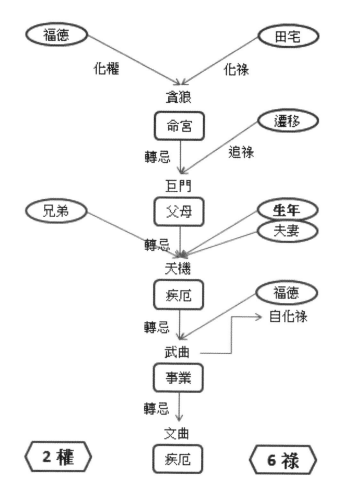

10. 結論：果報蔭田宅，家道興隆蔭父母、夫妻。

　　整體論述：為果報【福德、夫妻、遷移】蔭我家庭、經濟，祖德留芳、夫妻宮為我的配偶，或論婚後帶給家庭興旺。

　　疾厄坐祿，遷移化祿轉忌來會，生年祿轉忌後，福德又化祿來會，個性逍遙閒散有福。胖不離福。

**家道不興的一面：凶化串連手法，忌的串連。**

　　體宮：田宅。

　　用宮：命宮、福德、遷移。

　　家道不興的串連結構如下：

1. 命宮丁巨門化忌入父母，轉戊天機化忌忌出於疾厄，
   父疾線形成兩頭見忌，父母、疾厄兩對宮互相沖忌而
   串連，父疾線合呈 2 忌。

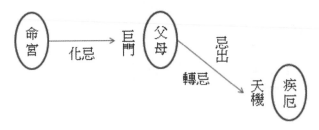

　　根據家道不興的主題來做細部解說：

① 命宮丁巨門化忌入父母：我在乎父母而願意為父母付
　出，表示我是孝順的人。在情緒上沖疾厄【情緒反應
　位】，容易喜怒形於色，平常比較嚴肅。巨門忌，容
　易有負面思惟。

② 轉戊天機化忌忌出於疾厄，父疾線合呈 2 忌：情緒波
　動就很大了，容易翻臉跟翻書一樣快。

2. 追福德己文曲化忌入疾厄、追田宅戊天機化忌入疾厄，
   福德、田宅化忌入疾厄與疾厄所坐 2 忌，同宮相迫，
   合呈 4 忌坐疾厄宮。

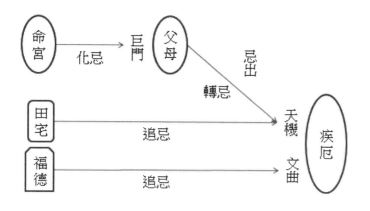

①福德己文曲化忌入疾厄，合呈 3 忌：我有龜毛的個性、
　愛嘮叨（文曲）、或者業力病。或者果報破家運位，家
　運有不夠好的一面。

②田宅田宅戊天機化忌入疾厄：我要扛家庭責任、為家
　庭忙碌奔波，家庭環境、或動線不佳。

3. 追忌必須轉忌，因此疾厄挾 4 忌轉壬武曲化忌入事業，
　沖夫妻。

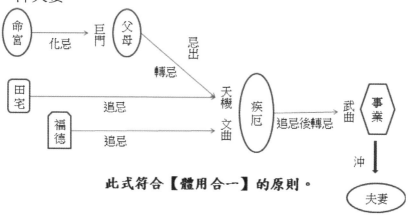

**此式符合【體用合一】的原則。**

4. 結論是果報破田宅合呈 4 忌之破，嚴重的家道不興，
   丁財凋零，傷破父親、先生。

① 整體來論述：我的命宮、福德，串連田宅 4 忌呈破，
   為果報破田宅，嚴重的家道不興丁財凋零，傷到了父
   親、和老公。

② 父母宮坐忌又直接忌出到對宮疾厄，代表與父親緣分
   極淺。

③ 以性格【命、疾、福】上化忌造成事業坐 3 忌沖夫妻，
   從性格來說，是情緒變動極大，造成夫妻忌出，容易
   因為自己的情緒起伏影響夫妻的和諧，造成感情上貌
   合神離之象。

④ 加上田宅化忌來會，事業坐 4 忌沖夫妻，家庭壓力加
   諸其上。忌沖就好像【箭】一樣，4 支箭射往夫妻，
   夫妻將中箭倒地，夫妻（先生）容易事業無成，或者怎
   麼做怎麼敗，若先生沒有自我放棄，必須要等業力退
   散，才能雲開見月明。

# 第二篇　論性格

一、性格主要宮位：命宮、疾厄、福德：

①化祿：是一種寬容的、不計較的、多元的、互惠的態度，
　人生的作為上要學習惜福、積極。

②化權：是一種積極的態度，若為權出易生霸氣，人生
　的作為上要學習謙和，避免過於霸氣、衝動、躁進。

③化科：是一種理智的態度，人生的作為上要學習果斷，
　避免優柔寡斷。

④化忌：是一種執著的態度，忌出為衝動浮躁，人生的
　作為上要學習蟄伏、放下，避免貪、瞋、癡。


1. 命宮：我的心、思考、性格表現、情緒反應、意志、
　精神。

①命宮坐生年祿：我的個性是通情達理好商量的人，人
　緣好。

②命宮化祿：我福澤於 A 宮，而我也獲得 A 宮的喜悅。
　對人而言，我接觸 A 宮的人歡產生歡喜心，彼此相處
　融洽愉快，表示對此人多情的一面。對事物而言，我
　接觸到 A 宮的事物是歡喜的。

③命宮坐生年權：我是一個主觀意識重的人，有能力、
　有主見、有自信。

④命宮化權：我積極於 A 宮，而我欲掌控 A 宮。對人而言，
　我對 A 宮的人掌控慾比較強，我們稱為佔權。對事而

言，對此宮的事情會比較積極，掌控慾比較強。

⑤命宮坐生年科：我個性溫和，謙恭有禮，思考比較慢條斯理，容易優柔寡斷。

⑥命宮化科：我禮教制約於 A 宮，而理智緩行於 A 宮。對人而言，我對 A 宮的人客客氣氣，彬彬有禮，君子之交。對事而言，我對 A 宮的事物會理智的面對，慢條斯理的處理，比較細膩。

⑦命宮坐生年忌：我的個性固執難溝通，人緣比較差。

⑧命宮化忌：我在乎 A 宮，而我願意為 A 宮付出。對人而言，我對 A 宮的人會專注、疼惜、照顧，但對方卻感受到壓力。對事而言，我對 A 宮的事物會執著、專注、認真。

2. 疾厄：我的身體，我的情緒反應，我的活力【肢體語言的表現習性】。

①疾厄宮坐生年祿：我比較隨緣自在好相處。身體慵懶不愛運動。

②疾厄宮化祿：我的身體福澤於 A 宮，而我也獲得 A 宮的喜悅。對人而言，我對 A 宮的人會比較熱情、多情，喜歡親近 A 宮的人，在 A 宮人的面前形象良好。對事物而言，我接觸 A 宮的事物是歡喜的是輕鬆完成的。

③疾厄宮坐生年權：我的個性比較乾脆爽朗，粗線條，身體結實愛運動。

④疾厄宮化權：我的活力展現於 A 宮。對人而言，與 A

宮的人相處有活力，粗線條、或乾脆，肢體動作大。
對事物而言，我對 A 宮事物展現積極而有活力，身體
活動力強，或耗體力。

⑤疾厄宮坐生年科：我的身體比較修長，身材穠纖合度，
動作慢條斯理有氣質。

⑥疾厄宮化科：我身體行動和緩表現在 A 宮。對人而言，
我與 A 宮的人保持距離，若即若離，客客氣氣，彬彬
有禮。對事物而言，我對 A 宮事物是慢條斯理的。

⑦疾厄宮坐生年忌：我是一個忙碌不得閒的個性，身材
容易較瘦，有不好相處的一面。

⑧疾厄宮化忌：我身體習慣性的執著在 A 宮，對 A 宮願
意身體力行的付出。對人而言，我願意為 A 宮的人付
出，但是因為肢體語言較為木訥，在與人相處上給人
的感覺比較冷淡，形象不佳，久處生厭。對事物而言，
我對 A 宮事物是執著於身體力行的付出，耗體力辛苦。

3. 福德宮：我的靈性、天性、秉性，情緒反應，興趣嗜
好享受。

①福德宮坐生年祿：我有隨緣自在的個性，福厚，喜於
享受，慵懶。

②福德宮化祿：我的靈性面福澤於 A 宮，而我也獲得 A
宮的喜悅。對人而言，我與此人是善緣的，我與此人
靈犀相通，讓對方感到窩心。對事物而言，我會心想
事成，如願以償且輕鬆的完成 A 宮的事物。

③福德宮坐生年權：個性好勝不認輸，敢賺敢花，大筆花用，容易浪費。

④福德宮化權：我非常積極Ａ宮，而亟欲掌控Ａ宮。〔格局很好可以論為野心〕的一面。對人而言，為強出頭，對Ａ宮的人有強烈的佔有慾。對事物而言，我對Ａ宮的事物展現好勝心、不認輸的一面，強烈的想掌控Ａ宮的事物。

⑤福德宮坐生年科：個性恬淡自適，物質生活淡薄。

⑥福德宮化科：我恬淡（精神重於物質）的一面展現於Ａ宮。對人而言，我與Ａ宮的人是君子般的淡交，重視靈性的交流。對事而言，對Ａ宮的事平穩不求，過得去就好。對物質而言，粗茶淡飯不求物慾。

⑦福德宮坐生年忌：個性憂疑挑剔，煩惱多，執著於興趣嗜好享受而捨的花錢。

⑧福德宮化忌：我非常在乎Ａ宮，而亟欲對Ａ宮付出，福德坐忌或化忌而出，都有〔憂疑、挑剔〕的特質，強弱之別而已。對人而言，我對Ａ宮的人容易溺愛，愛之欲其生，恨之欲其死，尤其是（太陰或巨門）串連（貪狼或廉貞）的組合，更為強烈，給Ａ宮的人極大的壓力，好惡分明，或僻嗜以聚，或擇人而交。對事物而言，容易執著於好惡。

二、除了命、疾、福之外，其他九宮是屬於各宮位本身的性格、態度、表現、認知。

三、遷移宮為處世應對的社交能力展現宮位：

①遷移宮坐生年祿：親和大方，主動攀緣，處事圓融，面面俱到，社會資源豐富，出外得遇貴人相助。

②遷移宮化祿：對人，我擅長主動攀……緣。對事，我擅長主動處理……事，我的手腕是圓融的。

③遷移宮坐生年權：我的觀察力敏銳，決斷力強，給人感覺到不怒而威。

④遷移宮化權：我擅長主動處理……人事。我的手段是強勢的。

⑤遷移宮坐生年科：我謙恭有禮，處世溫和。

⑥遷移宮化科：我對……事的處理態度是溫和的。

⑦遷移宮坐生年忌：處世耿直不討好，直來直往，被動處世，不善鑽營，思慮不夠周全，社會資源較少。

⑧遷移宮化忌：我不善長攀……緣。我不擅長處理……事。我的手段是笨拙的。不夠周全的。不夠圓融的。被動的。

⑨父母宮為遷移的共宗六位，同論，其力卻是差異很大（一丈差九尺），因為遷移為福運位（福德的事業宮），且為智慧的宮位。父母為後天學習位。


**四、星曜：**

1.暗曜：化忌

①太陰：是非、心行暗事（轉忌忌出，性格表現需要 2

忌或以上，再串連表象宮 3 忌或以上，串連廉貞或貪狼忌更為明顯)、陰邪之事(福德、遷移、子女)

②巨門：口舌是非、心行暗事、西藥、陰邪之事(福德、遷移、子女)

2. 邪淫曜：化忌。邪，不正。淫，滿溢，就是過度之意。

①廉貞：次桃花星，主肉慾。性格宮化 2 忌以上(太陰或巨門)串連(廉貞或貪狼)，容易有吃喝嫖賭煙毒酒的不良習慣。3 忌以上容易成為惡習。

②貪狼：桃花星，主情慾，較重視精神層面。性格宮化 2 忌以上(太陰或巨門)串連(廉貞或貪狼)，容易有吃喝嫖賭煙毒酒的陋習。3 忌以上容易成為惡習。

③性格宮化貪狼或廉貞祿，為我多情，若沒有串連夫妻宮則為桃花。

④性格宮化貪狼或廉貞忌，為我執著於感情。

⑤性格宮互化同星曜的貪狼或廉貞祿忌，祿忌成雙，祿隨忌走，重複其事，容易多情多慾的同意自己劈腿。

3. 善星：化祿【性格宮位(命宮、疾厄、福德)，或根器宮位(福德、子女、遷移)】

①天機：化祿，主善，主智，也為益算之星。

②天梁：為蔭星。

③善蔭之星，主宗教玄學。

4. 修行星：化祿【性格宮位(命、疾厄、福德)，或根器

宮位（福德、子女、遷移）】

①天機：命理、佛法、禪修。

②天梁：玄學、佛法、宗教（以本土宗教為主）、中藥草。

③貪狼：純道家修行功夫。山醫命卜相。

④天同：易經、卦理、卜卦、方位學。

⑤巨門：外來宗教、外來醫藥。

5. 才華星：廉貞、貪狼。

6. 天機化單忌，愛鑽研。化 2 忌或以上，容易鑽牛角尖。

7. 天機、文昌、文曲，健康宮位化忌串連，容易神經質重。

8. 特別星質：

①太陰：愛漂亮、愛乾淨（命宮、福德坐忌或化忌）。

②武曲：正財星（福德化武曲忌，看錢比較重。福德化
   武曲忌入收藏宮私心重愛財）。

③文昌：正統文學（才華）。

④文曲：稗官野史、小說、雜誌、漫畫（才華）。

## 五、勤勞：

1. 命宮化忌入收藏三方，都是勤勞的表現，也是一種守
   成安定的表現，抗壓性有比較強的一面（耐勞盡責）。

①命宮化忌入田宅：我在乎田宅而必須為田宅付出，所
   以我是個顧家的個性，一切以家庭為重，個性也比較

保守，會比較顧自己一點，少社交活動（沖交友三方）。

②命宮化忌入兄弟：我在乎兄弟而必須為兄弟付出，所以我是個疼惜兄弟，會照顧兄弟的個性，個性也會比較保守，會比較顧自己一點，少社交活動（沖交友三方），對事業盡心盡力，容易事必躬親。

③命宮化忌入疾厄：我是個忙碌的個性，閒不住，自己會找事做，耐勞，抗壓性也比較強。

④福德化忌入田宅：我非常在乎我的田宅而必須為我的田宅付出。這是一種非理性的執著，容易造成家人的壓力。容易非理性的顧家。個性上有非常保守的一面，社交活動較少，城府深沉，尤其是天機化忌。武曲1忌愛錢，2忌則為鐵公雞。太陰1忌愛乾淨，2忌則為潔癖。文曲2忌為嘮叨。天機1忌愛鑽研分析，2忌鑽牛角尖，打破砂鍋問到底。

⑤福德化忌入兄弟：我非常在乎我的兄弟而必須為我的兄弟付出。非理性的為兄弟付出，會造成兄弟的壓力與困擾。比較顧自己。對事業容易過度的執著，易損事業格局。福德忌入收藏三方都會比較顧自己，想比較多，城府比較深。

⑥福德化忌入疾厄：太陰忌，容易愛整型、或潔癖。容易有龜毛的性格，會憂疑自己的健康。對於興趣嗜好樂此不疲。容易有業力病。

2. 兄弟化忌入田宅、財帛化忌入兄弟、財帛化忌入田宅，

也是勤勞的性格。為勤、儉、儲蓄。漸進式的。

六、懶惰：祿的態度是寬容的。疾厄、福德坐祿，比較貪求逸樂。懶惰通常具有逍遙的性格，不願意承擔責任。遷移、福德、疾厄交祿，或遷移、福德祿入疾厄，越多祿越逍遙。

七、損格局：命宮、福德、遷移化忌串連【田宅（家道、財產）、父母（讀書、公職）、兄弟（事業成就）、夫妻（婚姻）、子女（子息）、遷移（果報、際遇）】多忌呈破（破：3忌，或以上）。

八、耿直、厚道、不善鑽營、沒有心機（父母、遷移：坐忌），串連多忌，破田宅、兄弟，損格局，不發少年人。

九、惡習：命宮、疾厄、福德化忌，串連到暗曜（太陰或巨門）與邪淫曜（貪狼或廉貞）的組合，呈3忌或以上。若是2忌，則是不良習慣。

十、命宮化天機忌串連疾厄或福德或生年忌，呈2忌或以上易鑽牛角尖，串連忌入父母或遷移為忌出，人生容易渾渾噩噩，沒有目標感、方向感，容易是路痴，也容易常常恍神，或說不到重點，或牛頭不對馬嘴，或語焉不詳，很多的好像。

**十一、** 衝動，性格忌出逢權（性格宮的權或生年權），性格忌出為沒有耐性，逢權則會衝動行事，格外激烈。

**十二、** 自化忌出：任何宮位的自化忌出，表示我對那個宮位有忘性的傾向，船過水無痕，對此宮位的人事物，均不夠用心，常常心不在焉，緣分較為淺薄。

## 福德忌入父母多忌呈破：

容易偏激浮躁沒耐性、出言不遜〈加權尤劣〉、或不學無術。愛恨激烈。不愛唸書，會挑剔科目、不受教。斯文掃地。偏執小器量。厭惡繁文縟節、不愛禮教束縛。防潔癖、愛美、僻性等空勞忙。多忌容易違背社會道德、或離經叛道的思想、行為。

## 疾厄忌入財帛，為忌出於福德，沖福德：

1. 疾厄化忌到哪裡，就表示我的體力花在哪裡，或者可以說我忙於什麼，因此疾厄忌入財帛，容易辛苦的賺錢，或過勞的賺錢。

2. 疾厄是健康的主體宮位，化忌入財帛，沖福德【沖者離也，表示我辛苦賺錢的方式，離我的福分越來越遠，因此才論危險性】，表示我的賺錢方式或行業容易具有危險性、或職業傷害的性質。

3. 論花錢，疾厄化忌入財帛，表示忌出於福德，為我的耐性不足，表現在花錢上，也就是衝動花錢，因此我容易有亂無章法的花錢。

4. 論賺錢，疾厄化忌入財帛，表示忌出於福德，為我耐性不足，表現在賺錢的狀況上，因此我容易有狗急跳牆式的撈錢。

5. 論健康，為了找回健康，或治療病痛而花錢。

6. 論嗜好，容易為了嗜好花錢，如果串連（廉貞或貪狼)+(太陰或巨門）容易為了不良嗜好而花錢。

7. 論脾氣，脾氣浮躁（福德忌出）。

　　命宮化權入遷移，或遷移坐生年權（權出），顯有能力、有膽識、氣勢強、懂權變、觀察力敏銳、果斷、決斷力強。逢祿有舞台、機會。逢忌會壞事（衝動做傻事）。

　　命宮化權入父母，或父母坐生年權（權出），顯表達能力強、大嗓門、氣勢強、講話上易得理不饒人。逢祿，會讀書。逢福德、疾厄化忌來會，性情躁動、粗魯、容易動怒。

　　疾厄化權入遷移（權出），疾厄是肢體語言、脾氣表現，個性乾脆爽朗，動作大粗線條，充滿活力、抗壓、蠻皮、憨膽、大方。

　　疾厄化權入父母（權出），說話比較直接，帶有點臭屁味道，容易衝動。也是有活力的。逢忌容易口無遮攔、大嗓門、惡言。

福德化權入遷移（權出），膽子大、霸氣、好勝、愛面子。逢祿，愛虛榮。逢忌，個性激烈，壞脾氣。

　　福德化權入父母（權出），活耀、傲骨、愛現。逢祿，愛虛榮。逢忌，躁烈不遜、傲慢無禮、目無尊長。


科主文質，修養好，有氣質。理智、緩和。

命宮化科入遷移（科出）：女命秀氣，男命斯文。

命宮化科入父母（科出）：修養好，秀氣斯文。

疾厄化科入遷移（科出）：行為舉止優雅、慢條斯理。

疾厄化科入父母（科出）：行為舉止彬彬有禮。

福德化科入遷移（科出）：重視修養、品味。心平氣和、涵養好，多得貴人。可接觸宗教、哲學、心靈學。

福德化科入父母（科出）：修養好，談吐優雅。謹言慎行。


遷移化祿：圓融、智慧【Wisdom】。

遷移化權：DQ：決斷力【Determination】。

IQ：父母宮（知識的學習）

EQ：命宮、疾厄、福德。情緒反應位。

WQ：遷移（智慧、處世應對宮）

DQ：遷移（決斷力）

案例：圖例 < 08-12-寅-乙 >

| | 機<br>曲<br><疾厄><br>壬午 | 紫<br>破<br><財帛><br>癸未 | 昌<br><子女><br>甲申 |
|---|---|---|---|
| 陽<br><遷移><br>辛巳 | | | 府<br><夫妻><br>乙酉 |
| <交友><br>庚辰 | <乙>年生人<br><br>圖例<08-12-寅-乙> | | 陰<忌><br><br><兄弟><br>丙戌 |
| 武<br>殺<br><事業><br>己卯 | | | |
| 同<br>梁<br><田宅><br>戊寅 | 相<br><福德><br>己丑 | 巨【忌】<br><父母><br>戊子 | 廉<br>貪<br>【命宮】<br>丁亥 |

1. 論述性格時，要先論忌，忌先行，人生不如意事，十
   之八九，所以先看個性上的缺失，串連起來看。

2. 命宮丁巨門化忌入父母為忌出，個性喜怒形於色，EQ
   控管不佳。父母為表象宮，命宮化忌入父母為命宮忌
   出，容易思慮不周，情緒直接了當的表現出來。忌入
   父母沖疾厄，情緒波動大。

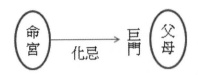

3. 轉戊天機化忌入疾厄，還是忌出，兩頭見忌，父母、疾厄兩對宮坐忌互相沖激而串連，父疾線合呈 2 忌，情緒經常起伏不定。父疾線 2 忌就會加重命宮化忌入父母的力量，等同有雙倍力量。忌入疾厄，自己情緒的反覆，也會帶給自己苦悶，且為長久的問題，因為忌入疾厄為纏身之意。

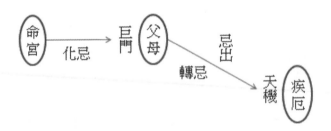

4. 福德又已文曲化忌來會，那就是情緒像海波浪一樣，平時就起伏不定，又常刮颱風的。

福德化忌入疾厄，同宮相迫於疾厄，合呈 3 忌坐疾厄。除了龜毛的個性以外，福德化忌帶有偏激執著的一面，也都具有憂疑、挑剔特質，每個人都有，只是強弱之別而已。

福德化忌也是一種天性，是潛意識的力量，或者無來由的果報之力，或者個性特質中的興趣嗜好所致，如佛家

所講的帶業習氣。

命宮、疾厄、福德三宮串連多忌呈破，且忌入疾厄，苦不堪言，常常是無法控制的情緒波動。

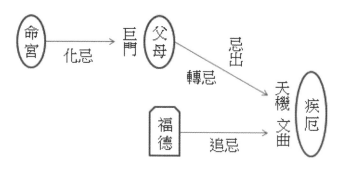

5. 疾厄壬武曲化忌入事業，轉己文曲化忌入疾厄，同宮相迫於疾厄，合呈 4 忌。

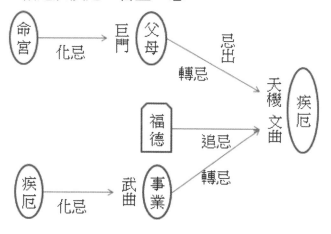

6. 總和 4 忌的力量回溯到事業宮沖夫妻宮，當她情緒低落或不好或生氣時，就會找先生出氣，四支箭就射過

去了，所以先生常常受到無妄之災。而本人卻常常無風起浪，不能自我控制。也莫名其妙的情緒不好。沖者，離也。或者漸行漸遠。沖，就好像箭射過去，傷破對宮，造成對宮的困擾，或損傷。就夫妻宮而言，為忌出於夫妻，容易在感情上貌合神離。也容易聚少離多（疾厄化忌沖夫妻，疾厄是身體，沖夫妻，身體與夫妻緣不佳容易相斥，久處生厭煩之心）。

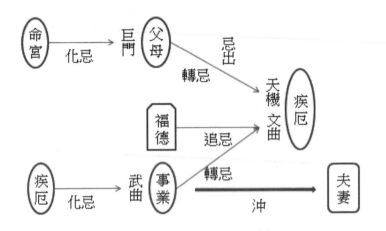

7. 父母、遷移坐忌，串連性格宮呈 3 忌或以上之破，女命在結婚之後，會有女子無才便是德的良家婦女象。此案例父母宮坐巨門命忌，串連 4 忌呈破，是典型的良家婦女格。只是情緒波動太大了，而影響了夫妻間的感情。

8. 遷移辛巨門化祿入父母，轉戊天機化忌入疾厄，逢天

機生年祿坐疾厄，轉壬武曲化忌入事業，福德己武曲化祿來會，合呈3祿，此人必有逍遙閒散的個性。容易逍遙忘志。

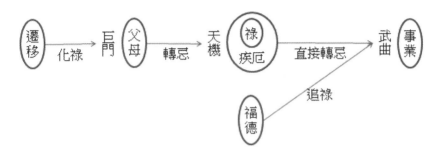

9. 兄弟坐生年太陰忌，個性守成，安靜守分。沖交友，少社交活動。

10. 遷移辛文昌化忌入子女，表示我不擅長教育小孩，教養小孩不得要領，或不擅長小輩或人際攀緣，在人際互動上是被動的。

11. 遷移辛文昌化忌入子女，轉甲太陽忌入交友，我也不
    擅長主動的人際攀緣。

12. 串連兄弟宮的生年太陰忌，個性上就有好靜的一面，
    嚴重者為孤僻。

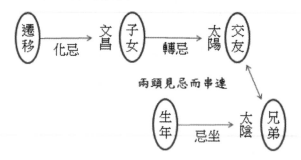

13. 夫妻乙太陰化忌入兄弟來會，表示我不擅長處理婚姻
    關係，對婚姻關係的處理是被動的，簡單講就是不擅
    長【相夫】。當然這也表示我不擅長異性攀緣。兄弟
    宮為夫妻的夫妻（財帛）的田宅，論主臥室，表示夫
    妻間的相處容易有閨房空虛，或房事不協調之象，尤
    其是有廉貞或貪狼忌更嚴重。

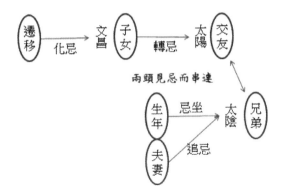

14. 轉丙廉貞化忌入命宮,廉貞為桃化星,此式遷移化忌
    來串連,表示我也不擅長桃花攀緣。多忌入命為苦不
    堪言,感慨萬千。

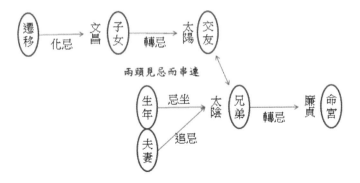

# 第三篇　論感情

**異性情緣：**

1. 夫妻宮（情緣宮）坐或化出的祿，皆屬於異性情緣。

2. 命宮、或疾厄、或福德（性格宮），坐或化出廉貞祿或貪狼祿，為感情喜悅，為我有多情的一面。

3. 命宮、或疾厄、或福德，坐或化出廉貞忌或貪狼忌，為我有感情執著的一面。串連成多忌者，感情不順。

4. 命宮、或疾厄、或福德，坐或化出廉貞或貪狼忌，串連2忌或以上。且串連於太陰忌或巨門忌，再串連於父母或遷移（表象宮）呈3忌或以上，或逢自化忌出，或忌出到對宮者，容易檯面下的感情，或者引發議論是非的感情，譬如同性戀／近親戀／風花雪月戀／遇人不淑／愛上不該愛的人／年齡懸殊等。

5. 夫妻宮，坐或化出廉貞忌或貪狼忌，且串連於太陰忌或巨門忌，復串連於父母或遷移（表象宮），或逢自化忌出，或忌出到對宮者，也是檯面下的感情，為小三戀。

6. 人際宮位：必須是桃花星之化。

①子女宮，為夫妻宮之後的感情，論外遇。也是桃花宮。

②事業宮，為夫妻宮之外的感情，論外遇。

③交友三方，人際交往。

④遷移宮，驛馬情緣。

**遷移宮：**

1. 廣泛的人際交往，人際攀緣（主動出擊）。
2. 遷移坐或化【廉貞、貪狼】祿，為我善桃花攀緣。
3. 遷移坐或化【廉貞、貪狼】忌，則為我不善桃花攀緣，串連性格宮多忌為桃花攀緣笨拙。
4. 遷移化祿入夫妻，為我善異性攀緣。
5. 遷移化忌入夫妻，為我不善異性攀緣，串連性格宮多忌則我拙於異性攀緣。
6. 父母宮，為遷移的疾厄，也是交友三方，論人際攀緣。同遷移宮同論。


**愛上不該愛的人（如同性戀、愛上有夫之婦、愛上有婦之夫、愛上近親、愛上年齡差距很大的人……。）：**

1. 命、疾、福化【（廉貞或貪狼）串連（太陰或巨門）】忌呈 3 忌，或以上，且忌出。（忌出有三：①本宮自化忌出。②化忌入對宮。③化忌入父母、遷移。）
2. 命、疾、福化忌串連（廉貞或貪狼）2 忌以上，再串連形於表（遷移或父母）的宮位（太陰或巨門）3 忌，或以上。


**風花雪月戀（異性緣好，左右逢源，一夜情）：**

1. 泛水桃花格：命宮、疾厄、福德化祿【廉貞或貪狼】，串連多祿，加上遷移、父母化祿交會，加上人際三方交會。

2. 風花雪月戀：命宮、疾厄、福德化忌【廉貞或貪狼】，串連多忌，加上遷移、父母化忌交會，為我感情執著引發議論，是非口舌議論。

3. 事業宮的交會，專屬於婚姻之外的感情，專屬於外遇。

4. 子女宮，為婚姻之外的感情，也可以是性生活的宮位，又是人際交往三方。

　　**腳踏兩條船，劈腿的感情狀態（先確認我是否為人厚道，又不善異性攀緣，如果有，劈腿的條件不容易成立）：**

1. 命宮、疾厄、福德化祿【廉貞或貪狼】，為我多情。命宮、疾厄、福德化忌【廉貞或貪狼】，為我執著於感情、專情、多慾。當有性格三宮的其中二宮，化【同星耀】的【廉貞或貪狼】祿忌，祿忌成雙，祿隨忌走，重複其事，我是一個多情多慾的人，表示我認同我自己可以劈腿。

2. 上式若逢忌出，就會是短暫的劈腿，然後舊人哭新人笑。

　　**雙妻命或多妻命的條件：**

1. 沒有離婚格。

2. 一屋多妻：夫妻坐生年祿轉忌入田宅，或夫妻祿入田宅，逢福德、遷移、加上命宮、疾厄交多祿。

3. 夫妻坐生年祿，與田宅、福德、遷移、加上命宮、疾厄交多祿。

4. 夫妻與田宅、福德、遷移、加上命宮、疾厄交多祿。

容易縱慾過度：

1. 命宮、疾厄、福德化【廉貞或貪狼】忌，易有情慾上的執著，命宮、疾厄、福德化【廉貞或貪狼】祿來會，祿忌成雙，祿隨忌走，重複其事。

2. 命宮、疾厄、福德化【廉貞或貪狼】忌入子女，逢生年和命宮【廉貞或貪狼】祿、權。

3. 命宮、疾厄、福德化貪狼權入子女。


**暗戀：**

1. 命宮、疾厄、福德化忌轉忌【（廉貞或貪狼）串連（太陰和巨門）】入命疾福，沒有忌出，也沒有串連形於表的宮位（遷移、父母）。

2. 呈2忌就容易有暗戀，3忌以上暗戀為苦。

3. 串連福德、遷移，3忌或以上，忌入命疾福，天不從人願。3忌以上，則有苦不堪言，或不勝唏噓，或感慨良多之象。

4. 命宮化忌入夫妻，轉忌入遷移、父母：愛你在心裡口難開。


**外遇：**

1. 婚姻之後的感情【以子女宮出發，坐或化祿串連廉貞或貪狼】。化忌則為爛桃花。

2. 婚姻之外的感情【以事業宮出發，坐或化祿串連廉貞

或貪狼】。化忌則為爛桃花。

3. 風花雪月情【多情種子，情盛】。我執著於感情【廉貞或貪狼忌】，加上夫妻化忌（太陰或巨門），串連3忌或以上呈破。

### 不易劈腿或外遇：

1. 其性格為忌出耿直善良厚道之人（遷移、父母坐生年忌或命忌），轉忌性格宮串連多忌成破（3忌以上）者。

### 不擅長，或不會主動，或拙於追求異性：

1. 遷移、父母坐或化（廉貞或貪狼）忌，為不善桃花攀緣，不善異性攀緣，或被動，或拙於異性桃花攀緣。

### 失戀會痛苦，必有感情執著：

1. 所以先從命宮、疾厄、福德坐或化【廉貞或貪狼】忌下手。

2. 而這種感情的執著，若串連福德、遷移，往往是【所遇非人，或不對的對象，或感情受挫的天不從人願】的感情執著。

3. 若串連父母、遷移，或忌出，則是是非非。

4. 若串連父母、遷移，加上忌出，加上太陰、巨門，則易有檯面下或引人非議的感情傾向。

案例：圖例 < 08-12- 寅 - 乙 >

|  | 機<br>曲<br>〈疾厄〉<br>壬午 | 紫<br>破<br>〈財帛〉<br>癸未 | 昌<br>〈子女〉<br>甲申 |
|---|---|---|---|
| 〈遷移〉<br>辛巳 |  |  |  |
| 陽<br>〈交友〉<br>庚辰 | 〈乙〉年生人<br><br>圖例〈08-12-寅-乙〉 |  | 府<br>〈夫妻〉<br>乙酉 |
| 武<br>殺<br>〈事業〉<br>己卯 |  |  | 陰〈忌〉<br>〈兄弟〉<br>丙戌 |
| 同<br>梁<br>〈田宅〉<br>戊寅 | 相<br>〈福德〉<br>己丑 | 巨【忌】<br>〈父母〉<br>戊子 | 廉<br>貪<br>【命宮】<br>丁亥 |

1. 生年太陰忌坐兄弟，轉丙廉貞化忌入命宮，表示我有感情執著（廉貞忌），且為有潔癖的感情執著（太陰會廉貞）。若串連多忌為苦，或不如意，或不能如願。

2.夫妻宮乙太陰化忌來會，合呈2忌，我的配偶不如我
意、或不如我願。

夫妻化忌入兄弟，與生年忌同宮相迫於
兄弟宮而串連，呈2忌坐兄弟。

3.遷移辛文昌化忌入子女，轉甲太陽化忌入交友，串連
夫妻化忌入兄弟逢生年忌合呈3忌，轉忌入命宮。天
不從人願的夫妻，帶給我困擾或苦悶，讓我感慨不已。

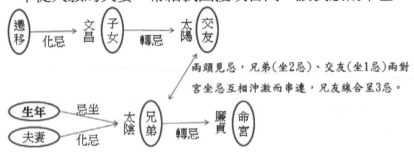

兩頭見忌，兄弟(坐2忌)、交友(坐1忌)兩對
宮坐忌互相沖激而串連，兄友線合呈3忌。

4.夫妻乙天機化祿入疾厄，表示配偶對我很體貼，常常
在我身邊。

夫妻化祿入疾厄為感情愉快
入身，夫妻對我很體貼，且
常常在我身邊帶給我快樂。

5. 轉壬武曲化忌入事業，為夫妻祿出，感情愉悅現象於
   外，出雙入對。

6. 追福德己武曲化祿入事業來會，為我果報上善緣的感
   情。

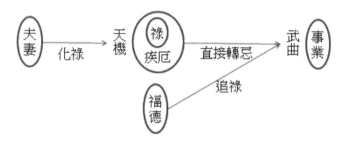

7. 我們很習慣的化祿轉忌，順勢而為，但是我們往往忽
   略了往上追溯的彙集因緣，因此這邊要提供一項逆追
   源頭的方式。

8. 遷移辛巨門化祿入父母，轉戊天機化忌入疾厄，與夫
   妻的乙天機祿是同星曜的交會，因此夫妻的緣又多一
   個遷移的祿，緣分又更厚了。此時夫妻宮化祿可以改
   成追祿，肇因宮改為遷移宮出發，表示我的果報支福
   串連夫妻，為善緣的夫妻，或者蔭夫妻。

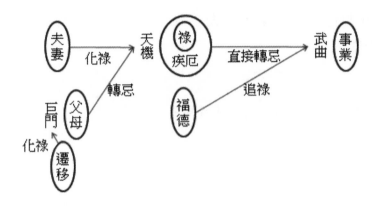

**重新整理一下：**

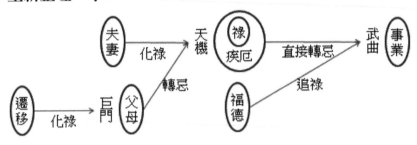

9. 再逆追，父母、田宅同時戊貪狼化祿入命宮，轉丁門
   化忌入父母，與遷移的辛巨門化祿又是同星曜的交祿，
   因此以夫妻的立場而言，容易緣至婚成，結婚成家，
   天賜良緣。

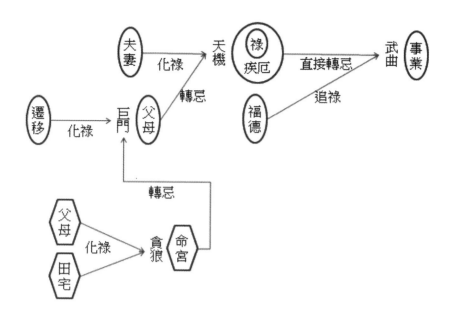

**重新整理一下：**

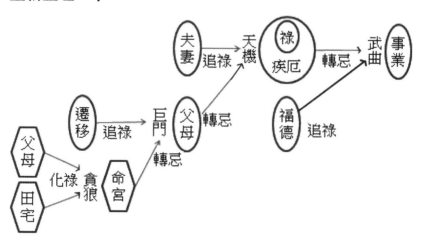

10. 吉化的串連必須是替用相關宮位同星曜的祿權交拱後，才可以轉忌，上述的方式都是祿的串連，所以必須在化權來交拱。

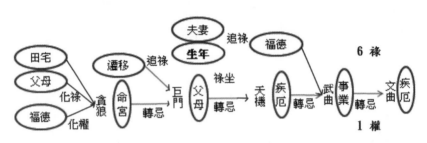

# 第四篇　論職業

　　事業成就（兄弟宮）：事業規模（事業的疾厄）和經濟實力（財帛的田宅）的合稱。可以論職場上職務的高低，和自己創業的事業成就。

　　遷移（兄弟的共宗六位），論社會地位，大多數事業有成者，都有社會地位高的現象。

　　先論凶化，化忌的串連結構，看是否嚴重破壞格局，並研究其性格上的缺失。尤其遷移、父母坐忌（生年忌或命忌）（遷移、或父母坐忌不發少年人，尤其是遷移更為嚴重）串連（兄弟）成破，此為嚴重影響格局。

　　化忌的串連：兄弟為體，命、福德、遷移、生年忌為用。串連3忌之破，有損格格局。若串連4忌之敗，大損格局。若遷移、或父母本身坐生年忌或命忌，則串連3忌之破就有大損格局之象了，串連4忌之敗恐怕就很難有好的成就。

　　當田宅、兄弟化忌串連命宮、福德、遷移、生年忌成破時，不適合重資本或屯貨的創業。因為田宅三方為收藏三方，主安定，串連呈破，人生多起伏，若是重資本回收慢的行業，將造成資金緊縮或常需為資金周轉而煩惱。上班安定為好，若吉化格局夠好，可以從事現金生意，或是以技術服務為本的創業，如律師、會計師、經紀人、自由服務業、宅急修……。

　　再論吉化，化祿的串連結構：兄弟為體，命、福德、

遷移為用。

配合以下宮位：

父母：表上司提拔及做人處事的多攀緣，或是以銀髮族為客戶對象的行業。

交友：表人氣人緣，人際交往的助力，做生意，交友代表客戶（交友涵蓋交友三方，舉凡可以接觸的人際，男女老少皆宜，在地客為主）。

子女：表下屬得力，或者是以小輩或寵物為客戶的行業。

田宅：為家道、財產緣、收藏宮緣分長。

疾厄：表家運、財產運、情緒反應位。

財帛：表現金緣，收入。

事業：為兄弟的共宗一位，論工作的能力或態度。

夫妻：福分財，結婚後，異性之助，或者以異性為客戶的行業，或者是婚姻介紹為業。

遷移坐、化祿：我善於主動攀……緣。（圓融的一面）。遷移為社會，為陌生人，可以從事外地客為主的事業。

遷移坐、化權：我善於處理……的事。（敏銳、果斷的能力，難免帶有些許霸氣，需要祿科來緩解，可緩暴戾之氣，和緩生祥，性格上的祿為寬容喜悅，交友的祿為人氣的支持）。

遷移坐、化忌：我不善攀……緣；我不善處理……的事。（笨拙的一面）。

適合當老闆或主官，要看格局高低來判斷，因為每

個命盤的組合不同，沒有公式來判斷，但可以用幾方面來判斷。

　　遷移坐生年忌或命忌，我是耿直厚道的性格，所以本身就不善鑽營，串連越多忌越嚴重，加上社會資源差、膽小沒耐性，處事應對的能力較差，因此格局易受限，不發少年人。

　　遷移坐生年權或命權，為我的應變能力強、觀察力敏銳、決斷能力強、社會資源豐厚。

　　遷移坐生年祿或命祿，為我親和在外、處事圓融、社會資源佳、際遇好，人緣好。容易早發。

　　遷移直接化忌入的宮位，為我最拙於處理的人事物，命宮化忌入的宮位，為我執著的部分，福德化忌入的宮位為我偏執的部分，生年忌坐的宮位為我與生俱來的功課。因此我們必須審慎的了解，再契合人性，才能做出正確的判斷。這些需要經驗和悟性。

　　若以職場升遷來論，從我自己的角度思考，因為每個命盤組合不同，要以實際命盤組合來論。

①遷移坐忌，遷移化忌串連造成 3 忌破兄弟，為我耿直善良，不善鑽營，加上際遇差，有礙升遷，若格局有好的結構也僅能到基層小幹部，或是副手。

②父母坐生年忌或命忌，我的 EQ 控管有問題，情緒常常不穩定，容易喜怒形於色，平常嚴肅，不擅表達，也是耿直善良之人，不善鑽營。

③遷移沒有坐忌，遷移化忌串連造成 3 忌破兄弟，我有不善鑽營事業成就的一面，機遇不好，有礙升遷，影響格局，可以是副手格局。在觀化祿，論其格局有多高，來定其副手格。

④遷移坐忌，遷移化忌串連造成 4 忌破兄弟，為我耿直善良，非常不善鑽營，加上際遇很差，阻礙了升遷之路，沒有主管格，也不適合當幕僚。僅能獨善己身。容易是個基層工作者。

⑤遷移沒有坐忌，遷移化忌串連造成 4 忌破兄弟，為我有不善鑽營的一面，加上際遇很差，阻礙了升遷之路，沒有主管格，僅能是幕僚格，格局夠高，可以為最高幕僚格。

⑥遷移坐祿權，串連呈旺，忌大於祿，且有才華曜的串連，可以到中級主管，或高階副手格，也可以是地方的主管，非中央級的。

　　若以職場升遷來論，配合父母宮來論，父母為長官或者是老闆，觀其緣分厚薄，是否有串連進來，若有串進來，則容易受長官或老闆提拔。

　　若以創業來論，最好兼看田宅，當然升遷若有田宅化祿來會，或多祿入田宅，當然更好。創業本身要看忌的殺傷力，與業力何時會過，也要掌握格局。

①遷移坐忌，遷移化忌串連造成 3 忌破兄弟，為我耿直

善良，不善鑽營，加上際遇差，有礙事業成就的推升，經濟常常有緊縮，甚至財空的現象，常常為錢所苦，追3點半，僅能做微企業或小商家或攤商，往往校長兼撞鐘。

②遷移沒有坐忌，遷移化忌串連造成3忌破兄弟，我有不善鑽營事業成就的一面，機遇不好，有礙事業成就的成長，影響格局，可以是小企業，也常常為錢所苦，追3點半，必須等業力過，就會漸入佳境。再觀化祿，論其格局有多高，來定其企業規模。

③遷移坐忌，遷移化忌串連造成4忌破兄弟，為我耿直善良，非常不善鑽營，加上際遇很差，阻礙了事業成就，最好不要創業，容易失敗，好好發展自己的專業，上班安定為好，或者是技術工作者。但還是會常為錢所苦，或收入微薄，待業力過才會稍微寬鬆。絕對不可投機。

④遷移沒有坐忌，遷移化忌串連造成4忌破兄弟，為我有非常不善鑽營的一面，加上際遇很差，阻礙了事業成就的發展，最好不要創業。若祿的串連很漂亮，遠大於忌，待業力過再大展身手，一定要有專業專技。沒有冒險的本錢，不可投機。

⑤遷移坐祿權，串連呈旺，祿大於忌，且有才華曜偏財曜的串連，遇第一式，可以是好商人，但容易吃虧，不可冒風險。

⑥遷移坐祿權，串連呈旺，祿大於忌，且有串連才華曜

偏財曜的串連，遇第二式，適合創業，可以是中小型企業，但必須注意風險控管。

⑦遷移坐祿權，串連呈旺，祿大於忌，且有串連才華曜偏財曜的串連，遇第三式，等業力減輕，可以創業，一步一腳印，由小做大，不可以冒任何風險。

⑧遷移坐祿權，串連呈旺，祿大於忌，且有串連才華曜，遇第四式，等業力減輕，可以創業，一步一腳印，由小做大，不可以冒任何風險。

　　兄弟宮若串連多忌，轉忌忌出於父母遷移，則情況會更為嚴重。事業成就不夠亮麗，或不光彩，或萎縮，或重來。

　　以上只是列舉參考，一切命盤的飛化組合，都必須細細的研究，累積經驗，方能判斷更為準確。

　　若借盤論六親時，則須以命主的角度先論此六親的興衰，不可以直接看此六親的盤。再細論其個性的利弊得失。

案例：圖例 < 08-12- 寅 - 乙 >

| | 機<祿>【科】<br>曲<br><疾厄><br>壬午 | 紫<科><br>破<br><財帛><br>癸未 | 昌<br><子女><br>甲申 |
|---|---|---|---|
| <遷移><br>辛巳 | | | |
| 陽<br><交友><br>庚辰 | <乙>年生人<br><br>圖例<08-12-寅-乙> | | 府<br><夫妻><br>乙酉 |
| 武<br>殺<br><事業><br>己卯 | | | 陰<忌>【祿】<br><br><兄弟><br>丙戌 |
| 同【權】<br>梁<權><br><田宅><br>戊寅 | 相<br><福德><br>己丑 | 巨【忌】<br><父母><br>戊子 | 廉<br>貪<br>【命宮】<br>丁亥 |

1. 兄弟坐生年太陰忌。坐忌為歛藏，兄弟為事業成就位，
   坐忌必須盡本分，容易是職業婦女，事業規模本來就
   比較小。

2.兄弟宮挾生年忌，丙廉貞化忌入命宮。凡是生年忌，或是化忌入命宮、疾厄、福德皆為債，為責任、義務、不得不付出。表示我對工作或事業是盡責的。

3.轉丁巨門化忌入父母，為忌出。兄弟宮化忌忌出，或者化忌轉忌忌出，都有換工作，或事業成就重來的現象，嚴重者會失業。

4.隨即忌出於疾厄【忌出對宮、或自化忌出，皆主不能停留，所以當化忌入此宮，隨即轉忌忌出】。形成兩頭見忌，父母、疾厄各坐1忌互相沖激，父疾線合呈2忌。

5. 追福德己文曲化忌入疾厄，與疾厄坐 2 忌同宮相迫於疾厄宮，合呈 3 忌坐疾厄。

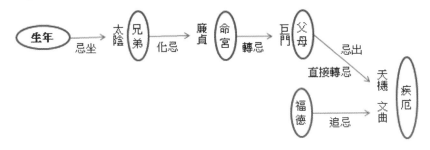

6. 追忌後必須轉忌，疾厄宮挾 3 忌轉壬武曲化忌入事業宮，事業宮坐 3 忌。

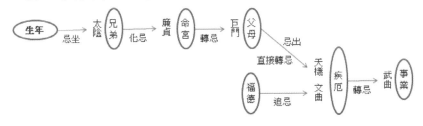

7. 忌的力量回溯的兄弟宮，等同兄弟宮坐 3 忌。

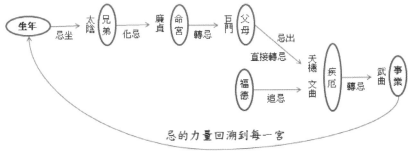

論忌破，每一個串連的宮位，都有3忌之破。

論忌沖，每一個串連坐忌的宮位，都有3忌之力沖對宮。

8. 遷移辛文昌化忌入子女，轉甲太陽化轉甲太陽化忌入
   交友，遙對兄弟宮坐 3 忌，兄友線合呈 4 忌之破。我
   不擅長處理事業成就上的事，容易無法升遷，或升遷
   受阻。

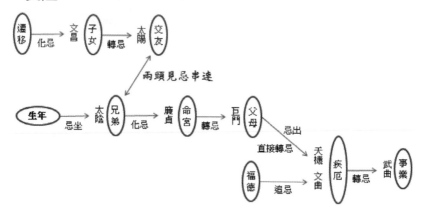

9. 田宅戊天機化忌入疾厄，彙聚成 5 忌。收藏三方大破。
   不適合投資大回收慢的行業，守成安穩上班為好。兄
   弟宮吉化串連成旺，可以從事以技術服務、或現金生
   意。由於串連福德、遷移呈破，沒有投機的本錢，必
   須勤勤懇懇的一步一腳印認真工作。

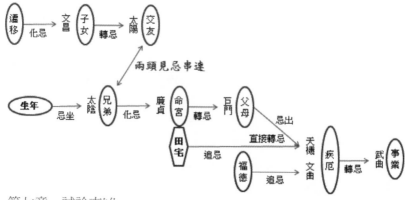

10. 命宮丁太陰化祿入兄弟，轉丙廉貞化忌入命宮忌。有一天我的事業或工作會如意順遂，經濟好。

11. 子女甲廉貞化祿入命宮來會，轉丁巨門化忌入父母。子女化祿來串連，表示有了兒子之後，經濟有所改善。後面串連遷移、福德，表示是善緣之子。若是做生意，可以經營以子女為客戶的生意。若為主管，子女是下屬，對我有助力。

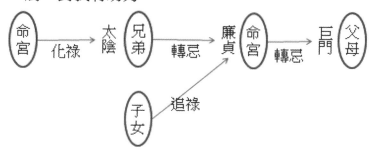

12. 遷移辛巨門化祿入父母，轉戊天機化入疾厄。逢生年天機祿。遷移化祿轉忌入疾厄，喜歡旅遊。如果做生意，近悅遠來，可以生意鼎盛。

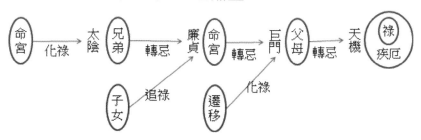

13. 追夫妻以天機化祿來會。結婚後會更好。若是自己是
    家管，老公會賺錢助我家運興旺。

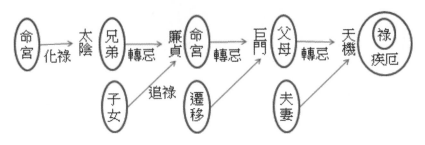

14. 轉壬武曲化忌入事業。事業或工作順暢。如果自己是
    家管，從上述的條件看，有一天老公的事業順遂。

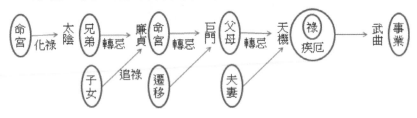

15. 逢事業己武曲自化祿出。

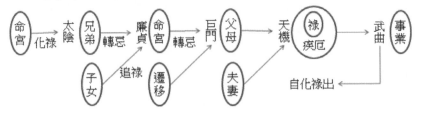

16. 追福德已武曲化祿來會。果報來庇蔭我，上述的事能
    如願。

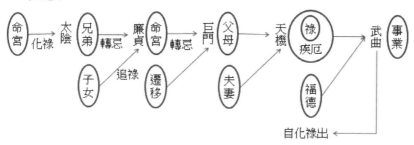

17. 遷移辛太陽化權入交友，逢交友自化祿出，轉庚天同
    化忌入田宅。這是另外一式，遷移化權入交友的交友
    自化祿，表示我也有擅長組織運作的能力，有領導魅
    力。但論命是綜合論述，先觀忌的組合，若遷移或父
    母坐多忌為大損格局，則此事力道就會弱很多，除非
    銳意經營，否則很難。

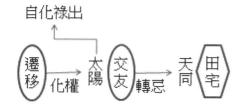

18. 追兄弟丙天同化祿入田宅，轉戊天機化忌入疾厄。逢
    生年天機祿。上式的領導力結合兄弟的事業成就，還
    是可以有所作為，但必需克服忌的力量，或者等時間
    待業力消退，或許有所作為。

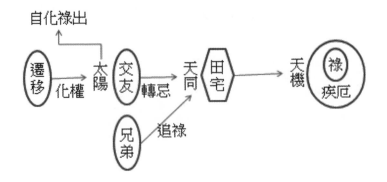

19. 追夫妻乙天祿化祿來會。轉壬武曲化忌入事業。

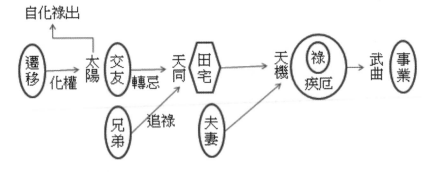

20. 逢事業壬武曲自化祿出。追福德己武曲化祿來會。

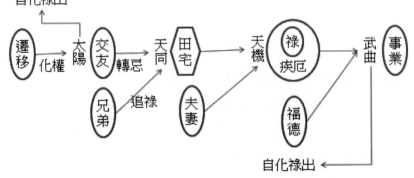

飛星紫微斗數論命，必須先論忌的力量，人生不如意十之八九，忌的串連為業力所阻，人生諸多不順暢，且如果不突破個性上的盲點，很難發揮吉化的結構，這就是為什麼大多數人論壞事很準，論好事卻往往不是那麼的精準了，個性使然，個性決定命運，若積習已深，則積重難返，因此人生若保持積極進取的態度，待業力消退時，必然有所作為的。論命必須吉凶合參，評估輕重得失，評估格局高低，時間的變化是業力消長的變化。

尤其是個性上的盲點，比如遷移、父母坐多忌呈破，個性耿直不善鑽營，加上 EQ 控管不佳，導致容易諸事不順，格局上大打折扣。或者命、福德坐多忌呈破者，也容易因為自己的執著或剛愎自用而誤事。當然遷移、福德為果報宮其力遠勝其他宮位，那是一股難以克服的障礙，唯有不斷提升自己的內在心靈能量，且自己願意做改變，才有希望。

飛星紫微斗數，學理比較完備，事理清晰，宮、象、星提綱契領，對【事件的分析】必須下功夫，才能精準掌握命理結構。

由於飛星紫微斗數論事精準，過去【落土時，八字命】的觀念不完全正確，【出生時辰與命理時辰】並不見得完全吻合，尤其是現代的醫學進步，導致人為干擾嚴重，不可不慎。

飛星紫微斗數的獨門心法，暫時告一段落，還有四篇，待您熟練吉凶的邏輯功法後，再學習接下來的四個

難度較高的篇章。另外四篇分別為：同星曜的祿忌合參、動盤契應論時間、借盤論六親、斗數陽宅概論。這四篇是放在獨門心法第二部實務運用班的教材內。

飛星紫微斗數的學習有賴於不斷的練習，它是絕對的邏輯推理，唯有下功夫練習才能達到運用自如的境界。

每天練習、學習、應用三小時，三年後您將成為專家，七年後您將成為大師。祝福您學習愉快！

附件

吉凶串連
練習表

附上吉凶化串連練習表,及示範的範例,讓你熟悉吉凶串連的手法,推理解釋有賴於不斷的練習琢磨,配合第三部宮位互化詳解的推理解釋,你將會解釋得非常精彩,當你解釋命盤時,像在說故事或演連續劇一般的活靈活現時,你的功力將達到運用自如的境界了。

**用法:**
這是 12 個星盤表,14 顆主星是確定的。

①每 10 張一組,12 個星盤,出生年的天干有 10 個,依序填入,起寅方天干。

②再安置文昌文曲及 12 宮,最好先固定 12 宮來練習,練習一遍,就會知道它的差異,容易掌握其變化。

③用紅筆寫出生年的天干、紅色圈記生年四化。

④用藍筆寫 12 宮自化,藍色圈記命宮四化。

⑤吉化串連最長者,不一定是最強的表現,主要讓大家練習串連手法。練習時一定要記住,是祿權交拱後轉忌,一層一層往下,這是有關將來解盤時關鍵的解法。不熟之前,可以利用白紙,從每一個宮位出發,寫多了就可以用【心寫】,或者運用掌訣,掐指一算,熟練而已。

⑥凶化串連比較複雜，一定要有耐心，多練習就會突破它，您將會有很多的心得。凶化的串連技巧慢慢看，一條一條領悟。

⑦示範的範例可以先看一遍，之後練習有問題再回頭看示範，還有忌的串連技巧，問題會慢慢解開的。

⑧飛星紫微斗數，是絕對的邏輯推理，沒有天外飛來的【訣】，所以可以確定的是，只要您肯努力，就有機會超越前輩。

⑨練習可以導致成功，加油！期待您將【飛星紫微斗數】發揚光大！

⑩請將練習表影印成 A4 的規格，吉化串連直接手寫在【吉化串連最長：】的下方。凶化的串連，手寫在【凶化主題】的下方。

吉凶化串連練習表：　　　　　　吉化串連最長者：

| 巨　　巳 | 廉相　　午 | 梁　　未 | 殺　　申 |
|---|---|---|---|
| 貪　　辰 | | | 同　　酉 |
| 陰　　卯 | | 〈　〉年生人<br><br>圖例〈01〉 | 武<br><br>戌 |
| 紫府　　寅 | 機　　丑 | 破　　子 | 陽　　亥 |

凶化主題：家道不興。

【體宮】：田宅。

【用宮】：命宮、福德、遷移。

吉凶化串連練習表：　　　　吉化串連最長者：

| 巨　巳 | 廉相　午 | 梁　未 | 殺　申 |
|---|---|---|---|
| 貪　辰 | | | 同　酉 |
| 陰　卯 | 〈　〉年生人<br>圖例〈01〉 | | 武　戌 |
| 紫府　寅 | 機　丑 | 破　子 | 陽　亥 |

凶化主題：家道不興。

【體宮】：田宅。

【用宮】：命宮、福德、遷移。

吉凶化串連練習表：　　　　　　吉化串連最長者：

| 陰<br><br>巳 | 貪<br><br>午 | 同巨<br><br>未 | 武相<br><br>申 |
|---|---|---|---|
| 廉府<br><br>辰 | | | 陽梁<br><br>酉 |
| <br><br>卯 | < ＞年生人<br><br>圖例<03> | | 殺<br><br>戌 |
| 破<br><br>寅 | 紫<br><br>丑 | 紫<br><br>子 | 機<br><br>亥 |

凶化主題：家道不興。

【體宮】：田宅。

【用宮】：命宮、福德、遷移。

吉凶化串連練習表：　　　　吉化串連最長者：

| 府 | 同陰 | 武貪 | 陽巨 |
|---|---|---|---|
| 巳 | 午 | 未 | 申 |
| 辰 | < >年生人 | | 相<br>酉 |
| 廉破<br>卯 | 圖例<04> | | 機梁<br>戌 |
| 寅 | 丑 | 子 | 紫殺<br>亥 |

凶化主題：家道不興

【體宮】：田宅。

【用宮】：命宮、福德、遷移。

吉凶化串連練習表：　　　　　　吉化串連最長者：

| 同　巳 | 武府　午 | 陽陰　未 | 貪　申 |
|---|---|---|---|
| 破　辰 | ＜　＞年生人<br><br>圖例＜05＞ | | 機巨　酉 |
| 　卯 | | | 紫相　戌 |
| 廉　寅 | 　丑 | 殺　子 | 梁　亥 |

凶化主題：家道不興

【體宮】：田宅。

【用宮】：命宮、福德、遷移。

吉凶化串連練習表：　　　　吉化串連最長者：

| 武破 | 陽 | 府 | 機陰 |
|---|---|---|---|
| 巳 | 午 | 未 | 申 |
| 同 | | | 紫貪 |
| 辰 | ＜　＞年生人 | | 酉 |
| | 圖例＜06＞ | | 巨 |
| 卯 | | | 戌 |
| | 廉殺 | 梁 | 相 |
| 寅 | 丑 | 子 | 亥 |

凶化主題：家道不興

【體宮】：田宅。

【用宮】：命宮、福德、遷移。

吉凶化串連練習表：　　　　　　吉化串連最長者：

| 陽 巳 | 破 午 | 機 未 | 紫府 申 |
|---|---|---|---|
| 武 辰 | < >年生人 圖例<07> | | 陰 酉 |
| 同 卯 | | | 貪 戌 |
| 殺 寅 | 梁 丑 | 廉相 子 | 巨 亥 |

凶化主題：家道不興

【體宮】：田宅。

【用宮】：命宮、福德、遷移。

吉凶化串連練習表：　　　　　吉化串連最長者：

| | 機 | 紫破 | |
|---|---|---|---|
| 巳 | 午 | 未 | 申 |
| 陽<br><br>辰 | | | 府<br><br>酉 |
| 武殺<br><br>卯 | 〈　〉年生人<br>圖例〈08〉 | | 陰<br><br>戌 |
| 同梁<br><br>寅 | 相<br><br>丑 | 巨<br><br>子 | 廉貪<br><br>亥 |

凶化主題：家道不興

【體宮】：田宅。

【用宮】：命宮、福德、遷移。

吉凶化串連練習表：　　　　　　吉化串連最長者：

| | | | |
|---|---|---|---|
| 機<br><br>巳 | 紫<br><br>午 | <br><br>未 | 破<br><br>申 |
| 殺<br><br>辰 | ＜　＞年生人<br><br>圖例＜09＞ | | 酉 |
| 陽梁<br><br>卯 | | | 廉府<br><br>戌 |
| 武相<br><br>寅 | 同巨<br><br>丑 | 貪<br><br>子 | 陰<br><br>亥 |

凶化主題：家道不興

【體宮】：田宅。

【用宮】：命宮、福德、遷移。

吉凶化串連練習表：　　　　　　吉化串連最長者：

| 紫殺 巳 | 午 | 未 | 申 |
|---|---|---|---|
| 機梁 辰 | < >年生人 | | 廉破 酉 |
| 相 卯 | 圖例<10> | | 戌 |
| 陽巨 寅 | 武貪 丑 | 同陰 子 | 府 亥 |

凶化主題：家道不興

【體宮】：田宅。

【用宮】：命宮、福德、遷移。

吉凶化串連練習表：　　　　吉化串連最長者：

| 梁 | 殺 | | 廉 |
|---|---|---|---|
| 巳 | 午 | 未 | 申 |
| 紫相 | | | |
| 辰 | ＜　＞年生人 | | 酉 |
| 機巨 | 圖例＜11＞ | | 破 |
| 卯 | | | 戌 |
| 貪 | 陽陰 | 武府 | 同 |
| 寅 | 丑 | 子 | 亥 |

凶化主題：家道不興

【體宮】：田宅。

【用宮】：命宮、福德、遷移。

吉凶化串連練習表：　　　　　　吉化串連最長者：

| 相 | 梁 | 廉殺 | |
|---|---|---|---|
| 巳 | 午 | 未 | 申 |
| 巨 辰 | | | 酉 |
| 紫貪 卯 | < >年生人 圖例<12> | | 同 戌 |
| 機陰 寅 | 府 丑 | 陽 子 | 武破 亥 |

凶化主題：家道不興

【體宮】：田宅。

【用宮】：命宮、福德、遷移。

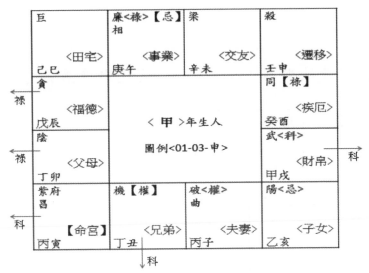

| 巨<br><br>〈田宅〉<br>己巳 | 廉＜祿＞【忌】<br>相<br><br>〈事業〉<br>庚午 | 梁<br><br>〈交友〉<br>辛未 | 殺<br><br>〈遷移〉<br>壬申 |
|---|---|---|---|
| 貪<br><br>〈福德〉<br>戊辰 | | | 同【祿】<br><br>〈疾厄〉<br>癸酉 |
| 陰<br><br>〈父母〉<br>丁卯 | < 甲 >年生人<br><br>圖例<01-03- 甲 > | | 武＜科＞<br><br>〈財帛〉<br>甲戌 |
| 紫府<br>昌<br><br>【命宮】<br>丙寅 | 機【權】<br><br>〈兄弟〉<br>丁丑 | 破＜權＞<br>曲<br><br>〈夫妻〉<br>丙子 | 陽＜忌＞<br><br>〈子女〉<br>乙亥 |

凶化串連：主題家道不興。

田宅為體，命宮、福德、遷移為用。

圖例< 01-03-甲-甲 >

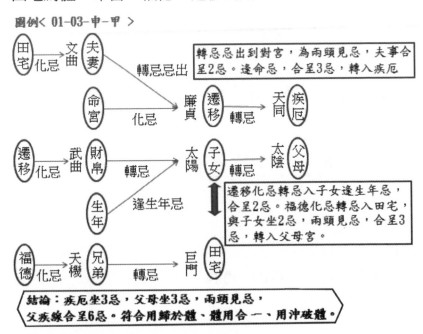

轉忌忌出到對宮，為兩頭見忌，夫事合星2忌。逢命忌，合星3忌，轉入疾厄

遷移化忌轉忌入子女逢生年忌，合星2忌。福德化忌轉忌入田宅，與子女坐2忌，兩頭見忌，合星3忌，轉入父母宮。

結論：疾厄坐3忌，父母坐3忌，兩頭見忌，父疾線合星6忌。符合用歸於體、體用合一、用沖破體。

吉化串連最長：

圖例〈 01-03-申-甲 〉

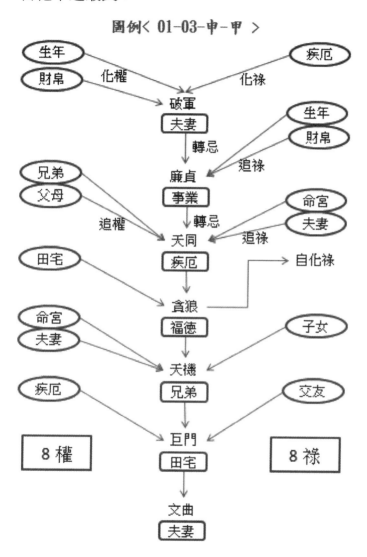

8 權

8 祿

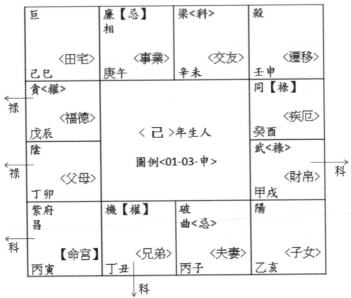

凶化串連：主題家道不興。

田宅為體，命宮、福德、遷移為用。

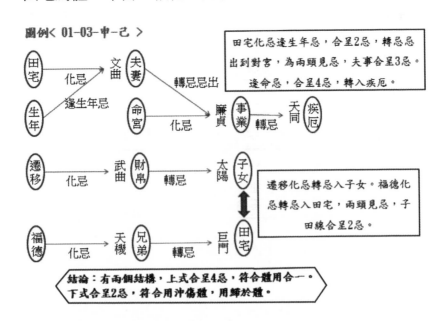

吉化串連最長：

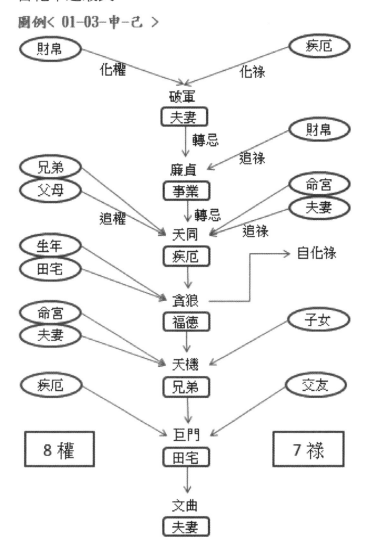

391

| | | | |
|---|---|---|---|
| 巨 <br> <br> <田宅> <br> 辛巳 <br> ←祿 | 廉<br>相 <br> <事業> <br> 壬午 | 梁<權> <br> <br> <交友> <br> 癸未 | 殺 <br> <br> <遷移> <br> 甲申 |
| 貪【祿】 <br> <福德> <br> 庚辰 | | | 同 <br> <疾厄> <br> 乙酉 |
| 陰<忌>【權】 <br> <父母> <br> 己卯 | | 〈 乙 〉年生人 <br><br> 圖例<01-03-申> | 武 <br> <財帛> <br> 丙戌 |
| 紫<科> <br> 府昌 <br> 【命宮】 <br> 戊寅 | 機<祿>【忌】 <br> <兄弟> <br> 己丑 | 破<br>曲 <br> <夫妻> <br> 戊子 | 陽 <br> <子女> <br> 丁亥 |

凶化串連：主題家道不興。

田宅為體，命宮、福德、遷移為用。

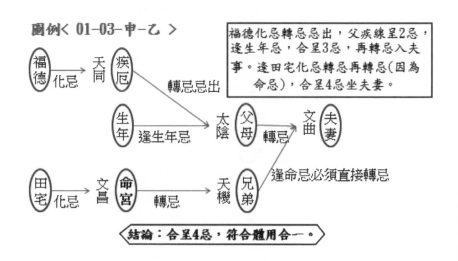

圖例< 01-03-申-乙 >

福德化忌轉忌忌出，父疾線呈2忌，逢生年忌，合呈3忌，再轉忌入夫事。逢田宅化忌轉忌再轉忌（因為命忌），合呈4忌坐夫妻。

福德 化忌 → 天同 → 疾厄 轉忌忌出 →

生年 逢生年忌 → 太陰 父母 轉忌 → 文曲 夫妻

田宅 化忌 → 文昌 命宮 轉忌 → 天機 兄弟 逢命忌必須直接轉忌

結論：合呈4忌，符合體用合一。

圖例＜ 01-03-申-乙 ＞

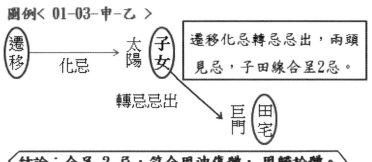

遷移 ──化忌──→ 太陽 子女

遷移化忌轉忌忌出，兩頭見忌，子田線合呈2忌。

轉忌忌出 ──→ 巨門 田宅

＜結論：合呈 2 忌，符合用沖傷體， 用歸於體。＞

吉化串連最長：

圖例＜ 01-03-申-乙 ＞

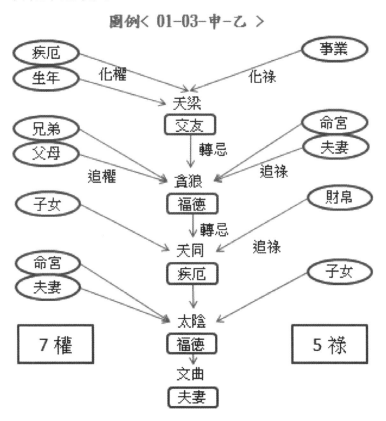

疾厄
生年 ──化權──→ 天梁
事業 ──化祿──→ 交友

兄弟
父母 ──追權──→ 貪狼 ←──追祿── 命宮
夫妻
福德

子女 ──→ 天同 ←──追祿── 財帛
疾厄

命宮
夫妻 ──→ 太陰 ←── 子女
福德

7 權          5 祿

文曲
夫妻

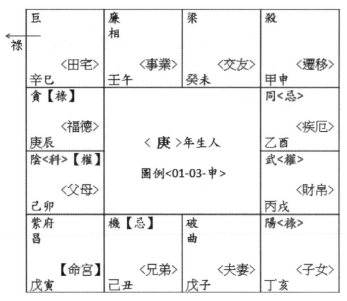

凶化串連：主題家道不興。

田宅為體，命宮、福德、遷移為用。

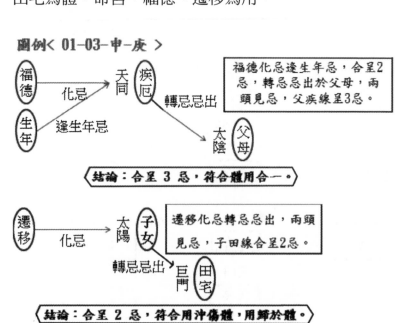

吉化串連最長：

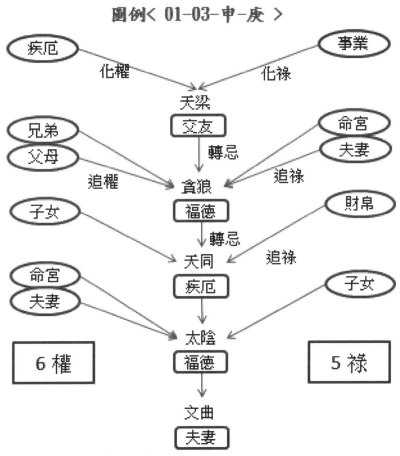

圖例〈 01-03-申-庚 〉

凶化串連：主題家道不興。

田宅為體，命宮、福德、遷移為用。

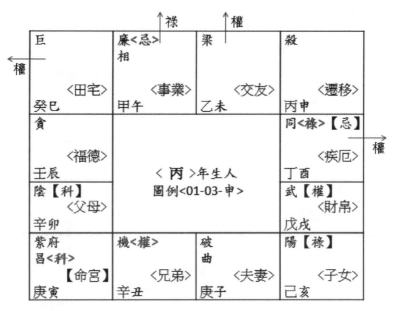

凶化串連：主題家道不興。

田宅為體，命宮、福德、遷移為用。

圖例< 01-03-申-丙 >

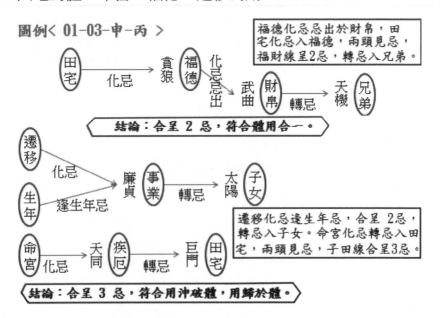

福德化忌忌出於財帛，田宅化忌入福德，兩頭見忌，福財線呈2忌，轉忌入兄弟。

結論：合呈 2 忌，符合體用合一。

遷移化忌逢生年忌，合呈 2 忌，轉忌入子女。命宮化忌轉忌入田宅，兩頭見忌，子田線合呈3忌。

結論：合呈 3 忌，符合用沖破體，用歸於體。

吉化串連最長：

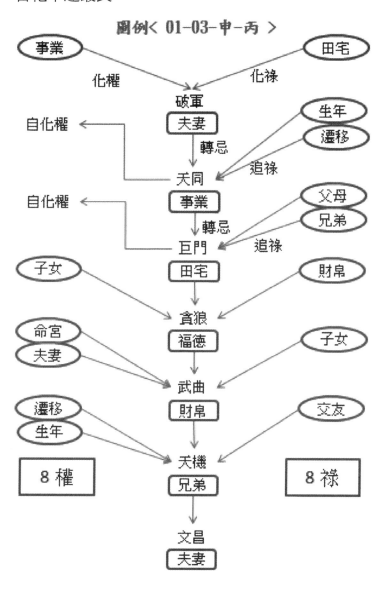

圖例〈 01-03-申-丙 〉

事業 ──化權──→ 破軍　田宅 ──化祿──→
　　　　　　　夫妻

自化權 ←── 　　↓轉忌
　　　　　　天同　←──追祿── 生年／遷移
　　　　　　事業

自化權 ←── 　　↓轉忌
　　　　　　巨門　←──追祿── 父母／兄弟
　　　　　　田宅

子女 ──→ 貪狼 ←── 財帛
　　　　　福德

命宮／夫妻 ──→ 武曲 ←── 子女
　　　　　　　財帛

遷移／生年 ──→ 天機 ←── 交友
　　　　　　　兄弟

8 權　　　　　　　　8 祿

　　　　　↓
　　　　文昌
　　　　夫妻

397

凶化串連：主題家道不興。

田宅為體，命宮、福德、遷移為用。

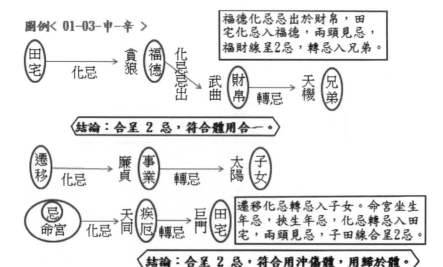

圖例< 01-03-申-辛 >

> 福德化忌忌出於財帛，田宅化忌入福德，兩頭見忌，福財線呈2忌，轉忌入兄弟。

〈結論：合呈 2 忌，符合體用合一。〉

> 遷移化忌轉忌入子女。命宮坐生年忌，挾生年忌，化忌轉忌入田宅，兩頭見忌，子田線合呈2忌。

〈結論：合呈 2 忌，符合用沖傷體，用歸於體。〉

吉化串連最長：

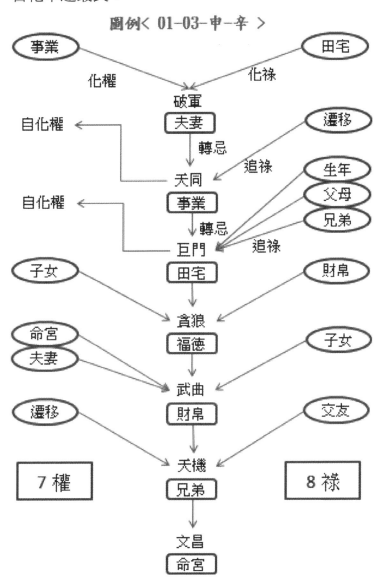

圖例< 01-03-申-辛 >

事業 ──化權──→ 破軍
田宅 ──化祿──→ 夫妻

自化權 ←── 夫妻
　　　　轉忌
遷移 ──追祿──→ 天同
　　　事業

自化權 ←── 事業
　　　　轉忌
生年
父母 ──追祿──→ 巨門
兄弟
　　　田宅

子女 ──→ 貪狼
財帛 ──→ 福德

命宮
夫妻 ──→ 武曲
子女 ──→ 財帛

遷移 ──→ 天機
交友 ──→ 兄弟

7 權　　　　8 祿

文昌
命宮

| 巨<忌><br><br><田宅><br>乙巳 | 廉<br>相<br><br><事業><br>丙午 | 梁【祿】<br><br><交友><br>丁未 | 殺<br><br><遷移><br>戊申 |
|---|---|---|---|
| 貪<br><br><福德><br>甲辰 | <丁>年生人<br><br>圖例<01-03-申> | | 同<權><br><br><疾厄><br>己酉 |
| 陰【祿】<br><br><父母><br>癸卯 | | | 武【忌】<br><br><財帛><br>庚戌 |
| 紫府<br>昌<br><br>【命宮】<br>壬寅 | 機<科><br><br><兄弟><br>癸丑 | 破<br>曲<br><br><夫妻><br>壬子 | 陽<br><br><子女><br>辛亥 |

凶化串連：主題家道不興。

田宅為體，命宮、福德、遷移為用。

圖例< 01-03-申-丁 >

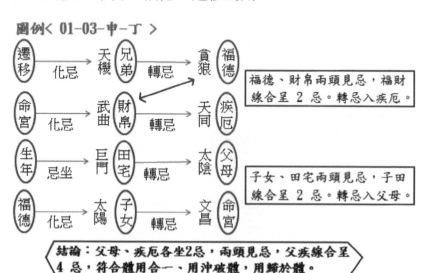

遷移 — 化忌 → 天機 兄弟 — 轉忌 → 貪狼 福德

福德、財帛兩頭見忌，福財線合呈 2 忌。轉忌入疾厄。

命宮 — 化忌 → 武曲 財帛 — 轉忌 → 天同 疾厄

生年 — 忌坐 → 巨門 田宅 — 轉忌 → 太陰 父母

子女、田宅兩頭見忌，子田線合呈 2 忌。轉忌入父母。

福德 — 化忌 → 太陽 子女 — 轉忌 → 文昌 命宮

結論：父母、疾厄各坐2忌，兩頭見忌，父疾線合呈 4 忌，符合體用合一、用沖破體，用歸於體。

吉化串連最長：

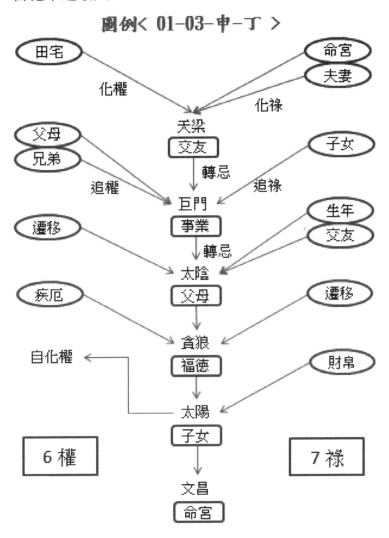

圖例〈 01-03-申-丁 〉

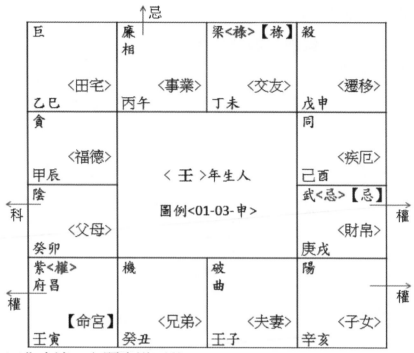

| 巨 〈田宅〉 乙巳 | 廉 相 〈事業〉 丙午 | 梁<祿>【祿】 〈交友〉 丁未 | 殺 〈遷移〉 戊申 |
|---|---|---|---|
| 貪 〈福德〉 甲辰 | | | 同 〈疾厄〉 己酉 |
| 陰 〈父母〉 癸卯 | 〈 壬 〉年生人 圖例<01-03-申> | | 武<忌>【忌】 〈財帛〉 庚戌 |
| 紫<權> 府昌 【命宮】 壬寅 | 機 〈兄弟〉 癸丑 | 破 曲 〈夫妻〉 壬子 | 陽 〈子女〉 辛亥 |

凶化串連：主題家道不興。

田宅為體，命宮、福德、遷移為用。

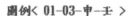

圖例< 01-03-申-壬 >

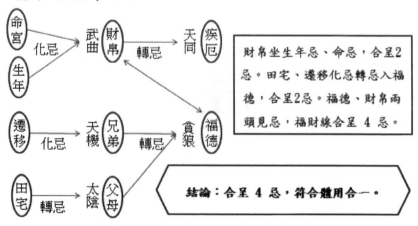

財帛坐生年忌、命忌，合呈2忌。田宅、遷移化忌轉忌入福德，合呈2忌。福德、財帛兩頭見忌，福財線合呈 4 忌。

結論：合呈 4 忌，符合體用合一。

吉化串連最長：

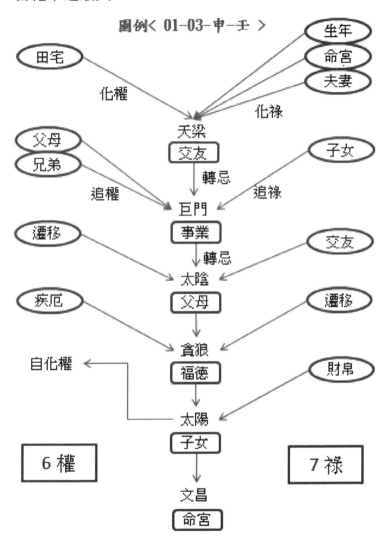

圖例〈 01-03-申-壬 〉

田宅 →化權→ 天梁 ←化祿← 生年／命宮／夫妻
交友

↓轉忌

父母／兄弟 →追權→ 巨門 ←追祿← 子女
事業

↓轉忌

遷移 → 太陰 ← 交友
父母

疾厄 → 貪狼 ← 遷移
福德

自化權 ← 太陽 ← 財帛
子女

↓

文昌
命宮

6 權

7 祿

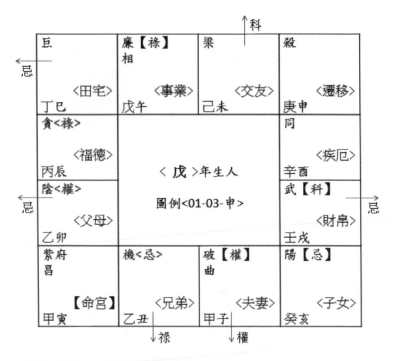

凶化串連：主題家道不興。

田宅為體，命宮、福德、遷移為用。

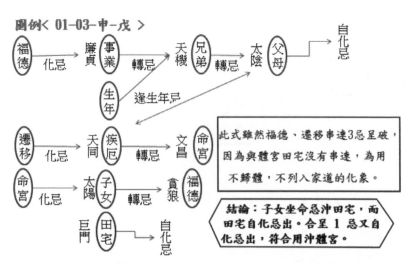

圖例< 01-03-申-戊 >

此式雖然福德、遷移串連3忌呈破，因為與體宮田宅沒有串連，為用不歸體，不列入家道的化象。

結論：子女坐命忌沖田宅，而田宅自化忌出。合呈 1 忌又自化忌出，符合用沖體宮。

吉化串連最長：

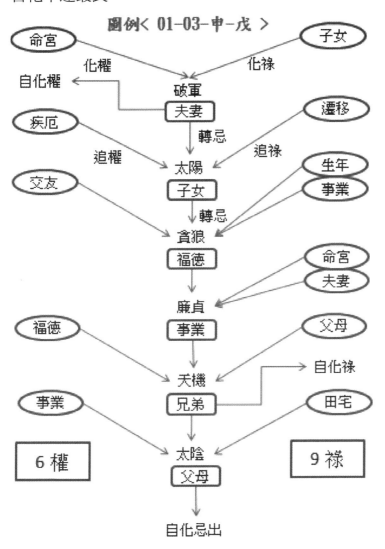

圖例＜ 01-03-申-戌 ＞

命宮 ──化權──→ 破軍【夫妻】 ←──化祿── 子女

自化權 ←── 破軍【夫妻】

疾厄 ──追權──→ 太陽【子女】 ←──追祿── 遷移

交友 ──→ 貪狼【福德】 ←── 生年・事業

廉貞【事業】 ←── 命宮・夫妻

福德 ──→ 天機【兄弟】 ←── 父母

天機【兄弟】 ──→ 自化祿

事業 ──→ 太陰【父母】 ←── 田宅

6 權

9 祿

太陰【父母】 ──→ 自化忌出

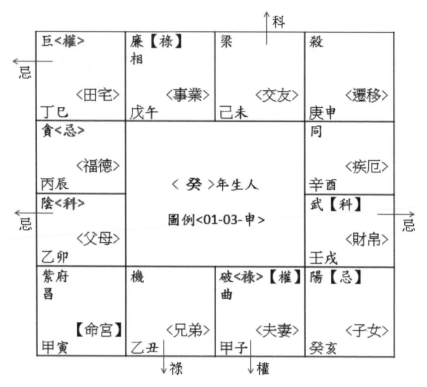

凶化串連：主題家道不興。

田宅為體，命宮、福德、遷移為用。

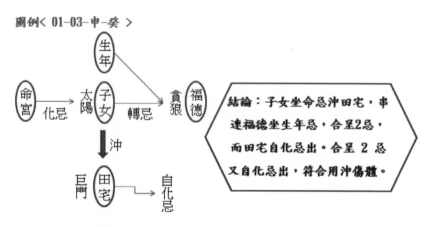

圖例< 01-03-申-癸 >

結論：子女坐命忌沖田宅，串連福德坐生年忌，合呈2忌，而田宅自化忌出。合呈 2 忌又自化忌出，符合用沖傷體。

吉化串連最長：

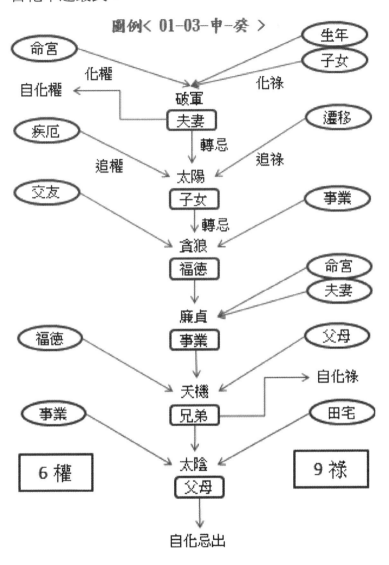

圖例< 01-03-申-癸 >

命宮 —化權→ 破軍
自化權 ←
夫妻

生年
子女 —化祿→

疾厄 —追權→ 太陽
子女
遷移 —追祿→

轉忌↓

交友 → 貪狼
福德
事業 →

轉忌↓

廉貞
事業

命宮
夫妻 →

福德 → 天機
兄弟 → 自化祿

父母 →

事業 → 太陰
父母
田宅 →

6 權

9 祿

自化忌出

# 後記

學習飛星紫微斗數，著重在邏輯推理而非背誦，所有的結論都是論【象】，非鐵口直斷。

既然是邏輯推理，就是練習而已，功力就在於下的功夫深淺，不斷的磨練，理論與實務並重。可以慢，不要斷，會磨出心得來的。

既然是邏輯推理，就沒有藏私掩訣的必要，也沒有訣可以掩藏，所有的論斷都是根據學理合理的推論出來的，沒有一絲牽強，也沒有老師說了算而沒有學理根據，只是老師的心得，你可以放膽地學，唯一的阻礙是【懶得練】。

建議大家把手寫排盤學起來，練習寫字，練習定靜安慮得，練習思考，把累世的經驗（根器、天分）開發出來，雖然電腦很方便，不要讓電腦取代人腦，電腦只是我們運用的工具而已。

這是一門智慧之學，學問不可能一蹴可幾的，沒有捷徑，所以對急功近利者而言，不適合學習這門學問。要學成一門學問，需要時間與努力實踐的累積，過去師徒制，最起碼要跟在師父旁邊學習三年四個月，我認為是有必要的，但時空背景不同，現代的資訊非常發達，且資料都公開了，學習的時間可以縮短，但實務經驗還是需要時間來累積的。多久時間可以出師或成為大師，看個人的努力與造化了。

這是一門修行之學，首先要了解自己，從命盤中學

習，認識自己，並學習如何讓自己更好，以人的立場，提升自己，讓自在有限的格局內發揮到極致。以修行的立場，破迷開悟，明心見性。

期勉後學者能青出於藍，更勝於藍。俗語說得好，只有狀元學生，沒有狀元老師。

## 參考書目或節錄文章

飛星紫微斗數之專論四化：作者梁若瑜老師
飛星紫微斗數之十二宮六七二象：作者梁若瑜老師
飛星紫微斗數之道藏飛秘：作者梁若瑜老師
飛星紫微斗數之周師手法生命解碼：作者梁若瑜老師
飛星紫微斗數之說命：作者梁若瑜老師

飛星紫微斗數教學：公開班招生。私人班教學。一對一教學。

獨門心法班：30,000 元／期。

實務運用班：36,000 元／期。

宮位互化詳解班：30,000 元／期。

斗數陽宅布局：36,000 元／期。

一對一速成班：每節課三小時 5000 元。

國內私人班：每節三小時 5,000 台北桃竹區，7,500 台中，10,000 台南高雄。食宿交通費另計。

國外私人班：每節課三小時 20,000 元。食宿交通費另計。

台北教室所有課程，複習僅收場地費，每節 300 元。

精緻論命潤金：6,000 元，第二次以後論命 3,000 元／次。

斗數陽宅布局含現場履勘：20,000 元／次（含論命，遠地交通食宿另計）。

張世賢老師：0931-310-576

Email：comacsam@gmail.com

Line ID：comacsam

WeChat ID：comacsam

網站：www.transtar-csft-liang.url.tw

國家圖書館出版品預行編目資料

飛星紫微斗數——獨門心法／張世賢作.
－－第一版－－臺北市：知青頻道出版；
紅螞蟻圖書發行，2017.06
面 ； 公分－－（Easy Quick；158）
ISBN 978-986-5699-95-6（平裝）

1.紫微斗數

293.11　　　　　　　　　　106005411

**Easy Quick 158**

# 飛星紫微斗數——獨門心法

作　　　者／張世賢
發 行 人／賴秀珍
總 編 輯／何南輝
校　　　對／謝容之
美術構成／上承文化
出　　　版／知青頻道出版有限公司
發　　　行／紅螞蟻圖書有限公司
地　　　址／台北市內湖區舊宗路二段121巷19號（紅螞蟻資訊大樓）
網　　　站／www.e-redant.com
郵撥帳號／1604621-1　紅螞蟻圖書有限公司
電　　　話／(02)2795-3656（代表號）
傳　　　真／(02)2795-4100
登 記 證／局版北市業字第796號
法律顧問／許晏賓律師
印 刷 廠／卡樂彩色製版印刷有限公司
出版日期／2017年6月　第一版第一刷
　　　　　　2021年9月　　　　第三刷(500本)

**定價 380 元　　港幣 127 元**

**ISBN　978-986-5699-95-6**　　　　　　　　**Printed in Taiwan**